최신개정

신공략
중국어

다락원

최신개정 신공략 중국어 시리즈 이렇게 바뀌었어요!

구판							
	新신공략 중국어 기초편 1~10과	新신공략 중국어 기초편 11~15과 + 초급편 1~5과	新신공략 중국어 초급편 6~15과	新신공략 중국어 실력향상편 上	新신공략 중국어 실력향상편 下	新신공략 중국어 프리토킹편	新신공략 중국어 고급편
최신개정판			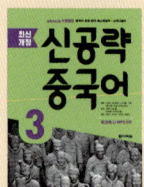	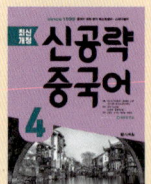			
	최신개정 신공략 중국어 1	최신개정 신공략 중국어 2	최신개정 신공략 중국어 3	최신개정 신공략 중국어 4	최신개정 신공략 중국어 5	최신개정 신공략 중국어 6	최신개정 신공략 중국어 7
	《汉语口语速成》 入门篇·上册 (第三版)	《汉语口语速成》 入门篇·上/下册 (第三版)	《汉语口语速成》 入门篇·下册 (第三版)	《汉语口语速成》 基础篇·上册 (第三版)	《汉语口语速成》 基础篇·下册 (第三版)	《汉语口语速成》 提高篇 (第三版)	《汉语口语速成》 中级篇 (第三版)

최신개정 신공략 중국어

원제 《汉语口语速成》_提高篇(第三版)
北京大学出版社

편저 马箭飞(主编)
李小荣(编著)

편역 박균우

6

들어가는 말

『최신개정 신공략 중국어』 시리즈 소개

『최신개정 신공략 중국어』는 《汉语口语速成》이라는 제목으로 중국에서 발간된 중국어 회화 교재의 한국어판이다. 외국인에 대한 중국어 교수법을 다년간 연구해 온 베이징어언대학 교수진에 의해 공동 기획 및 집필된 이 시리즈는 중국에서 입문편 상·하(入门篇·上册/下册), 기초편 상·하(基础篇·上册/下册), 제고편(提高篇), 중급편(中级篇), 고급편(高级篇), 총 7단계의 시리즈로 발간되었다.

《汉语口语速成》은 1999년 제1판, 2005년 제2판이 베이징어언대학에서 출간되었고, 2015년 제3판이 새롭게 베이징대학에서 출간되며, 주요 국가 언어로 번역되어 중국어를 배우는 전 세계 학생들과 함께하고 있다. '중국어 교재의 바이블'이라는 수식어답게, 오랜 시간 대외한어 교재를 대표하는 최고의 책으로 평가받고 있다.

이 시리즈는 중국어를 처음 접하는 학생들이 최단 기간 효율적으로 중국어 의사소통 능력을 향상시킬 수 있도록 돕기 위해 개발되었다. 학생들이 매 수업시간 학습 효과를 스스로 느낄 수 있도록 실용성과 실효성에 많은 비중을 두고 집필되어 실제 학습자와 교수자의 만족도가 매우 크다.

원서가 가진 특장점은 살리면서, 한국인의 언어 학습 환경에 적합하도록 국내 교수진과 다락원이 오랜 시간 기획하고 재구성하여 출간한 『최신개정 신공략 중국어』가 학습자들에게 참된 길잡이가 되길 기대한다.

다락원 중국어출판부

『최신개정 신공략 중국어 6』 소개

『최신개정 신공략 중국어 6』은 본문 총 20과, 복습 4과로 구성되어 있다. 원서 《汉语口语速成》_提高篇을 신공략 시리즈 6권으로 기획하였다. 시리즈 중 1·2·3권은 기초·초급 단계이고, 4·5권은 중급 단계, 6권은 중·고급 단계의 난이도로 설계되었다.

본 교재는 신공략 시리즈 1~5권을 통해 중국어 실력을 다진 학습자들이 '말하기 집중 훈련'을 통해 중국어 의사소통 능력을 더욱 강화할 수 있도록 하는 것을 목표로 한다. 최신개정판에서는 구판에 없었던 말하기 영역 문제의 모범 답안을 추가 제공하여 학습자의 학습 효율을 최대한 높이고자 하였고, 각 과의 음원 트랙 또한 세분화하여 학습자의 편의를 최우선으로 하였다.

이번 최신개정판에서는 시류에 따라 변화한 몇몇 부분을 수정·보완하고, 학습자와 교수자의 요구를 최대한 반영하였다. 한국 교수 현장에서 빛을 발할 수 있도록 오랜 시간 기획하고 준비한 만큼, 이 책을 사용하는 교수자와 학습자 모두에게 더욱 환영받는 교재가 되길 바란다.

지난 십 수년간 국내 수많은 대학과 학원에서 교재로 활용되면서 그 우수성과 학업 성취도가 이미 입증된 『신공략 중국어』 시리즈이기에, 이번 최신개정판 역시 그 명성에 부합할 것임을 확신하며, 이 교재를 자신 있게 추천한다.

역자 **박균우**

이 책의 순서

들어가는 말　　　　　　4
이 책의 순서　　　　　　6
이 책의 구성 및 활용　　　10
이 책의 표기 규칙　　　　12

01 我们认识一下，好吗? 우리 인사 나눌까요?　　　13
算 ｜ 尽管 ｜ 一下子 ｜ 并 ｜ 来着 ｜ 对了

02 健康第一。 건강이 제일이에요.　　　25
下来 ｜ 下去 ｜ 别提多……了 ｜ 至于 ｜ 非……不可 ｜ 千万

03 好东西人人爱吃。 맛있는 것은 누구나 좋아합니다.　　　37
惯 ｜ 看来 ｜ 要么……，要么…… ｜ 好说 ｜ 砸 ｜ 大饱口福 ｜ 有两下子

04 这种款式适合我吗? 이런 스타일이 저에게 어울리나요?　　　47
再……不过了 ｜ 蓝地白点 ｜ 不对劲儿 ｜ 一番 ｜ 不是……就是 ｜ 看不上

05 你喜欢逛商店吗? 쇼핑 좋아하세요?　　　55
可+동사+的 ｜ ……好…… ｜ 遍 ｜ 除非 ｜ 中 ｜ 说得过去

● **복습 1**　01~05　我来介绍一下。 제가 소개하겠습니다.　　　66

06 生活有时就是琐碎的。 생활은 때로 자질구레하고 번거로워요. 73

十有八九 | 时……时…… | 哪儿啊 | ……不说，……还/也…… | 得/不+过来 | 慢慢来 | 只不过……罢了

07 让我们轻松一下。 우리 긴장을 좀 풀어 봅시다. 83

过来 | 为了……起见 | 省得 | 接着 | ……吧

08 计划赶不上变化。 계획은 변화를 따라잡을 수 없습니다. 93

不光……，还/也…… | ……看 | 当晚 | 准 | 个 | 万一 | 打招呼

09 大手大脚还是精打细算？
돈을 헤프게 쓰세요, 아니면 알뜰하게 쓰세요? 103

동사+下……来 | 干吗 | 跟……过不去 | 靠 | 上 | 即使……也…… | 此外

10 我想咨询一下。 문의 좀 드릴게요. 113

要说 | 到底 | 可以说 | ……跟……没有两样

● **복습 2**　06~10　**我的新房子** 나의 새집　122

11 有话好商量。 좋게 이야기합시다.   129
一时 | 再说 | 两头 | 拿……没办法 | 有话好商量 | 拜 | 冒昧

12 我们生活在人群里。 우리는 사람들 속에서 생활합니다.   141
免不了 | 闹 | 竟然 | 像话 | 不妨 | 惹

13 特别的经历 특별한 경험   151
按理说 | ……着……着 | 偏偏 | 凭 | 不知怎么的 | 弄得 | 差点儿 | 明明 | 果然

14 我想去旅行。 여행 가고 싶어요.   163
至于 | 一来(呢)……，二来(呢)……，…… | 一片 | ……得慌 | 多的是 | 那倒是 | 毕竟

15 谁能说自己不喜欢艺术？ 누가 예술을 좋아하지 않는다고 말할 수 있을까요?   173
总之 | 值得 | 想到一块儿去了 | 没劲

● **복습 3**　11~15　昨天我有个约会。 어제 나는 데이트를 했어요.   184

이 책의 순서

16 轻轻松松挣大钱。 손쉽게 큰돈을 법니다. 189
宁可 | 趁 | 硬着头皮 | 不要说…… | 何必……呢 | 一旦……就……

17 永远的爱情永远的家 영원한 사랑 영원한 가정 199
随着…… | 反而 | 想开 | 懒得 | 就拿……来说 | 甚至 | 难免

18 地球村 지구촌 209
一方面……，一方面…… | 关键 | 彼此 | 不可开交 | 越……，越……

19 我们的生活 우리의 생활 219
幸亏 | 地步 | 照样 | 干脆 | 反正

20 今天有什么新闻? 오늘은 무슨 뉴스가 있나요? 229
据 | 从而 | 结果 | 往往 | 居然

● **복습 4**　16~20　国际婚姻　국제 결혼　238

부록　243
본문 해석 | 모범 답안

이 책의 구성 및 활용

『최신개정 신공략 중국어 6』은 본문 총 20과, 복습 4과로 구성되어 있습니다. 다섯 과마다 복습과를 두어 앞에서 학습한 주요 내용을 반복 점검할 수 있도록 하였습니다.

본서

단어 익히기

'회화 배우기', '표현 익히기'에 나오는 단어입니다. 녹음을 들으며, 반복적으로 듣고, 읽고, 쓰며 외워 보세요.

회화 배우기

각 과의 주제에 따라 3~4개의 회화와 단문이 제시됩니다. 의미를 파악하고, 녹음과 함께 여러 번 듣고 따라 말하며 입에 붙을 때까지 반복 학습해 보세요.

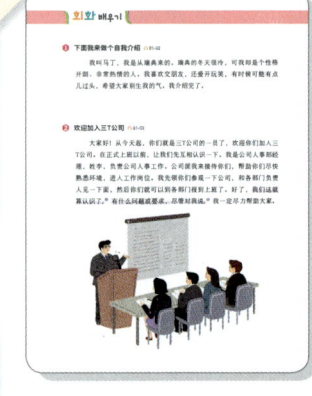

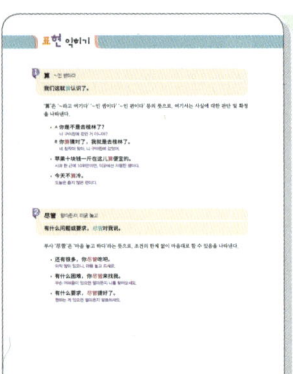

표현 익히기

본문의 핵심 표현을 통해 어법 구조를 학습합니다. 중국어의 문장 형식을 이해하고, 예문을 통해 다양한 활용법을 익혀 보세요.

내공 쌓기

유형별 문제를 풀며 배운 내용을 정리하고, 각 과의 학습 성과를 점검해 봅니다. 정해진 답이 없는 말하기 영역 문제는 앞에서 배운 단어나 표현을 적극 활용하여 자유롭게 자신의 생각을 이야기해 보세요.

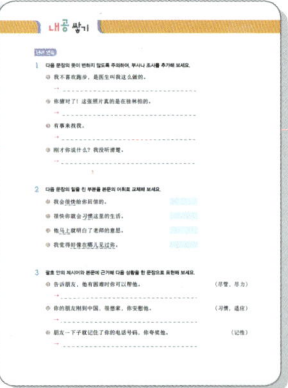

제1과에서 제20과는 '단어 익히기—회화 배우기—표현 익히기—내공 쌓기'로 구성되어 있습니다. '내공 쌓기'에서는 말하기 영역 문제를 강화하여, 학습자의 중국어 의사소통 능력을 기르는 데 중점을 두었습니다.

부록

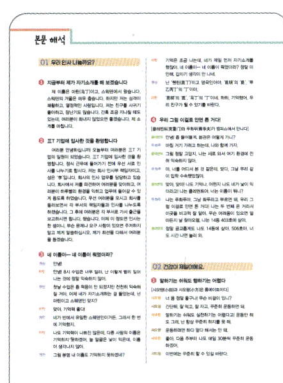

본문 해석 & 모범 답안

'회화 배우기'의 해석과 '내공 쌓기'의 모범 답안을 정리했습니다. 먼저 자신만의 답을 완성한 후, 모범 답안과 비교해 보세요.

★ '내공 쌓기' 문제 유형 중, 〈프리토킹에 도전해 보세요〉 〈대화를 나눠 보세요〉 〈자유롭게 말해 보세요〉 등 말하기 문제의 모범 답안은 다락원 홈페이지 '학습자료' 코너에서 다운로드 하실 수 있습니다.

MP3 음원

교재 페이지마다 해당 MP3 음원의 번호가 기재되어 있습니다. 원어민의 음성 녹음을 반복해서 들으며 공부해 보세요.

MP3 다운로드

- MP3 음원은 '다락원 홈페이지(www.darakwon.co.kr)'를 통해서 무료로 다운로드 하실 수 있습니다.
- 스마트폰으로 QR 코드를 스캔하면 MP3 다운로드 및 실시간 재생 가능한 페이지로 바로 연결됩니다.

이 책의 표기 규칙

01 중국의 지명이나 건물, 관광명소의 명칭 등은 중국어 발음을 한국어로 표기하는 것을 원칙으로 했습니다. 단, 우리에게 이미 잘 알려진 장소에 한해서 익숙한 발음으로 표기했습니다.
　예 北京 베이징　　长城 만리장성

02 인명은 각 나라에서 실제 사용하는 발음으로 표기했습니다.
　예 王英 왕잉　　金智元 김지원　　马丁 마틴

03 중국어의 품사는 다음과 같은 약어로 표기했습니다.

명사	명	조사	조	접속사	접
동사	동	개사	개	조동사	조동
형용사	형	부사	부	감탄사	감
대사	대	수사	수	고유명사	고유
양사	양	수량사	수량	성어	성

04 『현대한어사전(现代汉语词典_第7版)』에 기준하여 '学生'의 성조를 'xuéshēng'으로, '聪明'의 성조를 'cōngmíng'으로 표기했습니다.

05 이합동사의 한어 병음은 붙여서 표기했습니다.
　예 住院 zhùyuàn　　点菜 diǎncài

我们认识一下，好吗？
우리 인사 나눌까요?

我们每天都要跟各种各样的人打交道。
怎么自我介绍，怎么认识别人？
希望你能让别人喜欢你，能交到更多的朋友！
우리는 매일 다양한 사람들을 만납니다.
어떻게 자신을 소개하고, 어떻게 다른 사람을 알게 될까요?
사람들이 당신을 좋아하고, 더 많은 친구를 사귀게 되길 바랍니다!

◎ **학습 목표**
- 처음 만난 사람에게 자신을 소개하고 인사를 나눌 수 있다.
- 짧은 시간에 진행되는 상황을 표현할 수 있다.

◎ **표현 포인트**
算 | 尽管 | 一下子 | 并 | 来着 | 对了

단어 익히기 🎧 01-01

📖 회화 단어

各种各样 gèzhǒnggèyàng 형 각양각색, 여러 종류, 각종

打交道 dǎ jiāodao 만나다, 교류하다, 교제하다

自我介绍 zìwǒ jièshào 자기소개

性格 xìnggé 명 성격

开朗 kāilǎng 형 (성격이) 명랑하다, 활달하다

开玩笑 kāi wánxiào 농담하다, 웃기다

过头 guòtóu 형 도가 지나치다, 너무하다

加入 jiārù 동 가입하다, 참가하다

正式 zhèngshì 형 정식의, 공식의

人事 rénshì 명 인사 [직원의 임용·해임·평가와 관련된 일]

负责 fùzé 동 책임지다

派 pài 동 파견하다

接待 jiēdài 동 접대하다, 응접하다

尽快 jǐnkuài 부 되도록 빨리

熟悉 shúxī 동 잘 알다, 익히 알다

进入 jìnrù 동 (어떤 범위·시기·상태에) 들다, 진입하다

岗位 gǎngwèi 명 직책, 부서, 근무처

部门 bùmén 명 부문, 부서

报到 bàodào 동 도착 보고를 하다, 도착 신고를 하다

算 suàn 동 ~인 셈이다, ~인 편이다

尽管 jǐnguǎn 부 얼마든지, 마음 놓고

尽力 jìnlì 동 온 힘을 다하다, 전력을 다하다

来着 láizhe 조 ~이었다, ~을 하고 있었다 [문장 끝에 쓰여 어떤 일이 전에 일어났음을 나타냄]

适应 shìyìng 동 적응하다

唯一 wéiyī 형 유일한, 하나밖에 없는

一下子 yíxiàzi 부 한 번에, 단번에, 갑자기

记住 jìzhù 동 확실히 기억해 두다

面熟 miànshú 형 낯익다

印象 yìnxiàng 명 인상

手续 shǒuxù 명 수속, 절차

✏️ 표현 단어

恨不得 hènbude 동 간절히 ~하고 싶다, ~못하는 것이 한스럽다

▶️ 고유 명사

马丁 Mǎdīng 고유 마틴(Martin) [인명]

瑞典 Ruìdiǎn 고유 스웨덴

昆丁 Kūndīng 고유 퀜틴(Quentin) [인명]

克雷门 Kèléimén 고유 클레멘트(Clement) [인명]

傅华夫 Fù Huáfū 고유 푸화푸 [인명]

14

회화 배우기

1 下面我来做个自我介绍 🎧 01-02

　　我叫马丁，我是从瑞典来的。瑞典的冬天很冷，可我却是个性格开朗、非常热情的人。我喜欢交朋友，还爱开玩笑，有时候可能有点儿过头，希望大家别生我的气。我介绍完了。

2 欢迎加入三T公司 🎧 01-03

　　大家好！从今天起，你们就是三T公司的一员了，欢迎你们加入三T公司。在正式上班以前，让我们先互相认识一下。我是公司人事部经理，姓李，负责公司人事工作。公司派我来接待你们，帮助你们尽快熟悉环境，进入工作岗位。我先领你们参观一下公司，和各部门负责人见一下面，然后你们就可以到各部门报到上班了。好了，我们这就算认识了，❶ 有什么问题或要求，尽管对我说，❷ 我一定尽力帮助大家。

3 你叫——叫什么来着? 🎧 01-04

昆丁　你好!

马丁　你好!八点上课太早了,我真不习惯这么早起床。

昆丁　第一天上课有点儿不习惯,慢慢就适应了。昨天我听你自己介绍说,你叫马丁,瑞典人,对不对?

马丁　没错,你的记性真好!

昆丁　你是班里唯一的瑞典人,所以我一下子就记住了。❸

马丁　我的记性并不差,❹ 可就是记不住别人的名字。常常觉得一个人面熟,却叫不出名字来。

昆丁　那你肯定也叫不出我的名字吧?

马丁　我有点儿印象,你是第一个做自我介绍的,你叫——叫什么来着?❺ 真对不起,我一下子想不起来了。

昆丁　我叫昆丁,英国人,"昆明"的"昆","甲乙丙丁"的"丁"。

马丁　"昆明"的"昆","马丁"的"丁",哈哈,我记住了。希望我们能成为朋友。

❹ 我们这就算认识了！ 🎧 01-05

（克雷门和傅华夫在校园中相遇）

克雷门　你好！我打听一下，主楼怎么走？

傅华夫　我正要去那儿，你跟我走吧。

克雷门　那太感谢了。我是新来的，对这儿的环境一点儿也不熟悉。

傅华夫　哎，我好像在哪儿见过你。
对了，那天我们是一起办入学手续的。❻

克雷门　对！对！我也有印象。怪不得我也觉得你面熟呢！我叫克雷门。怎么称呼你呢？

傅华夫　我叫傅华夫，你就叫我华夫好了。我们这就算认识了！我是第二次来，对这儿比较熟悉，有什么困难尽管来找我好了。我住14号楼403。

克雷门　太巧了，我也住14号楼，506，欢迎你有空儿去玩儿。

표현 익히기

1 算 ~인 셈이다

我们这就算认识了。

'算'은 '~라고 여기다' '~인 셈이다' '~인 편이다' 등의 뜻으로, 여기서는 사실에 대한 판단 및 확정을 나타낸다.

- A 你是不是去桂林了？
  너 구이린에 갔던 거 아니야?
  B 你算猜对了，我就是去桂林了。
  네 짐작이 맞아. 나 구이린에 갔었어.

- 苹果十块钱一斤在这儿算便宜的。
  사과 한 근에 10위안이면, 이곳에선 저렴한 셈이다.

- 今天不算冷。
  오늘은 춥지 않은 편이다.

2 尽管 얼마든지, 마음 놓고

有什么问题或要求，尽管对我说。

부사 '尽管'은 '마음 놓고 하다'라는 뜻으로, 조건의 한계 없이 마음대로 할 수 있음을 나타낸다.

- 还有很多，你尽管吃吧。
  아직 많이 있으니, 마음 놓고 드세요.

- 有什么困难，你尽管来找我。
  무슨 어려움이 있으면 얼마든지 나를 찾아오세요.

- 有什么要求，尽管提好了。
  원하는 게 있으면 얼마든지 말씀하세요.

3 一下子 한 번에, 단번에, 갑자기

所以我**一下子**就记住了。

'一下子'는 '한 번의 동작'이나 '아주 짧은 시간'을 나타낸다. 어떤 상황이 짧은 시간에 진행됨을 표현할 때 쓴다.

- 你怎么**一下子**买这么多东西?
  어떻게 한 번에 이렇게 많은 물건을 샀어요?
- 我恨不得**一下子**把这么多好吃的都吃完。
  나는 이렇게 많은 맛있는 음식을 한 번에 다 먹고 싶어요.
- 我恨不得**一下子**就能学好汉语。
  나는 단번에 중국어를 잘 배우고 싶어요.

4 并 결코, 그다지

我的记性**并**不差，……

'并'은 '不' '没' 등 부정사의 앞에 쓰여 부정의 어기를 강하게 한다. 실제 상황이 사람들이 본 것이나 상상한 것과는 다름을 강조한다.

- 这篇课文生词虽然很多，可**并**不难。
  이번 과는 새 단어가 많지만, 그다지 어렵지 않다.
- 他看起来很老，实际年龄**并**不大。
  그는 나이 들어 보여도 실제 나이는 그리 많지 않다.
- 她说的是假话，她**并**没有去过那里。
  그녀가 하는 말은 거짓말이야. 그녀는 결코 그곳에 가 본 적이 없어.

5 来着 ~이었다, ~을 하고 있었다

你叫——叫什么来着？

조사 '来着'는 일반적으로 두 가지 상황에서 쓰인다. 문장 끝에 쓰여, 이전에 발생했던 어떤 일을 잊어버렸거나 정확히 알지 못하여 그 일에 대해 질문하는 어기를 나타낸다. '~였더라?'의 의미를 가진다. 본문에서는 이 용법으로 쓰였다.

- 昨天我们看的那部电影是什么来着？
  어제 우리가 본 그 영화가 뭐였더라?

- 那个演员叫什么来着？我又忘了。
  그 배우 이름이 뭐였더라? 또 잊어버렸네.

- 我们上次去是星期几来着？
  우리 저번에 무슨 요일에 갔었더라?

또 한 가지 용법은 '了'와 비슷하다. 문장 끝에 쓰여, 어떤 일이 일찍이 발생했었음을 나타낸다.

- 上周末我们去天津来着。
  지난 주말에 우리는 톈진에 갔었다.

- 昨晚你没做作业，干什么来着？
  어젯밤에 너 숙제 안 하고 뭐 했니?

6 对了 맞다, 참

对了，那天我们是一起办入学手续的。

'对了'는 문장 맨 앞에 쓰여, 갑자기 어떤 일이 생각남을 표현한다.

- 对了，冰箱里还有一瓶啤酒呢。
  맞다, 냉장고에 맥주가 한 병 더 있었지.

- 对了，今天我还得去医院呢。
  참, 나 오늘 병원에도 가야 돼요.

내공 쌓기

단어 연습

1 다음 문장의 뜻이 변하지 않도록 주의하여, 부사나 조사를 추가해 보세요.

① 我不喜欢跑步，是医生叫我这么做的。

→ _____

② 你猜对了！这张照片真的是在桂林拍的。

→ _____

③ 有事来找我。

→ _____

④ 刚才你说什么？我没听清楚。

→ _____

2 다음 문장의 밑줄 친 부분을 본문의 어휘로 교체해 보세요.

① 我会<u>很快</u>给你回信的。

② 很快你就会<u>习惯</u>这里的生活。

③ 他<u>马上</u>就明白了老师的意思。

④ 我觉得<u>好像在哪儿见过</u>你。

3 괄호 안의 제시어와 본문에 근거해 다음 상황을 한 문장으로 표현해 보세요.

① 告诉朋友，他有困难时你可以帮他。　　　　　　　　　　　（尽管，尽力）

→ _____

② 你的朋友刚到中国，很想家，你安慰他。　　　　　　　　　（习惯，适应）

→ _____

③ 朋友一下子就记住了你的电话号码，你夸奖他。　　　　　　（记性）

→ _____

❹ 你和朋友昨晚看了场电影，可是你忘了电影的名字，现在问他。　　　（来着）

→ _____

4 보기에서 알맞은 어구를 골라 대화를 완성해 보세요.

> • 有事请跟我联系。
> • 你叫我○○好了。
> • 我们这就算认识了。
> • 欢迎有空儿来玩儿。
> • 有什么问题尽管找我好了。

❶ A 你住校内还是校外？
　B 我住校内16楼207，_____。

❷ A 请问产品出了质量问题怎么办？
　B 这是我的名片，_____。

❸ A 我叫章力，"文章"的"章"，"力气"的"力"。
　B 我叫白马克，_____。

❹ A 我叫章力，认识你很高兴。
　B 我叫白马克，_____，希望以后我们能成为朋友。

프리토킹에 도전해 보세요

1　请你做一个自我介绍，要尽可能给别人留下比较深的印象。

2　假定你是一位老师，在开学第一天向学生介绍你自己。

3　假定你是一位公司经理，在新职员上班第一天向他们讲话。

대화를 나눠 보세요

1
- **상황** 你碰到一个人，觉得好像在哪儿见过他，跟他谈话，互相介绍、认识。
- **역할** 两个不认识的人。
- **단어** 面熟 | 印象 | 对了 | 这就算认识了 | 希望我们成为朋友……

2
- **상황** 你在外地的朋友请你去看看他正上大学的弟弟或妹妹(你从来没见过这个朋友的弟弟或妹妹)。
- **역할** 一个人和他朋友的弟弟或妹妹。
- **단어** 自我介绍 | 这就算认识了 | 尽管 | 尽力

자유롭게 말해 보세요

去认识或进一步了解一位你不认识或不太熟悉的同学或老师，也让他(她)了解一下你。

회화가 유창해지는 속담 한마디 **우정**

- **多一个朋友，多一条路。**
  친구가 한 명 더 많아지면, 새로운 길이 하나 더 열린다.

- **有福同享，有难同当。**
  행복은 함께 나누고, 어려움은 함께 헤쳐 나간다.

- **海内存知己，天涯若比邻。**
  세상에 나를 알아주는 이가 있으면, 아무리 멀리 떨어져 있어도 가까이 있는 것과 같다.

- **酒逢知己千杯少，话不投机半句多。**
  나를 알아주는 이와 함께 있으며 천 잔의 술도 부족하고, 말이 통하지 않는 사람과는 반 마디 말도 많다.

- **路遥知马力，日久见人心。**
  길이 멀어야 말의 힘을 알 수 있고, 세월이 흘러야 사람의 마음을 알 수 있다.

02

健康第一。
건강이 제일이에요.

如果你常常没精神，如果你很容易生病，你就不能好好儿享受生活。
所以我要对你说—健康第一。

만약 늘 기운이 없거나, 병이 잘 난다면 당신은 생활을 마음껏 즐길 수 없습니다.
그래서 당신에게 말합니다. 건강이 제일이에요.

◎ **학습 목표**
- 건강의 중요성에 관한 주제로 대화를 나눌 수 있다.
- 동작의 지속을 표현할 수 있다.

◎ **표현 포인트**
下来 | 下去 | 别提多……了 | 至于 | 非……不可 | 千万

단어 익히기

🎧 02-01

💬 회화 단어

秘诀 mìjué 명 비결

坚持 jiānchí 동 견지하다, 지속하다, 고수하다

三天打鱼，两天晒网 sāntiāndǎyú, liǎngtiānshàiwǎng 성 사흘간 고기를 잡고 이틀간 그물을 말리다, 공부나 일을 꾸준하게 하지 못하다

脸色 liǎnsè 명 안색, 낯빛

毛病 máobìng 명 병, 결함, 고장

犯 fàn 동 (주로 좋지 않은 일이) 발생하다, 일어나다

治 zhì 동 치료하다, 고치다

见效 jiànxiào 동 효력이 나타나다, 효험을 보다

临时 línshí 부 그때가 되어, 때에 이르러

止疼片 zhǐténgpiàn 명 진통제, 아스피린

副作用 fùzuòyòng 명 부작용

实在 shízài 부 확실히, 정말로

住院 zhùyuàn 동 입원하다

山坡 shānpō 명 산비탈

滚 gǔn 동 구르다, 뒹굴다

摔 shuāi 동 넘어지다, 자빠지다

骨折 gǔzhé 동 골절되다

皮肉 píròu 명 피부와 살

至于 zhìyú 동 ~의 정도에 이르다, ~한 결과에 이르다

伤口 shāngkǒu 명 상처

发炎 fāyán 동 염증이 생기다, 염증을 일으키다

皮肤 pífū 명 피부

任何 rènhé 대 어떠한, 무슨

补药 bǔyào 명 보약

人参 rénshēn 명 인삼

种类 zhǒnglèi 명 종류

用途 yòngtú 명 용도

广 guǎng 형 넓다, 광범하다

✏️ 표현 단어

建筑 jiànzhù 명 건축물 동 건축하다

회화 배우기

1. 说起来容易，做起来难 🎧02-02

（小田和小方是同屋）

小田　你的身体真棒！有什么秘诀吗？

小方　很简单，就是吃好，睡好，坚持锻炼。

小田　说起来容易，做起来难啊！就说锻炼吧，我总是坚持不下来。❶

小方　要锻炼就不能三天打鱼，两天晒网。

小田　好吧，从下个星期开始，我每天坚持锻炼半个小时。

小方　这一次希望你能坚持下去。❷

2. 疼得我什么也干不了 🎧02-03

（刘老师和陈教授在同一所大学工作）

刘　你脸色怎么这么不好？是不是哪儿不舒服？

陈　昨天老毛病又犯了，失眠，头疼，疼得我什么也干不了，别提多难受了！❸

刘　现在好点儿了吗？

陈　好多了，基本上不疼了。

刘　这个毛病可不好治。

陈　可不是嘛！我什么药都试过了，都不见效，只好临时吃点儿止疼片。

刘　止疼药吃多了不好，有副作用。

陈　那有什么办法呢？疼得实在受不了，只能吃。

刘　平时多注意点儿吧，好好儿保养会好点儿。

3 医生说非住院不可 🎧 02-04

（小沈和小高是好朋友）

小高　好久不见，你去哪儿玩儿了？

小沈　医院。我住了一个星期医院，刚出院。

小高　住院了？什么病？严重吗？

小沈　　没什么，上个星期跟朋友去爬山，不小心从山坡上滚下来，摔伤了。

小高　　骨折了？

小沈　　没有，但是皮肉受了几处伤，流了很多血。

小高　　只是皮肉受伤，不至于要住院吧？❹

小沈　　可是伤口发炎了，医生说非住院不可。❺

小高　　现在恢复得怎么样了？

小沈　　没问题了，又可以爬山了。

小高　　以后可千万小心点儿！❻

❹ 没病也吃药 02-05

为了追求"更好"的生活，今天的人们没病也吃药。

想要强壮的身体吗？想要美丽的皮肤吗？想变得更聪明一点儿吗？你可以买到你想买的任何药。

这些药就是人们常说的补药，不治什么病，但是也可以说什么病都治。

从古代开始，中国人就相信人参可以使人身体强壮，人参恐怕是最传统的补药了。和古代比起来，现代人的补药种类更多，用途更广。补药真的能给我们带来更好的生活吗？

표현 익히기

1. 下来　계속 ~해 왔다 [과거에서 현재까지 동작의 지속]

我总是坚持不下来。

'下来'는 동사 뒤에 쓰여서 과거에 했던 행위나 동작이 현재까지 계속되거나 시작에서 끝까지 지속됨을 나타낸다.

- 别人都走了，只有我一个人留下来了。
  다른 사람은 모두 가고, 나 혼자만 남았다.

- 那处古建筑没有保存下来。
  그곳의 옛 건축물은 보존되어 있지 않다.

- 他参加3000米长跑比赛时，突然肚子疼，可是他忍住疼痛，坚持下来了。
  그는 3,000m 장거리 달리기 시합에 참가했을 때, 갑자기 배가 아팠지만 아픔을 참고 끝까지 버텼다.

- 我总想练练书法，可总是坚持不下来。
  나는 늘 서예를 연습하려고 하지만, 항상 꾸준히 하지 못한다.

2. 下去　계속 ~하다 [현재에서 미래까지 동작의 지속]

这一次希望你能坚持下去。

'下去'는 동사 뒤에 쓰여서 지금 진행 중인 일 또는 앞으로 해야 할 일이 미래의 어느 시점까지 지속됨을 나타낸다.

- 不管多难，你也要学下去。
  아무리 어렵더라도, 너는 계속 배워야 돼.

- 这本书太没意思了，我看不下去。
  이 책 너무 재미없어서 나 더는 못 보겠어.

- 以前我每次开始减肥都坚持不下来，这一次我一定坚持下去。
  이전에 나는 다이어트를 시작할 때마다 끝까지 버티지 못했지만, 이번엔 꼭 끝까지 할 것이다.

③ 别提多……了 얼마나 ~한지 말도 마라

别提多难受**了**。

'别提多……了'는 정도가 아주 심함을 강조하는 표현이다. '얼마나 ~한지 말도 마라' '얼마나 ~한지 모른다' '너무 ~하다'의 의미를 나타낸다.

- 昨天我们从八点一直玩儿到十二点，**别提多**开心**了**！
  어제 우리 8시부터 12시까지 계속 놀았어. 얼마나 즐거웠는지 몰라!

- 颐和园**别提多**美**了**。
  이허위안은 너무 아름답다.

- 护照丢了，我心里**别提多**着急**了**！
  여권을 잃어버렸어. 내 마음이 얼마나 초조한지 말도 마!

④ 至于 ~의 정도에 이르다

只是皮肉受伤，不**至于**要住院吧。

동사 '至于'는 '~의 정도에 이르다' '~할 지경이다'라는 뜻으로, 어느 정도에 이르렀음을 나타낸다. 주로 부정문이나 반어문에 쓰여, 일이 그 정도까지 심각하지는 않음을 강조한다.

- 他们**不至于**为这么点儿小事就吵架吧?
  그들이 이렇게 작은 일 때문에 다투지는 않겠지?

- 为吃一顿饭跑这么远，**至于**吗?
  밥 한 끼 먹으려고 이렇게 멀리 가다니, 그럴 만하니?

- A 他病得不能起床了。
  그는 아파서 일어나지 못해.
  B 我看他**不至于**病成这样。
  내가 보기에 그 정도까지 아파 보이진 않던데.

5 非……不可 반드시 ~해야 한다, ~하지 않으면 안 된다

医生说非住院不可。

여기서 '非……不可'는 '必须(반드시 ~해야 한다)' '一定(반드시)' '得……(~해야 한다)'의 의미이다.

- 要想学好汉语，非学好汉字不可。
  중국어를 잘 배우고 싶다면, 반드시 한자를 잘 배워야 한다.
- 要想提高听力，非多听不可。
  듣기 능력을 향상시키고 싶다면, 많이 들어야 한다.

이 밖에, '一定会(틀림없이 ~할 것이다)' '一定要(반드시 ~해야 한다)'의 의미로도 쓰인다.

- 你穿这么少出去，非感冒不可。
  너 이렇게 얇게 입고 나가면 틀림없이 감기에 걸릴 거야.
- 我今天中午非吃中国菜不可。
  나는 오늘 점심에 반드시 중국 음식을 먹을 거야.

6 千万 부디, 제발

以后可千万小心点儿。

부사 '千万'은 (바람이나 요구가 담긴) 명령문에 쓰이며, 어기를 강조한다.

- 明天的考试很重要，你千万别迟到。
  내일 시험 중요하니까 너 절대로 지각하면 안 돼.
- 你千万要记住，这两种药不能一起吃。
  이 두 가지 약을 같이 먹으면 안 된다는 것을 꼭 기억하세요.
- 开车时千万要小心！
  운전할 때 제발 조심하세요!

내공 쌓기

단어 연습

1 '下来'나 '下去'를 넣어 빈칸을 채워 보세요.

① 上次比赛她因为体力不足没有坚持_____。

② 我实在坚持不_____了，我想休息一会儿。

③ 一定要坚持_____！坚持到底就是胜利。

④ 我以为我肯定不行，没想到还真坚持_____了。

2 '别提多……了'를 사용하여 대화를 완성해 보세요.

① A 昨天的考试难不难?
  B _____。

② A 你们昨天玩儿得高兴吗?
  B _____。

③ A 我们喜欢的球队输了，你难过不难过?
  B _____。

④ A 你见过她的孩子吗? 她孩子什么样?
  B 见过，_____！

3 '非……不可'를 사용하여 문장을 고쳐 보세요.

① 酒后开车肯定要出事故的。
  → _____

② 要想学好汉语，必须努力学习。
  → _____

③ 这个孩子一定要吃巧克力。
  → _____

❹ 她一定要我陪她去。

　→ _____

❺ 你这样下去早晚会出事的。

　→ _____

4 괄호 안의 내용에 근거해 '至于'를 사용한 대화를 완성해 보세요.

❶ A 这个孩子气死我了，我非打他一顿不可。

　B _____？（不必跟小孩子生这么大的气）

❷ A 小王感冒住院了。

　B _____？（感冒用不着住院）

❸ A 我们俩为这件事还吵了一架。

　B 这么点儿小事，_____。（不值得）

프리토킹에 도전해 보세요

1　你认为怎样才能保持健康？

2　你相信补药吗？

대화를 나눠 보세요

1 模仿课文❶的方式进行下列内容的对话：

① 询问与介绍学习方法。

② 询问与介绍保持好身材的方法。

A ……有什么秘诀吗？

B 很简单，就是……

A 说起来容易，做起来难啊。就说……，我总是……

B 要……就不能……

A 好吧，我以后每天坚持……

B 希望你能坚持下去。

2 **상황** 朋友生病了，询问病情并安慰病人。
역할 两个朋友。
단어 好点儿了 ｜ 好多了 ｜ 恢复 ｜ 注意 ｜ 保养 ｜ 千万

질문에 답해 보세요

学看药品说明书。

[1]
消毒药水
作用与用途：消毒、防腐药。
用法与用量：外用，涂抹于患处，或配1%溶液浸泡。
注意事项：对碘过敏者慎用。
贮藏：密封、避光，放于阴凉干燥处。

[2]
黄连素

作用与用途：抗菌药，用于腹泻、肠炎。

用法与用量：口服，一次0.1～0.3g；一日0.3～0.9g。

贮藏：密闭保存。

질문
① 第一种药可以吃吗？
② 第二种药治什么病？

药水 yàoshuǐ 명 물약 | 防腐 fángfǔ 동 부패를 방지하다, 방부하다 | 涂抹 túmǒ 동 칠하다, 바르다 | 患处 huànchù 명 환부(患部) | 溶液 róngyè 명 용액 | 浸泡 jìnpào 동 (물 속에) 담그다 | 慎 shèn 동 조심하다, 삼가다 | 贮藏 zhùcáng 동 저장하다 | 阴凉 yīnliáng 형 서늘하다 | 抗菌 kàngjūn 항균 | 腹泻 fùxiè 명 설사

好东西人人爱吃。
맛있는 것은 누구나 좋아합니다.

好东西人人爱吃，可是光会吃还不行，还要会说。
到了餐厅怎么点菜？
怎么向别人说你喜欢吃什么？
等你们学会了，我请你们尝尝我的手艺。

맛있는 것은 누구나 좋아하지만, 먹을 줄만 알아선 안 되고, 말로 표현할 줄도 알아야 합니다.
식당에 가서 어떻게 음식을 주문할까요?
자신이 무슨 음식을 좋아하는지 다른 사람에게 어떻게 말할까요?
여러분이 말할 줄 알게 되면 제 솜씨를 맛보여 드릴게요.

◎ **학습 목표**
- 식당에서 음식을 주문하고 맛을 표현할 수 있다.
- 좋아하는 음식과 싫어하는 음식을 소개할 수 있다.

◎ **표현 포인트**
惯 │ 看来 │ 要么……，要么…… │ 好说 │ 砸 │ 大饱口福 │ 有两下子

단어 익히기

🎧 03-01

🔊 회화 단어

光 guāng 🔹부 다만, 단지

点菜 diǎncài 🔹동 요리를 주문하다

手艺 shǒuyì 🔹명 솜씨, 기술

胃口 wèikǒu 🔹명 식욕, 입맛

请客 qǐngkè 🔹동 한턱내다, 손님을 초대하다

菜单 càidān 🔹명 메뉴(menu), 메뉴판

指 zhǐ 🔹동 가리키다

推荐 tuījiàn 🔹동 추천하다

口味(儿) kǒuwèi(r) 🔹명 맛, 입맛, 구미

清蒸 qīngzhēng 🔹동 (간장 등의 조미료를 넣지 않고 국물이 있게) 깔끔하게 찌다

鲈鱼 lúyú 🔹명 농어

清淡 qīngdàn 🔹형 (맛·색깔 따위가) 담백하다, 산뜻하다

可口 kěkǒu 🔹형 맛있다, 입에 맞다

淡水鱼 dànshuǐyú 🔹명 담수어, 민물고기

道 dào 🔹양 [요리를 세는 양사]

重 zhòng 🔹형 (맛이) 강하다

腻 nì 🔹형 느끼하다

麻婆豆腐 mápó dòufu 🔹명 마포더우푸 [두부와 다진 고기를 매콤하게 볶은 요리]

速冻 sùdòng 🔹동 급속 냉동하다

采购 cǎigòu 🔹동 사다, 구입하다

荤 hūn 🔹명 생선이나 육류로 만든 음식

素 sù 🔹명 채소나 과일류의 식물성 음식

炖 dùn 🔹동 (약한 불에 장시간) 고다, 푹 삶다

排骨 páigǔ 🔹명 갈비

红烧 hóngshāo 🔹동 (검붉게) 졸이다 [고기·생선 등을 기름과 설탕을 넣어 살짝 볶은 다음, 간장을 넣어 익혀 검붉은 색이 되게 하는 조리 방법]

清炒 qīngchǎo 🔹동 한 가지 재료만을 기름에 볶다

凉拌 liángbàn 🔹동 나물 따위에 갖은 양념을 넣고 무치다

砸 zá 🔹동 실패하다, 망치다

埋怨 mányuàn 🔹동 원망하다, 탓하다

懒得 lǎnde 🔹동 ~할 마음이 내키지 않다, ~하기가 귀찮다

大饱口福 dà bǎo kǒufú 맛있는 음식을 배불리 먹다

🔊 고유 명사

保罗 Bǎoluó 🔹고유 폴(Paul) [인명]

木村 Mùcūn 🔹고유 기무라(Kimura) [인명]

회화 배우기

1 今天我没有胃口 🎧 03-02

（保罗和木村来到一家餐馆）

保罗　　想吃什么随便点，今天我请客！

木村　　我一看菜单就头晕，我不知道这些菜名指的都是什么菜。我们请服务员小姐推荐一下吧。

保罗　　别！她们肯定向你推荐最贵的菜，还不一定合我们的口味。我来点。清蒸鲈鱼怎么样？清淡可口，很好吃。

木村　　是淡水鱼吧？我吃惯了海鱼，吃不惯淡水鱼。❶

保罗　　那水煮牛肉呢？他们这儿虽然不是川菜馆儿，可是这道菜做得非常地道。

木村　　我吃过一次，味儿太重，油太多，有点儿腻。

保罗　　那我们要个麻婆豆腐？

木村　　我吃不惯麻味儿。

保罗　　看来这个餐厅的菜都不合你的口味儿，❷ 我们换一家吧。

木村　　不是不合我的口味儿，是我今天没胃口。

2 结婚以后天天下厨房 🎧 03-03

　　结婚以前我很少做饭，结婚以后天天下厨房，为丈夫和自己准备一日三餐。早饭最简单，烤几片面包，热两杯牛奶，就可以了。午饭丈夫不回家，我一个人要么在单位的食堂吃，要么回家随便弄点儿吃的。❸ 煮包方便面啦，煮半袋速冻饺子啦，一个人怎么都好说。❹ 晚饭可就要花大力气准备了，采购、洗、切、做，每天要花一两个小时。一般是三个菜，一荤两素。荤菜通常是炖牛肉、炖排骨或者红烧鱼、清蒸鱼什么的，素菜是一个清炒蔬菜加一个凉拌菜。主食是米饭。汤常常省去不做，因为丈夫不爱喝汤。我做菜的手艺还可以，至少丈夫比较满意。不过，也有做砸的时候，❺ 那个时候，如果他埋怨，我就说："不满意的话你做！"他马上就不出声了。

3 今天让你尝尝我的手艺 🎧 03-04

妻子　菜都买好了，谁做？今天我可懒得动。

丈夫　好吧，今天我来下厨房，让你尝尝我的手艺。不过要是做砸了，你可不许埋怨我。

妻子　只要能吃就行。

丈夫　瞧我的吧。

（一个小时以后）

丈夫　菜来了，今天肯定让你大饱口福！❻

妻子　哇，真看不出，你还有两下子！❼（尝了尝）哎呀，太咸了，你放了多少盐？

표현 익히기

1. 惯 습관이 되다

我吃惯了海鱼，吃不惯淡水鱼。

'惯'은 '습관이 되다' '익숙해지다'라는 뜻을 가진다. '동사+惯' 또는 '동사+得/不+惯'의 형식으로 쓰여, 어떤 사람이나 일에 대해 심리적이나 체질적으로 받아들일 습관이 되어 있는지의 여부를 나타낸다.

- 我喝不惯外国酒。
  나는 외국 술은 잘 못 마셔요.

- 他的父母看不惯他穿这种衣服。
  그의 부모님은 그가 이런 옷을 입는 걸 못마땅해 하신다.

- 你睡惯了软床，睡得惯这么硬的床吗？
  너는 푹신한 침대에서 자는 것이 익숙할 텐데, 이렇게 딱딱한 침대에서도 잘 수 있겠니?

2. 看来 보아하니, 보기에

看来这个餐厅的菜都不合你的口味儿。

'看来'는 이미 알고 있는 사실을 근거로 예측, 판단함을 의미한다.

- 快下班了工作才干了一半，看来今天又要加班了。
  퇴근 시간이 다 됐는데 일은 겨우 절반밖에 하지 못했다. 보아하니 오늘 또 초과 근무를 해야겠다.

- 约好八点见面，现在都八点半了还没来，看来今天他不会来了。
  8시에 만나기로 약속했는데, 지금 벌써 8시 반인데도 아직 안 왔어. 보아하니 그는 오늘 오지 않을 거야.

3 要么……，要么…… ~하든지, 아니면 ~하든지

我一个人要么在单位的食堂吃，要么回家随便弄点儿吃的。

'要么……，要么……'는 언급한 몇 가지 상황에서 하나를 선택함을 강조한다.

- 要么你去，要么我去，两个人都去不大可能。
  네가 가든지, 아니면 내가 가든지, 두 명 다 갈 가능성은 크지 않아.

- 要么坐飞机去，要么不去。
  비행기 타고 가든지, 아니면 안 갈 거야.

4 好说 문제 없다, 걱정할 필요 없다

一个人怎么都好说。

'好说'는 관용어로, 손쉽게 해결하거나 처리함을 나타낸다.

- 想吃韩国菜好说，门口就有一家韩国餐厅。
  한국 음식이 먹고 싶은 거면 걱정하지 마. 입구에 한국 식당이 하나 있거든.

- 钱好说，我可以借给你，可是住的地方我解决不了。
  돈은 문제 없어. 내가 빌려줄 수 있어. 하지만 머무를 곳은 내가 해결할 수 없어.

5 砸 실패하다, 망치다

不过，也有做砸的时候。

'砸'는 관용어로, 어떤 일을 성공하지 못했음을 나타낸다. 단독으로 쓰이거나, 동사 뒤에 놓인다.

- A 考得怎么样？ 시험 잘 봤어?

  B 砸了！好几道题都没做完。 망쳤어! 몇 문제나 다 풀지 못했어.

- 这回我考砸了，好几道题都没做完。
  나 이번 시험 망쳤어. 몇 문제나 다 풀지 못했어.

- 这场戏演砸了，演员说错好几句话。
  이번 연극은 망했어. 배우가 꽤 많은 대사를 틀렸어.

大饱口福 맛있는 음식을 배불리 먹다

今天肯定让你大饱口福！

'大饱口福'는 '맛있는 음식을 배불리 먹다'라는 뜻이다.

- 你做的菜个个都好吃，今天真是让我大饱口福了。
  당신이 만든 요리는 하나같이 모두 맛있어요. 오늘 정말 맛있는 음식을 배불리 먹었어요.
- 秋天来我们这儿吧，正是吃螃蟹的季节，可以让你大饱口福。
  가을에 이곳으로 와. 마침 게가 제철이니 실컷 먹게 해 줄게.

 有两下子 꽤 솜씨가 있다, 실력이 보통이 아니다

你还有两下子！

'有两下子'는 관용어로, 어떤 일에 재주가 뛰어나거나 수준이 높음을 나타낸다.

- 他游泳有两下子。
  그는 수영 실력이 보통이 아니다.
- 没想到他的书法还有两下子。
  그의 서예 실력이 이렇게 뛰어날 줄 생각도 못했다.
- 他下棋有两下子。
  그는 바둑 두는 실력이 보통이 아니다.

내공 쌓기

단어 연습

1 다음 문장의 밑줄 친 부분을 본문의 어휘로 교체해 보세요.

❶ 今天的菜我<u>喜欢吃</u>。　　　　　⬜

❷ 我感冒了，<u>不想吃东西</u>。　　　⬜

❸ A 可以借我一点儿钱吗?
　　B <u>没问题</u>，你要多少?　　　　⬜

❹ 他把事情搞<u>糟</u>了。　　　　　　⬜

❺ 他打篮球很<u>拿手</u>。　　　　　　⬜

2 '동사+惯'을 사용하여 대화를 완성해 보세요.

❶ A 我们去吃涮羊肉怎么样?
　　B _____。

❷ A _____?
　　B 还可以，这酒味道还不错。

❸ A 这双高跟鞋多漂亮啊! 买一双吧!
　　B 跟儿太高，_____。

3 본문의 어휘를 사용하여 질문에 답해 보세요.

❶ 今天你想吃什么?
　　→ _____

❷ 你为什么不喜欢吃这个菜?
　　→ _____

❸ 今天你怎么吃得这么少?
　　→ _____

❹ 今天你来做饭好不好?

→ _____

❺ 你做的饭好吃吗?

→ _____

프리토킹에 도전해 보세요

1　你喜欢吃什么样的饭菜？介绍一下你的口味。

2　介绍一下你们国家一般人的饮食习惯。

대화를 나눠 보세요

상황　和朋友商量着点菜(下附菜单)。

역할　两个朋友。

단어　口味 | 惯 | 腻 | 可口 | 推荐……

凉菜		热菜	
• 凉拌海带丝	9元	• 铁板牛柳	28元
• 小葱拌豆腐	8元	• 红烧茄子	18元
• 皮蛋豆腐	10元	• 宫爆鸡丁	20元
• 凉拌苦瓜	12元	• 松鼠桂鱼	98元
• 鸡丝黄瓜	13元	• 家常豆腐	16元
• 四川泡菜	6元	• 蒜茸豆苗	15元

| 레시피를 보고 요리해 보세요 |

学做一道家常菜"鱼香菜心"。

| 材料 | 嫩油菜500克。
| 调料 | 花生油35克，酱油10克，味精2克，精盐2克，水淀粉20克，葱、姜、蒜、米醋、白糖共50克，四川豆瓣酱5克。
| 做法 | 把油菜洗净，切成3厘米长的段。葱、姜、蒜切成末。把白糖、米醋、酱油、味精、精盐、水淀粉调成汁。把20克油放到锅里烧热，然后把油菜放到锅里炒一炒，等菜变了颜色马上盛出来放在盘子里。锅里再放油15克烧热，把豆瓣酱、葱、姜、蒜一起放入锅中，等有了香味，再把调好的酱油、醋汁放到锅里炒一炒，最后把盘里的油菜再放到锅里炒几下就做成了。

克 kè 양 그램(g) | 酱油 jiàngyóu 명 간장 | 味精 wèijīng 명 화학 조미료 | 厘米 límǐ 양 센티미터(㎝)

这种款式适合我吗?
이런 스타일이 저에게 어울리나요?

—这种款式适合我吗?
—再合适不过了! ❶

- 이런 스타일이 저에게 어울리나요?
- 더할 나위 없이 잘 어울려요!

◎ **학습 목표**
- 옷차림을 구체적으로 묘사할 수 있다.
- 최상급을 나타내는 표현을 할 수 있다.

◎ **표현 포인트**
再……不过了 | 蓝地白点 | 不对劲儿 | 一番 | 不是……就是 | 看不上

단어 익히기

🎧 04-01

🗨 회화 단어

款式 kuǎnshì 명 디자인, 스타일

适合 shìhé 동 적합하다, 알맞다, 어울리다

号 hào 명 사이즈, 등급, 호(수)

大方 dàfang 형 (옷차림·스타일 등이) 고상하다, 우아하다

做工 zuògōng 명 가공 기술

精细 jīngxì 형 정교하다, 정교하고 섬세하다

名牌儿 míngpáir 명 명품, 유명 브랜드

风衣 fēngyī 명 트렌치 코트, 윈드 재킷, 바람막이

纯毛 chúnmáo 명 순모

挡 dǎng 동 막다, 차단하다

干洗 gānxǐ 동 드라이클리닝하다, 건식세탁하다

化纤 huàxiān 명 화학 섬유

面料 miànliào 명 옷감, 원단

防 fáng 동 막다

结实 jiēshi 형 견고하다, 튼튼하다, 질기다

耐 nài 동 참다, 견디다

花色 huāsè 명 무늬와 색깔

尺寸 chǐcùn 명 길이, 치수, 사이즈

规定 guīdìng 명 규정, 규칙

标签 biāoqiān 명 상표, 라벨

身高 shēngāo 명 신장, 키

胸围 xiōngwéi 명 가슴둘레

身材 shēncái 명 체격, 몸집, 몸매

型号 xínghào 명 사이즈, 형, 모델

条纹 tiáowén 명 줄무늬

打 dǎ 동 (둘둘 감아서) 묶다, 매다

领带 lǐngdài 명 넥타이

格子 gézi 명 격자, 네모나게 줄을 긋거나 친 것

袜子 wàzi 명 양말

时髦 shímáo 형 유행이다, 현대적이다

搭配 dāpèi 동 배합하다, 조합하다, 짝을 짓다

品位 pǐnwèi 명 품위, 품격

刮 guā 동 (칼날로) 깎다, 밀다

吹风 chuīfēng 동 (헤어드라이어로) 머리를 말리다, 드라이(dry)하다

风度翩翩 fēngdù piānpiān 풍채가 멋스럽다

明星 míngxīng 명 인기 있는 배우나 운동선수, 스타(star)

指指点点 zhǐzhǐdiǎndiǎn (뒤에서) 험담하다, 나쁜 말을 하다, 수군거리다

在乎 zàihu 동 마음에 두다, 신경 쓰다

形象 xíngxiàng 명 형상, 모습

场合 chǎnghé 명 장소

一番 yìfān 수량 한바탕, 한 차례, 한 번

眼光 yǎnguāng 명 안목

회화 배우기

❶ 我一般穿中号 🎧 04-02

（一位顾客在服装店选购衣服）

店员　　这些是刚到店的新款服装，款式大方，做工精细，都是名牌儿。

顾客　　这件风衣不错，什么料子的？

店员　　纯毛的，又挡风又保暖。

顾客　　纯毛的好是好，可是得到洗衣店干洗，太麻烦了。

店员　　那您看看这种，最新的化纤面料，又防风又防雨，结实耐穿，用洗衣机洗就行。

顾客　　这么多优点？款式、花色也挺多，哪种适合我？

店员　　您可以都试试。您穿多大尺寸的？

顾客　　我一般穿中号的，不知道中国的尺寸是怎么规定的？

店员　　标签上写得很清楚，有身高、胸围，还有身材的型号，像您，穿这件"165/88A"的就可以。

04 这种款式适合我吗？　49

❷ 到底是哪儿不对劲儿? 🎧 04-03

那天我去参加晚会。我穿上了我的灰色细条纹衬衫,打上了我的蓝地白点的领带,❷ 穿好了我的深蓝格子的上装。我的袜子是最时髦的羊毛袜。我的服装搭配得最有品位。出门之前我还刮了脸,吹了风。我在镜子前左照右照,风度翩翩,像个大明星。可是一出门就有人盯着我,指指点点,说说笑笑。肯定有哪儿不对劲儿。可到底是哪儿不对劲儿?❸ 到底是哪儿呢?

❸ 不是看不上,就是买不起 🎧 04-04

我比较在乎自己在别人眼里的形象,所以穿衣服很讲究。比如什么场合穿什么衣服,什么样的上衣跟什么样的裤子、裙子搭配,事先都要研究一番。❹ 可是因为我的眼光太高,收入太低,商店里的衣服对我来说一般只有两类:不是看不上,就是买不起。❺❻ 所以我常常逛大半天商店什么也买不到。

표현 익히기

 再……不过了 더 이상 ~할 수 없다, 더할 나위 없이 ~하다

再合适不过了。

'再……不过了'는 '더 이상 ~할 수 없다' '가장 ~하다'의 의미로, 최상급을 나타내는 표현이다.

- 要说北京的公园，颐和园再漂亮不过了！
  베이징의 공원에 대해 말하자면 이허위안이 가장 아름답지!
- 我们都希望你来，你能来再好不过了！
  우리 모두 네가 오기를 바라고 있어. 네가 올 수만 있다면 더 이상 좋을 수 없어!

 蓝地白点 푸른 바탕에 흰 물방울무늬

打上了我的蓝地白点的领带。

'蓝地白点'은 푸른 바탕에 흰색 원형의 무늬가 있음을 말한다.

 不对劲儿 이상하다

到底是哪儿不对劲儿?

'不对劲儿'은 관용어로, '이상하다' '문제가 있다' '정상이 아니다'의 의미이다.

- 今天小李有点儿不对劲儿，平常总是笑嘻嘻的，今天一点儿笑容都没有。
  오늘 샤오리가 조금 이상하다. 평소 늘 미소 짓고 있는데, 오늘은 전혀 웃는 표정이 아니다.
- 我一看家门开着，里面却一个人也没有，就觉得有点儿不对劲儿。
  문을 열어 집안을 봤을 때, 안에 아무도 없어서 조금 이상하다는 생각이 들었다.

一番 한바탕, 한차례

事先都要研究一番。

수량사 '一番'은 동작의 회수·시간 등을 설명한다. 비교적 많은 힘과 시간을 써서 동작을 '한차례' 행함을 의미하는데, 예를 들면 '思考一番' '讨论一番' '找了一番' 등의 표현으로 활용된다.

5 不是……，就是…… ~이 아니면 ~이다

> 不是看不上，就是买不起。

'不是……，就是……'는 두 가지 용법으로 쓰인다.

(1) 언급한 두 가지 상황 중 하나는 분명한 사실임을 강조한다. '이것이 아니면 저것이다'라는 뜻으로, 추측·추론의 의미를 나타낸다.

- 他不是美国人，就是英国人。
  그는 미국인 아니면 영국인이다.

- 他们不是住八楼，就是住十楼。
  그들은 8층 아니면 10층에 산다.

(2) 열거한 두 가지 상황만 존재하며 이 범위를 벗어나지 않음을 강조한다. 본문에서는 이 용법으로 쓰였다.

- 我们班不是韩国人，就是日本人，没有欧美人。
  우리 반은 한국인이 아니면 일본인이다. 서양인은 없다.

- 他每天不是读书就是写文章，不干别的。
  그는 매일 책을 읽거나 글을 쓰고, 다른 일은 하지 않는다.

6 看不上 마음에 들지 않다

> 不是看不上，就是买不起。

'看不上'은 '눈에 차지 않다' '마음에 들지 않다'라는 뜻으로, 자신의 요구에 미치지 못해 좋아하지 않음을 나타낸다. 긍정형은 '看得上'과 '看上'이다.

- 他看上了一位姑娘，可姑娘却没看上他。
  그는 한 아가씨를 마음에 들어 했지만, 그 아가씨는 그를 마음에 들어 하지 않았다.

- 我看不上这种男人。 나는 이런 남자는 마음에 들지 않아.

- 人家那么有钱，看得上这种房子吗?
  그 사람 그렇게 돈이 많은데, 이런 집이 마음에 들기나 하겠어?

내공 쌓기

단어 연습

1 '合适'나 '适合'를 넣어 빈칸을 채워 보세요.

① 你穿这件衣服真_____！

② 这件衣服很_____你。

③ 我不_____穿这种衣服。

④ 你穿这件衣服再_____不过了！

2 '不是……就是……'를 사용하여 질문에 답해 보세요.

① 你知道中国人口最多的是哪个城市吗？

② 小王去哪儿了？

③ 家庭主妇每天都干什么？

④ 周末你怎么过？

⑤ 猜猜，我给你买什么礼物了？

⑥ 那个服装店衣服挺多的，你怎么没买？

3 '一次' '一下' '一番' 중에서 알맞은 것을 골라 빈칸을 채워 보세요.

① 我看了_____手表，4点整。

② 我们一起看过_____电影。

③ 他看了_____，也没发现这两个东西有什么不同。

④ 我吃过_____烤鸭。

⑤ 他尝了_____，说不好吃。

⑥ 我们商量了_____，决定去上海。

4 알맞은 단어 조합이 되도록 선을 연결해 보세요.

① 做工 ·   · 结实

② 花色 ·   · 大方

③ 质地 ·   · 合适

④ 尺寸 ·   · 时髦

⑤ 款式 ·   · 精细

프리토킹에 도전해 보세요

1 从款式、颜色、图案、风格等几个方面介绍你的一件衣服。

2 你喜欢穿什么样的衣服？

3 介绍一下你们国家的人穿衣服的习惯，比如一般场合穿什么衣服，特殊场合穿什么衣服等等。

대화를 나눠 보세요

상황 为一位朋友定做服装，向裁缝描述朋友对服装的款式、尺寸等的要求。
역할 顾客、裁缝。
단어 款式 | 尺寸 | 身高 | 腰围 | 胸围 | 料子 | 做工

자유롭게 말해 보세요

现在，人们都喜欢穿比较随便的衣服上班，对这个问题你是赞同还是反对？为什么？

你喜欢逛商店吗?

쇼핑 좋아하세요?

以前说"十个女人有九个喜欢逛商店，十个男人有九个不喜欢逛商店。"
可是随着时代的发展和进步，现代的男人也喜欢逛商店了!
男人们也开始讲究生活品质了! 你呢? 你喜欢逛商店吗?

예전에는 "여성 열 명 중 아홉 명은 쇼핑을 좋아하지만, 남성 열 명 중 아홉 명은 쇼핑을 좋아하지 않는다."라고 했었죠.
하지만 시대가 발전하고 변화함에 따라 현대 남성들도 쇼핑을 좋아하게 되었습니다!
남성들 역시 생활의 질을 중요시하기 시작한 거죠! 당신은요? 당신은 쇼핑을 좋아하나요?

◎ **학습 목표**
- 쇼핑에 관한 다양한 주제로 이야기할 수 있다.
- 조건을 나타내는 표현을 할 수 있다.

◎ **표현 포인트**

可+동사+的 | ……好…… | 遍 | 除非 | 中 | 说得过去

단어 익히기 05-01

🔊 회화 단어

参谋 cānmou 동 조언하다, 권고하다
开业 kāiyè 동 개업하다
一律 yílǜ 부 일률적으로, 예외 없이
打折 dǎzhé 동 할인하다
探亲 tànqīn 동 가족(친척)을 방문하다
拿定主意 ná dìng zhǔyi 결정하다, 마음을 정하다
主意 zhǔyi 명 생각, 의견, 방법
在行 zàiháng 형 (어떤 일에) 정통하다, 능하다
实惠 shíhuì 형 실속이 있다, 실용적이다
用具 yòngjù 명 도구, 용구
电饭锅 diànfànguō 명 전기밥솥
微波炉 wēibōlú 명 전자레인지
倒车 dǎo chē 차를 갈아타다, 환승하다
用品 yòngpǐn 명 용품
被罩 bèizhào 명 이불 커버, 이불잇
被炉 bèilú 명 코타츠 [일본식 온열기구]
毯子 tǎnzi 명 담요, 모포
关节炎 guānjiéyán 명 관절염
除非 chúfēi 접 오직 ~하여야 (비로소)
定做 dìngzuò 동 주문 제작하다, 맞추다
节俭 jiéjiǎn 형 검소하다, 절약하다
舍得 shěde 동 아깝지 않다, 미련이 없다, 기꺼이 하다
高档 gāodàng 명 고급의, 상등의
吓一跳 xià yí tiào 깜짝 놀라다

顶 dǐng 동 맞먹다, 상당하다
心疼 xīnténg 동 애석해하다, 아까워하다
故意 gùyì 명 일부러, 고의로
过季 guò jì (옷이나 물품 등이) 철이 지나다
接受 jiēshòu 동 받아들이다, 수락하다

회화 배우기

1. 请你给我参谋参谋，好吗？ 🎧 05-02

（小赵和小王是朋友，有一天在商店偶遇）

小赵　　哎，这不是小王吗？来买东西？

小王　　今天休息没什么事，听说这家商店刚开业，商品一律打八折，我来看看有什么可买的没有。❶ 你呢？

小赵　　我打算下个月回山东老家探亲，想买些礼物，好带回去送人。❷

小王　　买好了吗？

小赵　　还差表哥的结婚礼物，逛了半天也没拿定主意买什么。你要是没事的话，请你给我参谋参谋，好吗？

小王　　好啊，买礼物我在行。现在的年轻人比较喜欢实惠的东西，你最好买生活中用得上的，比如厨房用具什么的。

小赵　　我刚才看了一些电饭锅、微波炉什么的，太贵，而且路上不好拿。我得倒两次车呢。

| 小王 | 那你买床上用品怎么样？
比如床单、被罩什么的，又不太贵又好拿。 |
|---|---|
| 小赵 | 这个主意不错，我怎么就没想到呢？ |

2 你要买什么家具？ 🎧 05-03

木村	真奇怪，我把所有的大家具店都跑遍了，[3] 也没买到我要买的家具。
保罗	你要买什么家具？
木村	我要买的家具叫被炉，是一种四周围着毯子、有电暖气的桌子，在日本，很多家庭冬天都用这种桌子。
保罗	啊，你说的是日本的家具啊。那没什么可奇怪的，如果这种家具是日本特有的，中国当然买不到。
木村	可是我的腿有严重的关节炎，冬天离不了这种桌子。
保罗	非要不可的话，除非定做，或者请你的家人从日本寄过来。[4]

3 你真有眼光！ 🎧 05-04

小刘	来看看我新买的这套沙发！
小胡	嘿！真不错！哪儿买的？
小刘	别提了！为了买沙发，我跑遍了所有的家具店，不是看不上，就是买不起，好不容易才选中这套沙发。[5]

小胡　你真有眼光！这套沙发无论样式、面料，还是做工，都挺不错。

小刘　说得过去吧。[6]

4 又打了七折　🎧 05-05

　　我的妈妈因为小时候家里穷，直到现在生活都很节俭。她从来不舍得买高档的东西，穿的、用的都是便宜货。可是我喜欢高档名牌儿，只要有钱我就买。妈妈听了价钱后常常吓一跳，她说我买一件的钱顶她买好几件的。为了不让妈妈心疼，我常常故意把价钱说低一点儿。有一次商店里打折销售过季的名牌儿皮鞋，我买了一双，虽然是打了七折的价格，可是妈妈肯定还是不能接受，所以我告诉她价格时又打了七折。

표현 익히기

1. 可+동사+的 ~할 만하다

我来看看有什么可买的没有。

'可+동사+的'는 '~할 만하다' '~할 만한 가치가 있다'라는 뜻이며, 주로 단음절 동사와 결합한다. '有/没什么可……的'의 형식으로 자주 쓰인다.

- 电视广告有什么可看的!
  텔레비전 광고가 뭐 볼 만한 게 있겠니!

- 今天没什么可干的，大家休息吧。
  오늘은 할 만한 게 없으니 모두 쉽시다.

- 那儿有什么可玩儿的?
  그곳에 놀 만한 데가 있니?

2. ……好…… ~할 수 있도록

想买些礼物，好带回去送人。

'……好……'에서 '好'는 복문의 뒤 절에 쓰여, 앞 절에서 서술한 동작의 목적을 나타낸다. 즉, 앞 절의 행동은 뒤 절의 일을 하기 위해서나 하기 편하게 하려 함을 말한다.

- 今天晚上我们早点儿睡，明天好早点儿起。
  내일 일찍 일어날 수 있도록 오늘 저녁에 우리 일찍 자자.

- 你留下电话号码，我好通知你。
  당신에게 알려 줄 수 있도록 전화번호를 남겨 주세요.

- 你用完了把它洗干净，下次好用。
  다음번에 사용할 수 있도록 그것을 다 사용한 후 깨끗이 씻어 두세요.

3. 遍 두루 ~하다

我把所有的大家具店都跑遍了。

'遍'은 동사의 뒤에서 보어로 쓰이며, 동작과 관련된 모든 대상 및 장소에 영향이 미침을 나타낸다.

- 他找遍了房间也没找到护照。
  그는 방안을 두루 찾았으나 여권을 찾지 못했다.
- 我问遍了这儿所有的人，他们都说不知道。
  나는 여기 모든 사람에게 두루 물어보았으나, 그들은 모두 모른다고 말했다.
- 北京好玩儿的地方我都玩儿遍了。
  베이징의 재미있는 곳은 모두 놀아 보았다.

4 除非 오직 ~하여야 (비로소)

除非定做，或者请你的家人从日本寄过来。

접속사 '除非'는 제시한 것이 유일한 선결 조건임을 강조하며, 관련된 주요 문장 형식으로는 다음의 네 가지가 있다.

(1) 除非……，才……: 일정한 조건 아래에서만 어떤 결과를 얻을 수 있음을 나타낸다.

- 除非你和我一起去，我才去。
  네가 나와 함께 가야지만 나는 가겠어.
- 除非特别高兴的时候，他才喝酒。
  특별히 기분 좋을 때만 그는 술을 마신다.

(2) 除非……，否则……: 반드시 일정한 조건을 갖춰야 하며, 그렇지 않으면 어떤 결과를 얻을 수 없음을 나타낸다.

- 除非你和我一起去，否则我不去。
  네가 나와 함께 가지 않는다면 나는 가지 않을 거야.
- 除非特别高兴的时候，否则他不喝酒。
  특별히 기분 좋을 때가 아니면 그는 술을 마시지 않는다.

(3) 除非……，才……，否则……: 이 형식은 (1)(2)의 문장 형식을 조합한 것으로, 의미가 한층 더 강하고 완전함을 나타낸다.

- 除非你和我一起去，我才去，否则我不去。
  네가 나와 함께 가야지만 나는 가겠어. 그러지 않으면 가지 않을 거야.

(4) ……，除非……: 앞 절은 일반적인 조건에서 발생하는 상황을 나타내고, 뒤 절은 이러한 상황이 발생하지 않게 되는 특수한 조건을 나타낸다.

- 我不会去的，除非你和我一起去。
  나는 가지 않을 거야. 네가 나와 함께 가지 않는다면.

- 他一般不喝酒，除非特别高兴的时候。
  그는 평소 술을 마시지 않아. 특별히 즐거운 때가 아니면.

- 他一般回来得很早，除非公司加班。
  그는 평소 일찍 돌아와. 회사에서 초과 근무를 하지 않는 한.

 中 맞히다, 명중하다, 들어맞다

好不容易才选中这套沙发。

'中(zhòng)'은 동사 뒤에서 보어로 쓰이며, 그 동작을 통해서 예상한 목적을 달성함을 나타낸다.

- 他在商店里挑了半天，挑中一件大衣。
  그는 상점에서 한참을 고르더니, 외투 한 벌을 골랐다.

- 他用手枪打中了坏人的腿。
  그는 권총으로 악당의 다리를 명중시켰다.

- 小王看中了那个高个子长头发的姑娘，想跟她交朋友。
  샤오왕은 키 크고 머리 긴 아가씨가 마음에 들어서 그녀와 친구가 되고 싶다.

 说得过去 그런대로 괜찮다

说得过去吧。

'说得过去'는 회화에서 주로 쓰이며, '특별히 좋진 않지만, 비교적 만족스럽다'라는 뜻으로, '还可以'와 같은 의미이다.

- 他的发音虽然不是特别标准，但还说得过去。
  그의 발음은 비록 정확한 표준 발음은 아니지만, 그런대로 괜찮다.

- A 我考了80分，不太好。
    나 80점 맞았어. 그다지 좋지 않아.
  B 80分还说得过去，我才考65分。
    80점이면 무난하지. 나는 겨우 65점인걸.

내공 쌓기

단어 연습

1. '好'를 사용하여 문장을 완성해 보세요.

   ① 带上吃的吧，＿＿＿＿＿＿＿＿＿＿＿＿＿＿＿＿＿＿。

   ② 请你留下电话号码，有消息＿＿＿＿＿＿＿＿＿＿＿＿＿＿。

   ③ 今天好好儿休息，＿＿＿＿＿＿＿＿＿＿＿＿＿＿＿。

   ④ 老师把字写得很大，＿＿＿＿＿＿＿＿＿＿＿＿＿＿。

   ⑤ 我们事先别告诉他，给他准备一个生日晚会，＿＿＿＿＿＿＿＿＿＿＿＿＿。

2. 제시된 내용에 근거해 접속사 '除非'와 관련된 문장 형식으로 작문해 보세요.

   ① 天气不好的话不去长城。

   　a. 除非＿＿＿＿＿＿＿＿＿＿＿＿，才＿＿＿＿＿＿＿＿＿＿＿＿。

   　b. ＿＿＿＿＿＿＿＿＿＿＿＿，除非＿＿＿＿＿＿＿＿＿＿＿＿。

   ② 来客人时，他家才用这套餐具。

   　＿＿＿＿＿＿＿＿＿＿＿＿，除非＿＿＿＿＿＿＿＿＿＿＿＿。

   ③ 有特别紧急的工作才加班。

   　a. 除非＿＿＿＿＿＿＿＿＿＿＿＿，否则＿＿＿＿＿＿＿＿＿＿＿＿。

   　b. ＿＿＿＿＿＿＿＿＿＿＿＿，除非＿＿＿＿＿＿＿＿＿＿＿＿。

   ④ 去上海的话我去，别的地方我不去。

   　除非＿＿＿＿＿＿＿＿＿，我才＿＿＿＿＿＿＿＿，否则＿＿＿＿＿＿＿＿。

3. 괄호 안의 내용에 근거해 빈칸을 채워 보세요.

   ① 我饿了，冰箱里有什么＿＿＿＿＿＿＿吃的没有？　　　　　（可以吃的）

   ② 这儿附近的餐厅他都吃＿＿＿＿＿＿＿了。　　　　　（每一个都去吃过）

❸ 我＿＿＿＿＿＿＿＿买红的，还是买白的。　　　　　　　　（不能决定）

❹ 昨天我在商店看＿＿＿＿＿＿＿＿一件白毛衣。　　　　　（看到了想要的）

4　본문의 문장을 선택하여 대화를 완성해 보세요.

❶ A 我不知道该买哪一件，＿＿＿＿＿＿＿＿＿＿？

　　B 我看那件白的好。

❷ A 我想买最上边的那幅画。

　　B ＿＿＿＿＿＿＿＿＿＿！那是一位大画家的作品。

❸ A 你的字写得真漂亮！

　　B ＿＿＿＿＿＿＿＿不太好，＿＿＿＿＿＿＿＿吧。

❹ A 昨晚玩儿得好吗？

　　B ＿＿＿＿＿＿＿＿，我们刚玩儿一会儿就停电了。

프리토킹에 도전해 보세요

1　在你们国家，祝贺别人结婚一般送什么礼物？

2　在你们国家，什么时候买东西比较便宜？

3　你喜欢买名牌儿货还是质量也不错的中档货？介绍一下你买东西的习惯。

대화를 나눠 보세요

1

상황 你想买衣服或者家具，请你的朋友参谋参谋。

역할 两个朋友。

단어 参谋 | 拿不定主意 | 不如 | 最好 | 搭配 | 高档

2
- 상황 朋友买了一件东西请你欣赏，你来评论一下。
- 역할 两个朋友。
- 단어 样式 | 质量 | 眼光 | 在行 | 说得过去 | 高档 | 打折

질문에 답해 보세요

看广告。

打折卡　持　此广告享受八五折优惠
（有效截止日期2020年12月31日）
（只限食品和饮料）

旗利餐厅

（餐厅的其它促销活动不享受此优惠）
地址：北京市朝阳区雅宝路10号，凯威大厦一层、三层
电话：65923176　65925318

85折

打折卡　"益新"的体贴
让我如此美丽

凭此广告自即日起11月24日，在下述专卖店购
20年新款羊绒大衣可享受八折优惠(复印无效)

注：　已有折扣不再优惠
地址：西城区西直门内大街172号益新专卖店
　　　西城区新街口北大街106号益新专卖店
电话：65024886　66189831

金秋有美景，"益新"伴佳人

8折

질문
① 拿这个广告去旗利餐厅吃饭有什么好处？
② 益新专卖店从广告登出之日到11月24日有什么特别活动？

복습 1 我来介绍一下。
01~05 제가 소개하겠습니다.

❶ 我来介绍一下 🎧 fuxi 01

（英国人昆丁和他的中国朋友小马一起在饭馆吃饭，碰到了马丁）

昆丁 马丁，你好！

马丁 昆丁，你好！这么巧，你也来这儿吃饭？

昆丁 是啊，我和朋友一起来的。听说这儿的四川菜比较地道。来，我来介绍一下，这位是我的中国朋友小马，北京大学的学生。这位是——

马丁 我是他的瑞典朋友小马，北京语言大学的留学生。认识你很高兴！

小马 你好！很高兴认识你。你也姓马吗？

昆丁 他不姓马，他的英文名字叫Martin。他喜欢开玩笑，是我们班的大明星。马丁，你一个人来吃饭吗？

马丁 是啊，我在这儿没有什么朋友。唯一的朋友昆丁又和小马在一起。

昆丁 你又开玩笑。如果你愿意的话，可以加入我们。小马，可以吗？

小马 当然欢迎！我们这就算认识了，希望我们能成为朋友。

马丁 谢谢！真高兴又交了一个新朋友。小马，你在北大学什么？

小马 跟你们一样，我也学中文。

马丁 哈哈，你也开玩笑。

昆丁 他是学中文，他的专业是汉语言文学，可以当我们的老师。

马丁 太好了！又认识了一位好老师。我可以叫你马老师吗？汉语的语法太难了，我有好多问题呢。

小马 别客气，还是叫我小马好了。有什么问题尽管说，我会尽力帮助你们的。

巧 qiǎo 형 공교롭다 | 文学 wénxué 명 문학

요점 체크

1 昆丁是怎么介绍小马和马丁认识的？

2 小马是怎么对马丁加入他们表示他的热情和友好的？

3 当马丁说他有很多问题要问时，小马是怎么回答的？

대화 연습

请模仿课文设计一个对话，介绍两个同学或朋友相互认识。

❷ **我也会做中国菜** fuxi 02

（昆丁、小马和马丁一起吃饭，他们边吃边谈）

马丁　小马，你点的这个菜很好，清淡可口，很合我的口味。这是什么菜？看起来很容易做。

小马　这是清炒豆苗，是很容易。"清炒"的意思就是不加调料，只用油和盐炒一炒就行了。

昆丁　说起来容易，做起来难吧？

马丁　不难，我就会做很多中国菜，什么麻婆豆腐、水煮肉片，我都会做。

小马　真的？听起来都是地道的四川菜啊！真看不出，你还有两下子。

昆丁　你没开玩笑吧？我知道你最喜欢吃四川菜，可不知道你也会做。

马丁	一开始我并不喜欢四川菜，我吃不惯麻辣味儿。后来越来越喜欢，就开始学着自己做。
小马	能告诉我们你在哪里学的手艺吗？
马丁	我是自学的。只要看得懂中文，谁都会做。商店里不是卖现成的调料吗？一些有名的菜，比如麻婆豆腐，按照说明做就行，特别容易。把油放锅里热一热，然后把切好的豆腐放进去炒一炒，最后再把买来的调料放进去炖一炖就好了。嗯——，别提多好吃了！
昆丁	那么简单吗？我也试着做过中国菜，不是太咸，就是太淡。
马丁	按照说明做的话，应该没问题，除非你没看明白。下个周末我请客，让你们尝尝我的手艺。准让你们大饱口福。不过，要是做砸了，可不许埋怨我。

豆苗 dòumiáo 몡 콩싹, 두류 작물의 싹 | 炒 chǎo 동 볶다

요점 체크

1 马丁如何表示自己喜欢吃一个菜？

2 小马如何夸奖马丁会做菜？

3 什么叫"清炒"？马丁怎么做麻婆豆腐？请注意马丁是用什么句式介绍做菜过程的。

발표하기

请模仿马丁简单介绍一道你会做的菜。

❸ **我想给我的狗买一件外套** 🎧 fuxi 03

顾客　　我想给我的狗买一件外套，可是差不多跑遍了所有的宠物用品商店，也没买到。

售货员　怎么会呢？狗衣服宠物商店都有，有的大超市也有。我们店里就有很多种。

顾客　　商店里有是有，可是尺寸都不合适。不是太大，就是太小。我的狗身材很特别，肩膀很宽，可是腿很短，肚子离地面很近。

售货员　没关系，我们有可以调大小的款式。你看，这种怎么样？这可是地道的名牌儿货。你的狗穿上，准像个大明星。

顾客　　好啊，花色也挺多的。我的狗是黑色的，这件红地黄点的应该和它的毛色比较搭配。

售货员　不错，你很有眼光。我们就剩最后一件了，便宜一点儿卖给你，给你打七折。

顾客　　太好了！我买了。不过，顺便问一下，这是什么料子的？怎么洗？

售货员　这是一种很高级的面料，非常暖和，不过要干洗，否则会缩水的。

顾客	还要干洗？那太麻烦了。有没有不用干洗的？
售货员	这种可调的款式只有这种料子的。这儿有一种可以用洗衣机洗的，但只有三种型号，不知道合适不合适。你可以让你的狗试一试。
顾客	一看就不行，领口都太小。我的狗脖子很粗。
售货员	其实有一种外套最适合你的狗，结实耐穿，又防风又防雨，不缩水，还不用洗。
顾客	真的？在哪儿？快拿来给我看看。
售货员	就是它自己的毛啊！对不起，开个玩笑。如果你非要不可的话，可以定做。什么尺寸，什么材料都可以。
顾客	看来只能定做了。

宠物 chǒngwù 몡 애완동물 | 肩膀 jiānbǎng 몡 어깨 | 缩水 suōshuǐ 동 (방직품·섬유 등이) 물에 젖어 줄어들다

요점 체크

1 这位顾客有什么问题？为什么？

2 售货员推荐的第一种衣服是什么样的？为什么顾客不想买？

3 售货员推荐的第二种衣服是什么样的？有什么好处？

4 最后他们决定怎么办？

발표하기

给你的同学或朋友讲述这个故事。

❹ 你相信中医吗? 🎧 fuxi 04

中医有几千年的历史，是中国重要的传统文化之一。虽然现在绝大多数中国人更相信现代医学，可是很多人同时也相信中医，吃中药，使用传统的治疗方法。

你可以用下面的问题做一个调查，看是不是这样。请先学习和熟悉下面的问题，然后调查至少五个中国人，最后在课堂上报告你的调查结果。

1. 你生病的时候是去看中医还是西医？
2. 你所知道的常用中药有哪些？
3. 你感冒或头疼的时候吃什么药？
4. 你觉得中药见效吗？
5. 中药有副作用吗？
6. 你没病的时候吃补药吗？
7. 你知道人参的用途是什么吗？你相信吗？

调查 diàochá 명 조사 동 조사하다

회화가 유창해지는 속담 한마디 노력

- **功夫不负有心人。**
  노력은 배신하지 않는다.

- **锲而不舍，金石可镂。**
  멈추지 않고 끊임없이 노력하면 쇠와 돌에도 새길 수가 있다.

- **只要功夫深，铁杵磨成针。**
  공을 들여 열심히 노력하면 절굿공이도 갈아서 바늘을 만들 수 있다.

- **有志者事竟成。**
  하고자 하는 뜻만 있다면, 무슨 일이든 이룰 수 있다.

- **少小不努力，老大徒伤悲。**
  젊었을 때 노력하지 않으면, 늙어서 헛되이 슬퍼한다.

06

生活有时就是琐碎的。
생활은 때로 자질구레하고 번거로워요.

电视机坏了怎么办？房间里乱糟糟的，谁来打扫？
我猜十有八九你不喜欢做这类事情。❶
可是生活有时候就是琐碎的，不喜欢也得做。

텔레비전이 고장 나면 어떻게 하나요? 방 안이 지저분하면 누가 청소하나요?
십중팔구 당신도 이런 일들을 하기 싫을 거예요.
그러나 생활은 때로 자질구레하고 번거로워서 하기 싫어도 해야 할 때가 있답니다.

◎ **학습 목표**
- 생활을 유지하기 위해 번거롭지만 꼭 해야하는 일에 대해 이야기할 수 있다.
- 매우 자신 있는 추측과 판단을 표현할 수 있다.

◎ **표현 포인트**
十有八九 | 时……时…… | 哪儿啊 | ……不说，……还/也…… | 得/不+过来 | 慢慢来 | 只不过……罢了

단어 익히기 🎧 06-01

🔊 회화 단어

琐碎 suǒsuì 〔형〕 자질구레하고 번거롭다, 소소하고 번잡하다

乱糟糟 luànzāozāo 〔형〕 (마음이나 사물이) 어지럽다, 뒤죽박죽이다

打扫 dǎsǎo 〔동〕 청소하다

按 àn 〔동〕 (손이나 손가락으로) 누르다

开关 kāiguān 〔명〕 스위치

反应 fǎnyìng 〔명〕 반응

插 chā 〔동〕 끼우다, 꽂다, 삽입하다

插头 chātóu 〔명〕 플러그(plug)

接触 jiēchù 〔동〕 접촉하다, 닿다

不良 bùliáng 〔형〕 좋지 않다, 불량하다

零件 língjiàn 〔명〕 부품, 부속품

失灵 shīlíng 〔동〕 (기계 따위가) 고장 나다, 작동하지 않다

报废 bàofèi 〔동〕 폐기하다, 폐기 처분하다

保修期 bǎoxiūqī 〔명〕 수리 보증기간

维修 wéixiū 〔동〕 수리하다, 보수하다

动手 dòngshǒu 〔동〕 시작하다

布置 bùzhì 〔동〕 배치하다, 꾸미다, 장식하다

装修 zhuāngxiū 〔동〕 내장공사를 하다, 실내장식을 하다, 인테리어를 하다

笔 bǐ 〔양〕 건, 몫 [금액·금전과 관련된 것을 세는 양사]

信得过 xìndeguò 믿다, 믿을 만하다

项 xiàng 〔양〕 가지, 항목, 조목

工程 gōngchéng 〔명〕 공사, 공정

分期分批 fēnqī fēnpī 기간과 작업을 나누다

粉刷 fěnshuā 〔동〕 (벽을) 바르다, 칠하다

贴 tiē 〔동〕 붙이다

壁纸 bìzhǐ 〔명〕 벽지

油漆 yóuqī 〔명〕 페인트 〔동〕 페인트를 칠하다

地板 dìbǎn 〔명〕 마루, 바닥

改造 gǎizào 〔동〕 개조하다, 고치다

图纸 túzhǐ 〔명〕 설계도, 도면

分担 fēndān 〔동〕 분담하다

分工 fēngōng 〔동〕 분업하다

活儿 huór 〔명〕 일거리, 일감

烫 tàng 〔동〕 다리다, 다리미질하다

叠 dié 〔동〕 (옷·이불·종이 등을) 개다, 접다

▶ 고유 명사

金智元 Jīn Zhìyuán 〔고유〕 김지원 [인명]

회화 배우기

1 要是早坏两个月就好了 🎧 06-02

（金智元是韩国学生，她房间里的电视坏了）

金智元　师傅，您帮我看看，我的电视出毛病了。

师傅　　什么毛病？

金智元　按下开关没反应。

师傅　　是不是没插好插头？

金智元　我检查过了，不是。它不是老这样，说不定什么时候又好了，时好时坏。❷

师傅　　可能是开关接触不良。

金智元　好像不是开关的事儿，是不是里面什么零件失灵了？

师傅　　看了多少年了？该报废了吧？

金智元　哪儿啊，才买了一年多。❸

师傅　　过保修期了吗？
　　　　没过可以免费维修。

金智元　过了，刚过一个月，
　　　　要是早坏两个月就好了。

❷ 你可以自己动手 🎧 06-03

（小杨来到小苏的房间）

小杨　你的房间布置得真不错，就是房子旧了点儿，要是装修一下就好了。

小苏　我也早就想装修，可是想想就头疼。这得花一大笔钱不说，还不一定能找到信得过的装修公司。❹

小杨　你可以自己动手啊！我家就是我自己利用业余时间装修的。

小苏　这可是项大工程，一个人怎么忙得过来呢？❺

小杨　慢慢来嘛。❻ 你可以好好儿计划一下，分期分批地干。比如这次粉刷墙壁或贴壁纸，下次油漆地板，再下次改造厨房或者卫生间。

小苏　说起来容易，做起来难啊！

小杨　不难，你可以买几本书，按照书上的图纸和说明书干。

❸ 我做饭，你洗碗 🎧 06-04

　　结婚前我跟丈夫说好，家务不能全让我一个人干，得两个人分担。所以结婚后我们这样分工：我买菜、做饭、收拾房间，他洗碗、洗衣服、擦地板、倒垃圾。听起来他的活儿不少，可是都比较简单。就说洗衣服吧，他只不过把脏衣服放到洗衣机里，再按几下开关罢了。❼ 洗完衣服该烫的烫，该叠的叠，全都是我的事儿。不过，丈夫能帮我分担一些家务，我已经很满足了。

표현 익히기

1. 十有八九 십중팔구

> 我猜十有八九你不喜欢做这类事情。

'十有八九'는 '십중팔구' '열에 아홉' '거의'라는 뜻으로, 매우 자신 있는 추측과 판단에 쓰인다.

- 你现在去找他，十有八九他不在。
  네가 지금 그를 찾으러 가도 십중팔구 없을 거야.
- 这么晚他还不回来，十有八九又在加班。
  이렇게 늦었는데 그는 아직 돌아오지 않았어. 십중팔구 또 초과 근무를 하고 있을 거야.
- 我想十有八九妈妈已经知道了这件事。
  나는 십중팔구 엄마가 이미 이 일을 알고 있을 거라고 생각한다.

2. 时……时…… (때로는) ~하고 (때로는) ~하다

> 说不定什么时候又好了，时好时坏。

'时……时……'는 고정격식으로, 두 가지 상황이 번갈아 발생함을 나타낸다. '时' 뒤에는 반드시 의미가 상반된 단어가 쓰여야 한다.

- 他对我的态度时冷时热，我也不知道为什么。
  그는 나에게 때로는 냉정하다가 때로는 친절해. 왜 그런지는 나도 모르겠어.
- 他的病时轻时重。
  그의 병은 어떨 때는 가볍다가도 어떨 때는 심각하다.
- 电视的声音时大时小。
  텔레비전 소리가 크다가 작다가 한다.

3. 哪儿啊 아니에요

> 哪儿啊，才买了一年多。

'哪儿啊'는 회화에서 쓰이는 관용어로, 상대방의 추측과 의문을 부정하는 대답이다. '不是' '不对'와 같은 의미이다.

- A 那人就是小王的丈夫吧？ 저 사람이 바로 샤오왕의 남편이지?
  B 哪儿啊，那是小王的哥哥。 아니야, 저 사람은 샤오왕의 오빠야.

- A 我们是上周四买的吧？ 우리 지난주 목요일에 샀지?
  B 哪儿啊，星期二买的。 아니지, 화요일에 샀어.

- A 他是不是回来了？ 그가 돌아왔니?
  B 哪儿啊，他还没走呢。 돌아오긴, 아직 가지도 않았어.

4 ……不说，……还/也…… ~일 뿐만 아니라 또 ~하다

这得花一大笔钱不说，还不一定能找到信得过的装修公司。

'……不说，……还/也……'는 회화에서 주로 쓰이며, 앞에 말한 것 외에 다른 상황이 또 있음을 말하고자 할 때 쓴다. '不仅……，而且……'와 같은 의미이다.

- 他昨天骂人不说，还打人。
  그는 어제 욕을 했을 뿐만 아니라, 사람을 때리기까지 했어.

- 他做完了老师留的作业不说，还自己找了很多题练习。
  그는 선생님이 내준 숙제를 다 했을 뿐만 아니라, 스스로 많은 문제를 찾아 연습했어.

- 我病了不说，丈夫、孩子也都病了。
  나만 병이 난 게 아니라, 남편과 아이도 모두 병이 났어.

5 得/不＋过来 ~해낼 수 있다/없다

一个人怎么忙得过来呢?

'得/不＋过来'는 동사나 형용사 뒤에 놓여, 해야 하는 일을 해낼 수 있는지, 없는지를 나타낸다.

- 工作太多，我一个人忙不过来。
  일이 너무 많아서 나 혼자서는 감당할 수 없다.

- 妈妈做了那么多好吃的菜，我都吃不过来了。
  엄마가 맛있는 음식을 너무 많이 만들어 주셔서, 나는 다 먹을 수 없다.

- 这么多孩子，你照顾得过来吗？
  이렇게 많은 아이들을 당신이 돌볼 수 있겠어요?

6 慢慢来 천천히 해요

慢慢来嘛。

'慢慢来'는 주로 회화에서 쓰이며, '(일을 할 때) 서둘지 말고 천천히 하라'는 의미이다.

- A 我怎么也打不开这把锁。 아무리 해도 이 자물쇠가 안 열려.
  B 别着急，慢慢来。 서둘지 말고 천천히 해.

- A 我看这工作一下子完成不了。 내가 볼 때 이 일은 한 번에 완성할 수 없어.
  B 慢慢来吧。 천천히 하자.

7 只不过……罢了 단지 ~일 뿐이다, 단지 ~에 불과하다

他只不过把脏衣服放到洗衣机里，再按几下开关罢了。

'只不过……罢了'는 단지 화자가 말하는 정도에 지나지 않는다는 의미로, 일의 정도가 매우 낮음을 가리킨다.

- 他有什么了不起，只不过是个小公司的经理罢了。
  그가 뭐가 그리 대단하다고, 그저 작은 회사의 사장일 뿐인데.

- 我只不过批评他几句罢了，他就生那么大的气。
  나는 단지 그에게 몇 마디 지적을 한 것뿐인데, 그는 크게 화를 냈어.

- 我们没有恋爱关系，只不过是普通朋友罢了。
  우리는 연인 관계가 아니야. 단지 친구일 뿐이야.

내공 쌓기

단어 연습

1 다음 문장의 밑줄 친 부분을 본문의 어휘로 교체해 보세요.

① 我的录音机坏了。

② 最近天气真奇怪，一会儿冷一会儿热。

③ 你的冰箱用了多少年了？该换新的了吧？

④ A 昨天跟你一起吃饭的，是不是你男朋友？
　B 不是，那是我同事。

⑤ 车费我们俩一人付一半，怎么样？

2 '十有八九'를 사용하여 대화를 완성해 보세요.

① A 你觉得他会不会去那儿呢？
　B 我看_____。

② A 都走了大半天了，怎么还没到？
　B 我看_____。

③ A _____。
　B 不会吧，天气预报说今天没雨。

④ A _____。
　B 我也觉得这个人不太可信。

3 '……不说，……还/也……'를 사용하여 문장을 고쳐 보세요.

① 有了自己的汽车，除了上下班方便以外，节假日还可以开车去玩儿。
　→ _____

② 在北京不但能学到标准的汉语，还能游览各种名胜古迹。
　→ _____

❸ 他不但偷了我的东西，还偷了我同屋的东西。

→ _____

❹ 他上课常常迟到，有时还旷课。

→ _____

4 '只不过……罢了'를 사용하여 대화를 완성해 보세요.

❶ A 你不买是不是没那么多钱？

B 我有钱，_____。

❷ A 你病了，我们去医院吧。

B _____，不用去医院。

❸ A 我看他的样子不太伤心。

B 其实他心里很难过，_____。

❹ A 你歌儿唱得真好。

B 哪里，_____。

5 괄호 안의 제시어와 본문에 근거해 다음 상황을 한 문장으로 표현해 보세요.

❶ 请师傅帮你修理自行车。　　　　　　　　　　　　　　（看）

→ _____

❷ 你的朋友做事时很着急，你劝他别着急。　　　　　　　（慢慢来）

→ _____

❸ 外面下雨了，你不能和朋友出去玩儿，你希望今天不下雨。（要是……就好了）

→ _____

❹ 你的老板给了你很多工作，告诉他你一个人干不了。　　（过来）

→ _____

프리토킹에 도전해 보세요

1 你的生活用品出过毛病吗？什么毛病？

2 你喜欢做家务吗？你在家里都做些什么事情？

3 假如你雇了一位保姆，你告诉她应该干什么。

대화를 나눠 보세요

1
- 상황 去修理店修理电器等生活用品。
- 역할 顾客和修理工。
- 단어 出毛病 | 反应 | 零件 | 失灵 | 接触不良

2
- 상황 请装修公司来装修房子，并告诉他们你的要求。
- 역할 顾客和装修工。
- 단어 装修 | 粉刷 | 油漆 | 改造

질문에 답해 보세요

看漫画，回答问题。

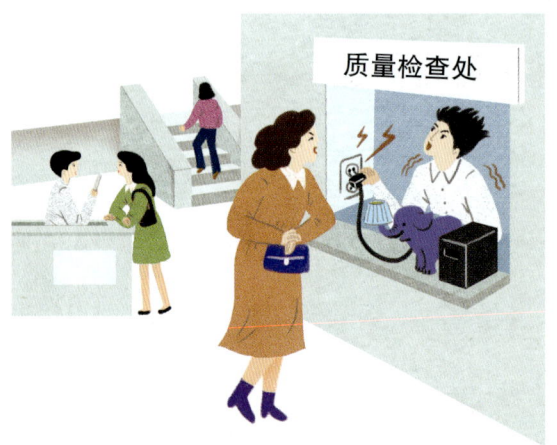

"你现在知道它什么毛病了吧！"
（张洪明）
选自《读者》

질문 这位妇女的台灯出了什么毛病？

让我们轻松一下。

우리 긴장을 좀 풀어 봅시다.

忙了一周，让我们轻松一下，
你喜欢唱歌、跳舞还是打保龄球？

일주일 내내 바빴으니 우리 긴장을 좀 풀어 봅시다.
당신은 노래 부르고, 춤추는 것을 좋아하나요, 아니면 볼링 치는 것을 좋아하나요?

◎ **학습 목표**
- 긴장을 풀고 여가를 즐기는 방법에 대해 이야기할 수 있다.
- 정상의 상태로 회복함을 표현할 수 있다.

◎ **표현 포인트**
过来 | 为了……起见 | 省得 | 接着 | ……吧

단어 익히기 🎧 07-01

🔵 회화 단어

约 yuē 〔동〕 초대하다, 초청하다, 부르다

歇 xiē 〔동〕 쉬다, 휴식하다

依我看 yī wǒ kàn 내가 보기에는, 내 생각에는

打牌 dǎpái 〔동〕 마작이나 트럼프 놀이를 하다

保险 bǎoxiǎn 〔형〕 안전하다, 위험이 없다

省得 shěngde 〔접〕 ~하지 않도록, ~하지 않기 위해서

白 bái 〔부〕 헛되이, 쓸데없이

特色 tèsè 〔명〕 특색, 특징

活跃 huóyuè 〔형〕 활동적이다, 활발하다

赚钱 zhuànqián 〔동〕 돈을 벌다

会计 kuàijì 〔명〕 회계, 경리

化妆 huàzhuāng 〔동〕 화장하다

插花儿 chā huār 꽃꽂이

打发 dǎfa 〔동〕 (시간을) 보내다

丰富 fēngfù 〔형〕 풍부하다, 많다

追求 zhuīqiú 〔동〕 추구하다, 탐구하다

情调 qíngdiào 〔명〕 분위기, 무드

午夜 wǔyè 〔명〕 한밤중

夜宵 yèxiāo 〔명〕 야참, 야식

保龄球 bǎolíngqiú 〔명〕 볼링

聚会 jùhuì 〔명〕 모임, 집회

娱乐 yúlè 〔명〕 오락

项目 xiàngmù 〔명〕 항목, 종목, 사항

无聊 wúliáo 〔형〕 무료하다, 지루하다, 심심하다

乏味 fáwèi 〔형〕 무미건조하다, 재미가 없다

单身汉 dānshēnhàn 〔명〕 독신남

伴儿 bànr 〔명〕 동료, 짝, 동반자

频道 píndào 〔명〕 채널

🔴 표현 단어

昏倒 hūndǎo 〔동〕 기절하다, 졸도하다

系 jì 〔동〕 매다, 묶다

회화 배우기

① 这个主意不错 🎧 07-02

（小陈和小吴在房间里）

小陈　　时间过得真快啊，又到周末了，想不想去哪儿玩儿玩儿？

小吴　　好啊，你有什么好主意？

小陈　　这两天天气不错，咱们约几个人一起去爬山好不好？

小吴　　去爬山好是好，可是玩儿一次好几天歇不过来。❶ 依我看，不如叫几个人一起去我家打牌、吃饭。

小陈　　不好，不好，我最讨厌打牌了。

小吴　　那我们白天去美术馆看展览，晚上去听音乐会怎么样？

小陈　　这个主意不错，就这么定了。可是，最近美术馆有什么好展览吗？还有，音乐会的票怎么办？

小吴　　我们去看看再说吧。

小陈　　别，为了保险起见我们最好先上网查一查，❷ 省得白跑一趟。❸

❷ 今天晚上去哪儿玩儿？ 🎧 07-03

（以下三位年轻人分别来自中国的三个大城市，他们正谈论这三个城市夜生活的特色）

A　　（编辑，广州）：我觉得广州是夜生活非常活跃的城市，一般来说，广州的夜晚就是吃和玩儿，花钱和赚钱。不过还有一种特别的，就是上夜课。我有个朋友，她不是去学电脑，就是去学会计，再不就是学化妆，学插花儿。这也是一种打发时间的方式吧。

B　　（美国使馆工作人员，北京）：北京有酒吧，有舞厅和音乐会，夜生活非常丰富。但是给我印象最深的是，夏天的晚上，北京人喜欢在马路边玩儿，有老人，也有年轻人和孩子。他们打牌、聊天儿，我觉得他们的关系不错。

C　　（记者，上海）：上海的年轻人喜欢追求时髦、情调。他们先是唱卡拉OK，到了午夜就去吃夜宵，接着再去打保龄球，❹ 到了五六点便去喝早茶，边喝边约好下一次聚会的时间，再把这些节目过一遍。娱乐项目越来越多，可是新鲜感越来越少。

❸ 无聊的休息日——吃了睡，睡了吃 🎧 07-04

我这个人比较乏味，除了工作，没有什么业余爱好。假期对我来说很无聊。我不知道该怎么打发时间。我是个单身汉，出去玩儿吧，不容易找到伴儿；看电视吧，频道越多越没什么可看的；看书吧，又看不下去。⑤ 我简直不知道该干什么，所以我的休息日就是吃了睡，睡了吃。

표현 익히기

1 过来 [정상의 상태를 회복함]

可是玩儿一次好几天歇不过来。

동사 뒤에 쓰여, 원래의 상태로 돌아오거나 정상적인 상태로 회복함을 나타낸다.

- 那天虽然很累，可是睡了一觉就休息过来了。
  그날 매우 피곤했지만, 한숨 자고나니 휴식이 되었다.
- 刚才他昏倒了，半天才醒过来。
  방금 그는 기절했다가 한참만에야 깨어났다.
- 渴死我了，喝了两大杯水我才缓过来。
  목말라 죽을 것 같았는데, 물을 두 컵 마시고 난 뒤에야 괜찮아졌다.

2 为了……起见 ~하기 위해서

为了保险起见，我们最好先上网查一查。

'为了……起见'은 행위의 목적을 나타낸다.

- 为了安全起见，请系好安全带。
  안전을 위해서 안전벨트를 착용해 주세요.
- 为了保险起见，我们还是早一点儿出发。
  만일에 대비해서 우리 좀 일찍 출발하는 것이 좋겠어요.

3 省得 ~하지 않도록, ~하지 않기 위해서

我们最好先上网查一查，省得白跑一趟。

접속사 '省得'는 '바라지 않는 일이 발생하지 않도록'의 의미로, 주로 뒤 절의 앞부분에 쓰여 목적을 나타낸다.

- 我们早点儿出发吧，省得路上堵车。
  길에서 차가 막히지 않도록 우리 조금 일찍 출발하자.

- 多穿点儿衣服，省得感冒。
  감기에 걸리지 않도록 옷을 따뜻하게 입어라.
- 把东西放好，省得丢了。
  잃어버리지 않도록 물건을 잘 두어라.

 接着 잇따라, 계속하여

到了午夜就去吃夜宵，接着再去打保龄球。

'接着'는 어떤 일이 발생한 후에 바로 다른 일을 하거나, 또는 멈춘 후에 계속함을 의미한다.

- 我们先吃了饭，接着就去图书馆了。
  우리 일단 밥부터 먹고 도서관에 가자.
- 他喝了一口水后又接着说下去。
  그는 물을 한 모금 마신 뒤, 계속해서 말을 이었다.

 ……吧 [가정의 어기를 나타냄]

出去玩儿吧，不容易找到伴儿；……看书吧，又看不下去。

'……吧'는 문장 중간에 쓰여 휴지(休止)를 나타내며, 가정(假定)의 어기를 가진다. 두 가지 사항을 열거하여 이러지도 저러지도 못하는 상황을 표현한다.

- 我真不知道该怎么办。去吧，我实在没有时间；不去吧，人家已经邀请我好几次了。
  나는 정말 어떻게 해야 할지 모르겠어. 가려니 도저히 시간이 없고, 안 가려니 사람들이 이미 나를 여러 번 초대했어.
- 我们怎么去？坐飞机吧，太贵；坐火车吧，太慢。
  우리 어떻게 가지? 비행기를 타면 너무 비싸고, 기차를 타면 너무 느리고.

내공 쌓기

단어 연습

1 '省得'를 사용하여 문장을 완성해 보세요.

① 你最好把这个电话号码记在本子上，_____。

② 我们今天晚上早点儿睡，_____。

③ 多带点儿钱，_____。

④ 去海边游泳的时候要抹上一层防晒霜，_____。

2 괄호 안의 제시어와 본문에 근거해 다음 상황을 한 문장으로 표현해 보세요.

① 邀请你的朋友周末出去玩儿。　　　　　　　　　　（想不想……？）

→ _____

② 你的朋友请你去看电影，可是你觉得听音乐会更好。（依我看，不如……）

→ _____

③ 因为怕堵车，你建议朋友早点儿出发。（为了……起见，我们最好……）

→ _____

④ 你饿了，问朋友有没有吃的。（可……的）

→ _____

3 '给我印象最深刻的是……'를 사용하여 질문에 답해 보세요.

① 你觉得北京怎么样？

② 参观完这个学校，你有什么印象？

③ 你还记得上小学时的同学吗？

④ 学过的课文中你最喜欢哪一课？

4 '……吧，……；……吧，……'를 사용하여 다음 상황에 맞게 문장을 만들어 보세요.

   ❶ 你要参加晚会，有三套衣服可以选择，可是你觉得哪一套都不太合适。

   → _____

   ❷ 有一个大学录取了你，因为它不太有名，你不想去，可是你又怕失去机会。

   → _____

   ❸ 你有几个男（女）朋友，他们都各有优点和缺点，你一时不能决定跟谁结婚。

   → _____

프리토킹에 도전해 보세요

1 你一般怎么过假期？

2 介绍一下你们国家人们业余生活的情况，请选用下列形式中的一种来介绍。

   ❶ 一般来说，……还有一种特别的是……

   ❷ ……，给我印象最深的是……

   ❸ ……，先是……，接着……，到了……

대화를 나눠 보세요

상황	和朋友商量周末去哪儿玩儿。
역할	两个朋友。
단어	（请尽量选择课文中的词语和句子）

07 让我们轻松一下。

> 질문에 답해 보세요

下面是一个休闲会馆的广告。

질문 ❶ 这个休闲会馆都有哪些服务？
　　　❷ 你最感兴趣的是什么？打电话向朋友介绍一下情况，邀请他去玩儿。

休闲 xiūxián 동 휴식 오락 활동을 즐기다, 레저 활동을 하다 | 引领 yǐnlǐng 동 인도하다, 이끌다 | 时尚 shíshàng 명 당시의 풍조, 시대적 유행 | 倡导 chàngdǎo 동 앞장서서 제창하다

计划赶不上变化。
계획은 변화를 따라잡을 수 없습니다.

我从小就喜欢制订各种计划,
订计划很容易,执行计划却很难。
不过有时候,不是你自己的原因,是计划赶不上变化。

저는 어렸을 때부터 여러 가지 계획을 세우는 것을 좋아했습니다.
계획을 세우는 것은 쉽지만, 계획을 실행하는 것은 어렵습니다.
하지만 때로는 자신 때문이 아니라, 계획이 변화를 따라잡을 수 없기 때문입니다.

◎ **학습 목표**
- 일상의 계획을 세우고 다른 사람에게 소개할 수 있다.
- 발생 가능성이 매우 적은 상황을 표현할 수 있다.

◎ **표현 포인트**
不光……, 还/也…… | ……看 | 当晚 | 准 | 个 | 万一 | 打招呼

단어 익히기 🎧 08-01

🔵 회화 단어

制订 zhìdìng 동 제정하다, 만들어 정하다
执行 zhíxíng 동 실행하다, 실시하다
出版社 chūbǎnshè 명 출판사
签 qiān 동 서명하다
合同 hétong 명 계약(서)
期限 qīxiàn 명 기한
手头 shǒutóu 명 수중, 신변
冲突 chōngtū 명 충돌, 모순
日程 rìchéng 명 일정
排 pái 동 차례로 놓다, 배열하다
空闲 kòngxián 명 여가, 짬, 틈
提纲 tígāng 명 요점, 개요
初稿 chūgǎo 명 초고
修改 xiūgǎi 동 수정하다, 고치다
出版 chūbǎn 동 출판하다
最佳 zuìjiā 형 최적이다, 가장 적당하다
动身 dòngshēn 동 출발하다
卧铺 wòpù 명 (기차나 장거리 버스의) 침대
当晚 dàngwǎn 명 그날 저녁, 당일 저녁
长途 chángtú 형 장거리
耽误 dānwu 동 (시간을 지체하다가) 일을 그르치다, 시기를 놓치다
落空 luòkōng 동 물거품이 되다, 허사가 되다
突然 tūrán 부 갑자기, 불쑥, 별안간
生意 shēngyi 명 사업, 장사

🟠 고유 명사

安娜 Ānnà 고유 안나(Anna) [인명]
朴英花 Piáo Yīnghuā 고유 박영화 [인명]

회화 배우기

1. 我的第一本书 08-02

　　最近我跟一家出版社签了一个合同，我要写一本书。他们给我的期限是六个月，这个时间对我来说太紧张了，因为我手头还有另外一个工作，两个工作有点儿冲突。不过这是我的第一本书，无论如何我也要写完。为了抓紧时间，我把自己的日程排得满满的，几乎没有空闲时间。我计划先用一个月的时间写出提纲，然后用四个月的时间写完初稿，最后用一个月时间修改。希望我的第一本书能顺利出版。

❷ 又省时间又省钱 🎧 08-03

（安娜与朴英花是同学）

安娜　　周末你想去哪儿玩儿？

朴英花　我想去青岛，可是怎么去呢？坐飞机太贵；坐火车太慢，时间都花在路上了。

安娜　　我有一个最佳方案，又省时间又省钱，不光可以去青岛，还可以去曲阜孔庙。❶

朴英花　哦？说说看。❷

安娜　　周五晚上动身，坐Z7次火车卧铺，周六上午6点多钟到青岛，然后在那儿玩儿一天，吹吹海风，晒晒太阳，当晚再坐长途卧铺汽车去曲阜，❸ 周日上午到，去参观孔府、孔庙，还可以尝尝孔府家常菜。

朴英花　哇，太棒了！那什么时候回来呢？星期一一早还要上课呢！

安娜　别着急，我们在曲阜只玩儿一个白天，然后坐当晚9点的G158次火车，晚上11点多就到北京了，一点儿也不耽误上课。

朴英花　你的方案好是好，就是日程排得太紧了，准得把人累个半死。❹❺

❸ 我特地做了两手准备 🎧 08-04

　　期末考试一结束，我就给在东京工作的朋友打电话，告诉他我想利用这个假期去看他。他说这段时间他太忙，日程都安排满了，没有空闲的时间陪我玩儿，让我最好一个星期后出发。我怕万一计划落空，就特地做了两手准备，❻ 跟我在马来西亚工作的朋友也打了声招呼，❼ 告诉他我有可能去他那儿度假。没想到，等我都安排好了，我的哥哥突然打电话来，说他们公司要来北京谈生意，需要一名翻译，要我无论如何也得帮这个忙。没办法，我只好答应了。就这样，两个计划一个也没实现，全落空了。

표현 익히기

1 不光……, 还/也…… ～뿐만 아니라, 게다가 ～하다

> 不光可以去青岛，还可以去曲阜孔庙。

'不光……, 还/也……'는 점층관계 복문을 만들며, 범위가 더욱 확대됨을 나타낸다. 회화에서 많이 쓰인다.

- 不光有中国人参加，还有外国人。
  중국인뿐만 아니라, 외국인도 참가한다.

- 他不光去过新疆，还去过西藏。
  그는 신장뿐만 아니라, 티베트에도 가 봤다.

- 不光小李病了，小王也病了。
  샤오리뿐 아니라, 샤오왕도 병이 났다.

2 ……看 해보다, 시험해 보다

> 说说看。

'……看'은 시험 삼아 어떤 일을 해보고, 결과가 어떠한지 보자는 의미이다.

- 我给你买了一双鞋，试试看。
  내가 네 신발 한 켤레 사 왔어. 신어 봐.

- 这个菜有点儿咸，不信你尝尝看。
  이 요리는 조금 짜. 못 믿겠다면 먹어 봐.

- 水很烫，你摸一下看。
  물이 너무 뜨거워. 한번 만져 봐.

✱ '看' 앞에는 일반적으로 동사의 중첩형이나 '동사+동량사' 구조가 온다.

3 当晚 그날 저녁, 당일 저녁

当晚再坐长途卧铺汽车去曲阜。

'当晚'은 '그날 저녁'을 의미한다. 이 밖에 '当天(그날)' '当日(그날)' '当月(그달)' '当年(그해)' 등의 표현이 있다.

- 天津离北京很近，早晨去、**当天**就能回来。
  톈진은 베이징에서 가까워서, 새벽에 가면 당일에 돌아올 수 있다.
- 他是2019年7月毕业的，**当年**9月去了美国。
  그는 2019년 7월 졸업하고, 그해 9월 미국으로 갔다.
- 我们8月份开始生产，**当月**就生产了一万件。
  우리는 8월에 생산을 시작하여, 그달에 만 개를 생산했다.

4 准 반드시, 틀림없이

准得把人累个半死。

부사 '准'은 회화에서 쓰이며, 매우 자신 있는 추측을 나타낸다. '肯定' '一定'의 의미와 같다.

- 你晚上10点以后去找他，他**准**在家。
  밤 10시 이후에 그를 찾아가 봐. 반드시 집에 있을 거야.
- 这个时候商店**准**关门了。
  이 시간에 상점은 틀림없이 문을 닫았어.
- 这次我没好好儿复习，**准**考不好。
  이번에 난 복습을 제대로 못했어. 시험을 못 볼 게 분명해.

5 个 [동작의 상태나 결과를 설명함]

准得把人累半死。

'个'는 일부 동사와 보어 사이에 쓰여서, 보어를 이끄는 '得'와 비슷한 역할을 한다.

- 上海一到春天，雨就下**个**不停。
  상하이는 봄이 되면 비가 쉬지 않고 내린다.
- 昨天我们玩儿了**个**痛快。
  어제 우리는 아주 신나게 놀았다.

- 我要去找他问个明白。
  나는 그를 찾아가서 똑똑히 물어봐야겠어.

6 万一   만일, 만약

我怕万一计划落空，就特地做了两手准备。

여기서 '万一'는 만분의 일의 가능성을 의미하며, 발생할 가능성이 매우 적은 상황을 가정할 때 쓴다.

- 万一下雨我们就不去了。
  만일 비가 오면 우리는 가지 않겠다.
- 万一买不到那本书怎么办？
  만일 그 책을 사지 못하면 어떡하지?
- 我们带上雨伞吧，万一下雨呢？
  우리 우산을 챙기자. 만일 비가 오면 어떡해?
- 多带一件衣服吧，万一天气变冷好穿。
  옷을 한 벌 더 가져가. 만일 날씨가 추워지면 입게.

7 打招呼   알리다

跟我在马来西亚工作的朋友也打了声招呼。

'打招呼'는 여기서 '(사전 또는 사후에) 알리다, 통지하다'라는 뜻으로 쓰였다.

- 如果有事不能来上课，要跟老师打声招呼。
  만약 일이 있어 수업에 오지 못하면 선생님께 말씀드려야 한다.
- 我的雨伞就放在这儿，如果你要用就拿去用，不用打招呼。
  내 우산을 여기에 둘게. 만약 네가 필요하면 말할 필요 없이 그냥 가져가서 써라.

내공 쌓기

단어 연습

1 본문 중에서 '计划'와 결합할 동사를 찾아 빈칸을 채워 보세요.

① 他_____了一个工作计划。

② 他的计划_____了。

③ 你一定要严格_____这个计划。

④ 他的计划还没_____。

2 다음 문장의 밑줄 친 부분을 본문의 어휘로 교체해 보세요.

① 他<u>不但</u>会唱中文歌，还会唱法文歌。

② 他星期天早晨去的，<u>晚上</u>就回来了。

③ A 他这会儿不在家，会去哪儿呢?
  B <u>肯定</u>是去跳舞了。

④ 你不该不跟我<u>说一声</u>就把我的东西拿走了。

3 '万一'를 사용하여 문장을 완성해 보세요.

① _____，我就不能参加比赛了。

② _____，飞机就不能按时起飞了。

③ 我们最好给汽车多买点儿保险，_____。

④ 我们最好多准备点儿吃的，_____。

4 린판(林凡)은 대학교 2학년 학생입니다. 그는 수업 이외에 실험도 해야 하고, 학교 수영부 훈련에도 참여해야 합니다. 다음은 그의 일정표입니다.

▶ 林凡의 시간표 ◀

	周一	周二	周三	周四	周五	周六	周日
上午	上课	上课	上课	实验	上课		
下午	上课	实验	上课	上课	实验		
晚上	游泳	自习	实验	游泳		游泳	

'日程' '排' '满' '冲突' '利用' '空闲' 등의 단어를 사용하여 질문에 답해 보세요.

❶ 林凡从周一到周五忙吗?

→ _____

❷ 如果有一个工作需要一、三、五上午做, 林凡可以接受吗?

→ _____

❸ 如果林凡想打工挣钱, 什么时间可以去?

→ _____

프리토킹에 도전해 보세요

1 你有没有特别忙的时候? 那个时候你是怎么安排时间或者制订计划的?

2 介绍一次你旅行日程的安排。

대화를 나눠 보세요

> **상황** 一个学生跟一位公司经理商量业余打工的时间。
>
> **역할** 一个学生和一位公司经理。
>
> **단어** 日程 | 安排 | 利用 | 空闲 | 冲突 | 两手准备 | 万一……

09

大手大脚还是精打细算?
돈을 헤프게 쓰세요, 아니면 알뜰하게 쓰세요?

小时候我常常得到存钱罐这样的礼物,可是它们从来没满过。
长大了,我还是攒不下钱来,❶ 你呢?
你花钱是大手大脚,还是精打细算?

어렸을 때 저는 저금통 같은 선물을 자주 받았지만, 그것을 한 번도 가득 채워본 적이 없습니다.
저는 커서도 여전히 돈을 모으지 못했습니다. 당신은요?
당신은 돈을 헤프게 쓰는 편인가요, 아니면 알뜰하게 쓰는 편인가요?

◎ **학습 목표**
　　• 올바른 소비와 저축 방법은 무엇인지 토론할 수 있다.
　　• 양보관계를 나타내는 복문을 만들 수 있다.

◎ **표현 포인트**
　　동사+下……来 ｜ 干吗 ｜ 跟……过不去 ｜ 靠 ｜ 上 ｜ 即使……也…… ｜ 此外

단어 익히기 🎧 09-01

🔊 회화 단어

大手大脚 dàshǒu dàjiǎo 성 돈이나 물건을 헤프게 쓰다, 돈을 물 쓰듯 쓰다

精打细算 jīngdǎxìsuàn 성 치밀하게 계산하다, 꼼꼼히 계산하다

攒 zǎn 동 모으다, 저축하다

节省 jiéshěng 형 아끼다, 절약하다

奢侈 shēchǐ 형 사치하다

存 cún 동 모으다, 저축하다

开销 kāixiāo 명 지출, 씀씀이

记账 jì zhàng 가계부를 적다

开支 kāizhī 명 지출, 경비, 비용

涨 zhǎng 동 (값이) 오르다

法子 fǎzi 명 방법

分期付款 fēnqī fùkuǎn 할부

贷款 dàikuǎn 동 대부하다, 대출하다 명 대출금, 대부금

欠债 qiànzhài 동 빚지다, 돈을 빌리다

踏实 tāshi 형 마음이 놓이다, 안정되다

观念 guānniàn 명 관념, 생각

财政 cáizhèng 명 재정

预算 yùsuàn 명 예산

收入 shōurù 명 수입

属于 shǔyú 동 ~에 속하다

高薪 gāoxīn 명 고액 임금, 고액 연봉

日常 rìcháng 형 일상의, 평소의, 일상적인

用于 yòngyú 동 ~에 쓰다

保证 bǎozhèng 동 보증하다, 담보하다

前途 qiántú 명 전도, 앞길, 전망

保险 bǎoxiǎn 명 보험

下降 xiàjiàng 동 (등급·정도·수량 등이) 줄어들다, 떨어지다, 낮아지다

失业 shīyè 동 직업을 잃다, 실업하다

高等教育 gāoděng jiàoyù 고등 교육

还清 huán qīng (빚을) 다 갚다, 청산하다

✏️ 표현 단어

股票 gǔpiào 명 증권, 주식

别墅 biéshù 명 별장

회화 배우기

1 我想多攒点儿钱 09-02

(小黄和小马边走边聊)

小黄　　我发现你花钱很节省。

小马　　对，我从来不买奢侈品，能省就省。

小黄　　我喜欢让自己过得舒服一点儿，干吗跟自己过不去呢?❷❸

小马　　我过得也挺舒服的，只不过不大手大脚罢了。我想多攒点儿钱去旅游。

小黄　　其实我也想攒钱，就是攒不下来。

小马　　你应该先订个计划，每月存多少，花多少，然后按照计划用钱。

小黄　　我的开销总是很大，老觉得钱不够用。

小马　　你可以每天记账，然后检查一下，减少不必要的开支。

09 大手大脚还是精打细算?

❷ 我想有一所自己的房子 🎧 09-03

(小孙和小于两个人坐在出租车里)

小孙　我要攒钱买房子，因为我想有一所自己的房子。

小于　就靠你那点儿工资，等你攒够了，房价也早就涨上去了。❹

小孙　照你这么说，我这辈子没希望住上自己的房子了。

小于　我不是这个意思，我的意思是买房子光靠攒钱是不行的，你还得想想别的法子，比如分期付款或者贷款。

小孙　欠债心里多不踏实。

小于　你的观念应该变一变了，要不你永远住不上自己的房子。❺

❸ 小家庭大计划 —— 家庭财政预算 🎧 09-04

　　我们夫妻二人都在大公司工作，收入比较高，属于高薪阶层，可是我们的经济压力并不小。我们的收入除了支出日常开销外，还有一大部分用于为将来做准备。

　　我们的孩子刚上小学，等他上大学时我们已经退休了。为了保证孩子的前途，我们为他买了教育保险，这样，即使我们将来收入下降、失业、健康出现问题，我们的孩子也能靠保险金完成高等教育。❻

　　此外，我们每月还有一部分钱用于房子的分期付款，❼ 要十年才能还清。为了将来，我们不得不减少现在的开支。

표현 익히기

 동사+下……来 [동작의 완성을 나타냄]

长大了，我还是攒不下钱来。

'동사+下……来'는 동작의 완성을 나타내며, 중간에는 동사의 목적어가 온다. '동사+下来'로도 말할 수 있다.

- 我已经把他的电话号码记下来了。(我已经记下他的电话号码来了。)
  나는 이미 그의 전화번호를 적어 두었다.
- 这篇课文这么长，我背不下来。(我背不下这么长的课文来。)
  이 본문은 너무 길어서 나는 외울 수가 없다.
- A 5000米你跑得下来吗？(你跑得下5000米来吗？) 너 5000m 뛸 수 있어?
  B 跑得下来，我还跑过10000米呢。뛸 수 있어. 난 10000m도 뛰어 봤어.

 干吗 무엇 때문에, 어째서

我喜欢让自己过得舒服一点儿，干吗跟自己过不去呢。

'干吗'는 회화에서 쓰이며, '干什么'의 뜻으로, 목적이나 원인을 물을 때 쓴다. 때로 반어문의 형태로 쓰이기도 한다.

- A 小王，你来一下。샤오왕, 이리 와 봐.
  B 干吗? 왜?
- 你早就知道这件事，干吗不告诉我？
  너 이 일을 진작 알고 있었으면서, 왜 나에게 말하지 않았니?
- 那儿的菜又好吃又便宜，我们干吗不去吃一次呢？
  그곳의 음식은 맛있고 저렴한데, 왜 한번 먹으러 가지 않는 거지?

3 跟……过不去 ~을 괴롭히다, 못살게 굴다

我喜欢让自己过得舒服一点儿，干吗跟自己过不去呢。

'跟……过不去'는 중간에 사람을 나타내는 어휘가 쓰여, '~을 괴롭히다' '곤란하게 하다'의 의미를 나타낸다.

- 别人迟到领导不批评，为什么专门批评我呢？这不是跟我过不去吗？
  사장님은 다른 사람이 지각하면 아무 말도 안 하면서 왜 나만 꾸짖으시지? 이건 나를 못살게 구는 거 아니야?

- 这并不是你一个人的错，忘了它吧，别跟自己过不去。
  이건 너 혼자만의 잘못이 아니야. 잊어버려. 너 자신을 괴롭히지 마.

4 靠 의지하다

就靠你那点儿工资，等你攒够了，房价也早就涨上去了。

동사 '靠'는 '의지하다' '의거하다'의 뜻이다.

- 结婚后她就不工作了，靠丈夫生活。
  결혼 후에 그녀는 일하지 않고 남편에게 기대어 생활했다.

- 在家靠父母，出门靠朋友。
  집에서는 부모에게 의지하고, 밖에서는 친구에게 의지하다. [속담]

- 她靠卖花儿养活自己。
  그녀는 꽃을 팔아 생활한다.

5 上 ~에 다다르다

要不你永远住不上自己的房子。

'上'은 '~에 다다르다' '~하게 되다' '~하는 결과를 낳다'라는 뜻으로, 동사 뒤에 쓰여 어떤 목표에 도달하였거나 결과가 있음을 나타낸다.

- 他用买股票赚的钱开上了法拉利(Fǎlālì)跑车。
  그는 주식을 사서 번 돈으로 페라리 스포츠카를 몰고 다닌다.

- 什么时候你能坐上老板的位子呢？
  언제쯤 당신이 사장 자리에 앉을 수 있을까요?

- 没想到我们家也用上了这么高级的家具。
  우리 집도 이런 고급 가구를 사용하게 될 줄은 생각도 못했다.

即使……也…… 설사 ~하더라도 ~할 것이다

即使我们将来收入下降……，我们的孩子也能……完成高等教育。

접속사 '即使……也……'는 양보관계 복문을 만든다. 앞 절에서 말한 가정 상황이 오더라도 뒤 절의 결과는 변하지 않음을 나타낸다. '就是……也……'와 같은 의미이다.

- A 再给你们一个星期的时间，能完成吗?
  여러분에게 1주일의 시간을 더 준다면, 완성할 수 있겠어요?
  B 即使再给我们两个星期也无法完成。
  설사 우리에게 2주일을 더 주더라도 완성할 수 없어요.
- 即使你们给我再多的钱，我也不接受这个工作。
  너희가 나에게 아무리 많은 돈을 주더라도, 나는 이 일을 받아들일 수 없어.
- 即使大家都不去，我也要去。
  설령 모두 다 안 간다고 하더라도, 나는 꼭 갈 거야.

此外 이 밖에, 이 외에

此外，我们每月还有一部分钱用于房子的分期付款，……

'此外'는 '앞에서 말한 것을 제외하고 또'라는 뜻으로, 상황을 보충 설명한다.

- 他在市中心有一套住房，此外郊区还有一套别墅。
  그는 시내 중심에 집이 한 채 있고, 이 외에 교외에도 별장이 하나 있다.
- 我每月的工资为8000元，此外还有一部分稿费收入。
  내 월급은 8,000위안이고, 이 밖에 약간의 원고료 수입이 있다.
- 去欧洲旅行我没有时间，此外我也没那么多钱。
  유럽 여행을 가기에는 나는 시간도 없고, 또 그렇게 많은 돈도 없다.

내공 쌓기

단어 연습

1 '上' '上去' '下来' '过来' 중에서 알맞은 것을 골라 빈칸을 채워 보세요.

① 你说得太快，我记不_____。

② 他弟弟去年考_____了大学。

③ 这么多事儿，你一个人怎么忙得_____？

④ 我们一定得把产品的质量搞_____。

2 '干吗'를 사용하여 대화를 완성해 보세요.

① A 你来我这儿一下。
　 B _____？

② A 我们明天早晨6点就出发。
　 B 会议8点才开始，_____？

③ A 这个孩子真把我气死了。
　 B _____？

④ A 我给他打了十几次电话都占线，怎么办？
　 B _____？

3 '此外'를 사용하여 질문에 답해 보세요.

① 你为什么要去上海学习汉语？
→ _____

② 你们这学期都有什么课？
→ _____

③ 请你介绍一下这次参观的内容，好吗？
→ _____

4 괄호 안의 제시어와 본문에 근거해 다음 상황을 한 문장으로 표현해 보세요.

① 朋友花钱太随便，你劝他节省一点儿。　　　　　　（我发现……，你应该……）
　→ _____

② 你的父母批评你花钱大手大脚，你为自己辩解。　　（我喜欢……，干吗……呢）
　→ _____

③ 你的朋友说你太节省，你为自己辩解。　　　　　　（……，只不过……罢了）
　→ _____

④ 你觉得父母的观念太陈旧，希望他们能跟上时代。　（……应该……，要不……）
　→ _____

⑤ 朋友误会了你的意思，你向他解释你真正的意思。　（……不是……，……是……）
　→ _____

프리토킹에 도전해 보세요

1　介绍一下你花钱的方式，是大手大脚，还是比较节省？

2　你怎么管理自己的钱？

대화를 나눠 보세요

> **상황**　朋友常常向你借钱，你跟他谈话，劝他节省一点儿。
> **역할**　两个朋友。
> **단어**　大手大脚 ｜ 开销 ｜ 开支 ｜ 节省 ｜ 攒 ｜ 下来

질문에 답해 보세요

看广告，回答问题。

北创 **世纪潮** 汽车分期付款工程

为了答谢您的关心与厚爱
特于国庆期间(10.1-10.7)隆重推出

分期付款 富康 **40**个月　每月只付　优惠酬宾　每天限销**8**辆

首付款58000元(车款+四十个保险费及赊销险)

都市芳园
CITY GARDEN

❖ 社区位于亚运村正北9公里，王府公寓离南3公里；
❖ 地处京城亚北，有该地区独有的208亩的人工湖；
❖ 社区低密度，高绿化率的规划与低楼层的建筑相的益彰；
❖ 连接亚运村与小区的北苑路现已开通；
❖ 18款别墅，22款公寓任您随意选择。

园区配套的娱乐设施
♦ 垂钓园正式营业，对外开放，多种鱼种供选择。
♦ 游泳池年内起用，令您感觉不到夏季的炎热。
♦ 网球场正在紧张建设中，业主可做好准备一显身手。

售楼热线：64923205

首款20~30万入住　余款10~30年付清

轻松入住
64923209

 ① 这个汽车广告告诉顾客可以用什么样的方式购买汽车？
② 根据这个房产销售广告，房子多长时间可以真正属于买房者？

我想咨询一下。

문의 좀 드릴게요.

你们学校怎么样？你想在什么样的公司工作？出门旅行住什么饭店？
我们随时随地需要了解或者向别人介绍一些情况。
· 我想咨询一下……
· 我来介绍一下……

여러분의 학교는 어떻습니까? 당신은 어떤 회사에서 일하고 싶습니까? 집을 떠나 여행할 때 어떤 호텔에서 묵습니까? 우리는 언제 어디서라도 알아야 하거나 다른 사람에게 소개해야 할 상황이 있습니다.
· 문의 좀 드리겠습니다.
· 제가 소개해 드리겠습니다.

◎ **학습 목표**
- 질문을 통해 원하는 정보를 얻을 수 있다.
- 자신이 아는 정보를 상대에게 소개할 수 있다.

◎ **표현 포인트**
要说 | 到底 | 可以说 | ……跟……没有两样

단어 익히기 🎧 10-01

🗨 회화 단어

咨询 zīxún 동 자문하다, 상의하다, 의논하다
随时 suíshí 부 아무 때나, 언제나
随地 suídì 부 어디서나, 아무 데나
值得 zhíde 동 ~할 만하다, ~할 만한 가치가 있다
提 tí 동 언급하다, 말하다
私立 sīlì 형 사립의
规模 guīmó 명 규모
各 gè 대 각각, 각기
设施 shèshī 명 시설, 설비
先进 xiānjìn 형 선진의, 진보적인
场地 chǎngdì 명 장소, 운동장
应有尽有 yīngyǒujìnyǒu 성 있어야 할 것은 모두 다 있다, 없는 것이 없다
喜好 xǐhào 동 좋아하다, 애호하다
场所 chǎngsuǒ 명 장소, 시설
经营 jīngyíng 동 경영하다, 운영하다
业务 yèwù 명 업무, 일
遍及 biànjí 동 두루 미치다, 골고루 퍼지다
员工 yuángōng 명 종업원, 직원과 노무자
待遇 dàiyù 명 (급료·보수·권리·지위 등의) 대우, 대접
相当 xiāngdāng 부 상당히, 무척
月薪 yuèxīn 명 월급
奖金 jiǎngjīn 명 상금, 상여금, 보너스
晋升 jìnshēng 동 승진하다, 진급하다

招聘 zhāopìn 동 모집하다, 초빙하다, 채용하다
应聘 yìngpìn 동 초빙에 응하다, 지원하다
录取 lùqǔ 동 (시험으로) 채용하다, 뽑다
豪华 háohuá 형 호화롭다, (건축·장식 등이) 화려하고 웅장하다
一流 yīliú 형 일류의, 최고의
标准间 biāozhǔnjiān 명 (호텔의) 일반실, 스탠더드룸
单间 dānjiān 명 원룸, (호텔의) 싱글룸
套间 tàojiān 명 (호텔의) 스위트룸
卫星 wèixīng 명 위성
兑换 duìhuàn 동 현금으로 바꾸다, 환전하다
可惜 kěxī 형 애석하다, 아깝다

▶ 고유 명사

范一平 Fàn Yīpíng 고유 판이핑 [인명]

회화 배우기

1. 特别值得一提的是…… 🎧 10-02

　　我们学校是一所有名的私立大学。学校的规模不太大，可是各方面的条件都不错，学习、生活很方便。特别值得一提的是，体育娱乐设施很全，而且非常先进，有各种运动场地，比如篮球场、游泳馆和健身房等，应有尽有。

　　喜好艺术的学生也可以找到他们活动的场所。对这一点，学生们都非常满意。

2 是一家规模很大的企业 🎧 10-03

（两位在公司工作的朋友打电话）

职员甲　听说你换了一家公司工作，是什么公司？公司怎么样？经营什么业务？

职员乙　是一家规模很大的企业，主要经营电子产品。我们的分公司遍及全国各大城市，员工有近万人呢。

职员甲　那么大？待遇一定很高吧？

职员乙　要说待遇，相当不错，❶ 月薪比一般公司高出三分之一，干得好的话还有奖金。晋升机会也比较多。高级职员每年还可以休两个星期的长假。

职员甲　这么好的工作你是怎么找到的？

职员乙　我从报纸上看到招聘广告，然后就去应聘，没想到就被录取了。

3 可以说跟五星级宾馆没有两样 🎧 10-04

（范一平给一家旅游公司打电话）

范一平　喂，是长江轮船旅游总公司吗？我想去三峡旅游，想先咨询一下。

服务员　好的，我先给您介绍一下我们公司的情况吧。我们是中国规模最大的专业旅游公司。

范一平　你们的价格也是最贵的吧？比别的公司高出一倍还多，船上的条件到底怎么样呢？❷

服务员　我们一共有十四艘豪华旅游船，船上的条件非常好，各种设施都是一流的，可以说跟五星级宾馆没有两样。❸❹

范一平　那都有什么样的房间和设施呢？

服务员　有双人标准间，豪华单间和套间，还有总统套房呢！船上有卫星电视、国际直拨电话，还可以兑换外币，应有尽有。

范一平　听起来确实不错，可惜我没有那么多钱。谢谢你的介绍。

표현 익히기

1 要说 ~으로 말하자면

要说待遇，相当不错。

'要说'는 '~으로 말하자면' '~에 대해 말해 보자면'의 의미이다.

- **要说**舒服，还是家里舒服。
  편안하기로 말하자면, 그래도 집이 편안하지.
- **要说**风景，还是南方好。
  경치로 말하자면, 그래도 남쪽이 좋지.

'要说'는 또한 '如果说(만약 ~이라고 말한다면)'의 의미도 가지고 있다.

- **要说**我没有努力也不对。
  만약 내가 노력하지 않았다고 말한다면 그것도 틀린 말이야.
- **要说**不想去也不是真的。
  만약 가고 싶지 않다고 말한다면 그것도 사실이 아니야.

2 到底 도대체

船上的条件**到底**怎么样呢?

'到底'는 의문문에 쓰여 추궁을 나타낸다. 진실하고 확실한 사실을 알고 싶은 상황에서 쓴다.

- 你一会儿说去，一会儿又说不去，你**到底**去不去呢?
  너는 간다고 했다가, 또 안 간다고 했다가, 도대체 갈 거니 안 갈 거니?
- 你昨天晚上**到底**去哪儿了? 我们哪儿也找不到你。
  너 어제저녁에 도대체 어디 갔었어? 우리는 어디에서도 너를 찾을 수 없었어.

③ 可以说 ~라고 할 수 있다

可以说跟五星级宾馆没有两样。

'可以说'는 어떤 상황을 모두 설명한 후에, 상대방이 더 쉽게 이해할 수 있도록 방식을 바꿔서 다시 한번 설명하는 데 쓰인다. 과장의 표현에 쓰이기도 한다.

- 这两个人长得太像了，可以说跟一个人一样。
  이 두 사람은 너무 닮았어. 한 사람이라고 해도 되겠어.
- 秋天去香山看红叶的人很多，可以说人比红叶还多。
  가을에는 샹산으로 단풍을 보러 가는 사람이 정말 많아. 사람이 단풍보다 더 많다고 해도 될 정도야.

④ ……跟……没有两样 ~과 다름없다

可以说跟五星级宾馆没有两样。

'……跟……没有两样'은 '~과 비슷해서 차이가 거의 없다'라는 뜻이다.

- 我们公司生产的手机在质量上跟世界上一流的○○公司没有两样。
  우리 회사가 생산하는 핸드폰은 품질 면에서 세계 일류인 ○○ 회사와 거의 차이가 없다.
- 他花钱大手大脚的习惯还是没改，跟以前没有两样。
  그는 돈을 헤프게 쓰는 습관을 아직 고치지 못했다. 예전과 별반 다를 것이 없다.

내공 쌓기

단어 연습

1 '特别值得一提的是'를 사용하여 문장을 만들어 보세요.

① 这个学校学习条件很好，特别是图书馆，藏书很多，借阅方便。

→ _____

② 某个地方给你最深的印象是那儿的人特别热情。

→ _____

③ 你向别人介绍你们公司的新产品有一个与其他产品不同的好处是省电。

→ _____

2 '要说'를 사용하여 대화를 완성해 보세요.

① A 你觉得是住在大城市方便呢，还是小城市方便？

　 B _____。

② A 你的爱好是什么？

　 B _____。

③ A 你是不是不想家？

　 B _____。

3 '可以说' 뒤에 알맞은 내용을 넣어 문장을 완성해 보세요.

① 这个菜真好吃，可以说_____。

② 他的汉语非常好，可以说_____。

프리토킹에 도전해 보세요

1. 朋友的弟弟想上你所在的大学，请你给他介绍一下学校的大概情况。

2. 请根据下面的资料，用"经营、业务、规模、遍及、特别值得一提的是"等介绍这个公司。

> **新兴食品公司**
> - 生产、销售各种速冻食品
> - 在全国主要大城市有上百家分公司，员工三万人
> - 公司成立五年，产品销售量占市场40%

대화를 나눠 보세요

1.
- 상황 给饭店打电话订房间。
- 역할 客人、服务员。
- 단어 咨询 | 条件 | 设施 | 一流 | 可以说 | 可惜

2.
- 상황 去一家公司应聘，询问该公司的情况。
- 역할 应聘者、公司人事部职员。
- 단어 经营 | 业务 | 待遇 | 月薪 | 晋升

复习 2 (06~10) 我的新房子
나의 새집

❶ 我的新房子 🎧 fuxi 05

(小黄介绍他买房子的经历)

　　上个星期，我刚刚搬进新买的房子。房子是新建的，也刚刚装修好，又大又漂亮。这是我第一次住在这么大的新房子里，高兴得都睡不好觉了。为了买这房子，我攒钱攒了很久。在决定买房子以前，我花钱一直大手大脚。每个月把自己的工资花完了不说，还要向父母借钱，所以工作了三年都没攒下钱来。后来，看到同事们都住上了新房子，我也打算买房子。可是照我的工资和花钱的习惯，这辈子是没希望的，除非从天上掉下来一大笔钱。父母给我提建议，让银行每月自动从我的工资里扣除一部分存下来，我只能用剩下的钱。这样在攒够了房子的首付后，我就用分期付款的方式买了现在的房子。虽然房子的贷款要20年才能付清，可我也总算住上了自己的房子。自从决定买房子后，我好像变了一个人。我变得很节省，严格按计划用钱，尽量减少不必要的开支。

　　另外，为了装修和布置房子，我还学会了室内设计，并自己动手完成了很多工作。房子还没建好之前我就制订了一个装修方案，打算在三个月内把所有的工作分期分批干完。时间是比较紧，可是我想快点儿住进漂亮的新房。为了抓紧时间，我把日程排得满满的，所有的业余时间都花在了房子上面。星期天，别人都出去娱乐、轻松，我却不是在画设计图，就是油漆墙壁和地板。累是累，可心情很好。以前闲着没事的时候常常觉得很无聊，在新房子里干活时却根本没有这种感觉。现在住着完全靠自己买来和设计的房子，我心里很满足。

122

自动 zìdòng 형 (기계에 의한) 자동적인 부 자발적으로 | **扣除** kòuchú 동 공제하다, 빼다 | **首付** shǒufù 명 계약금, 첫 불입금 | **严格** yángé 형 엄격하다, 엄하다

요점 체크

1 小黄以前花钱的习惯怎么样？

2 小黄的房子是怎么买的？

3 小黄的房子是怎么装修的？

발표하기

请你尽量用课文里的词语介绍一下自己实现一项计划的经历。

❷ 我要退货 🎧 fuxi 06

(小李在宜家(IKEA)的顾客服务部)

小李　　对不起。这是我前两天买的书桌，我想退货，可以吗？

店员　　对不起，包装拆开了就不能退货了，除非质量有问题。可以问一下您为什么想退货吗？我们以后好改进我们的产品和服务。

小李　　这个书桌的质量样式都不错，我看了半天才选中的。可是，太难组装了。我花了五六个小时，也没把桌子腿儿装上。

店员　　我们的产品都是经过严格的工业设计，如果你按照图纸上正确的方法装应该没问题的。

小李　我就是严格按照你们的图纸装的啊！我觉得桌面和桌腿儿接触的部分设计得不好。

店员　我可以看一下图纸吗？

小李　你要试就试。依我看，十有八九你也不行。我研究了那么久也没装好。我还不至于那么笨吧？

店员　我来装装看。你看，这儿有三个零件，你要把零件1和2先连起来，再和零件3一起装在桌子腿儿上，最后再和桌面连接，把螺丝拧紧就行了。

小李　噢，原来是这样。那就请您帮忙帮到底好吗？现在买家具，几乎所有的零件都要自己动手组装，太麻烦了。

店员　其实你也可以要求我们的工作人员上门为你组装，不过要加收10%的安装费。

退货 tuìhuò 동 반품하다 ｜ 改进 gǎijìn 동 개선하다, 개진하다 ｜ 组装 zǔzhuāng 동 조립하다 ｜ 拧 nǐng 동 조이다, 돌리다 ｜ 螺丝 luósī 명 나사

요점 체크

1 小李为什么要退货？

2 工作人员是怎么解决这个问题的？

3 正确的组装方法是什么？

발표하기

请找来一张比较简单的家具或其他用品的安装图纸说明一下组装步骤。

3 这是我们的新产品 🎧 fuxi 07

(小王是家用电器推销员,他在介绍他们公司的新产品)

现在大家学习工作都比较紧张,没有多少空闲的时间。即使有空,也不愿意都花在做家务上。为了减轻您的家务劳动,我们公司设计了自动吸尘器。与一般的吸尘器不同,它根本不需要你动手操作。你只需要把它放在房间的角落里,插上电源就行了。它会每天自己在房间里移动,给地板吸尘,吸完后它会回到原来的地方。这种吸尘器不光会自动吸尘,还会自己充电。不过,请注意不要让它走到楼梯旁边,或从高处摔下来。为了保险起见,我们有三年的保修期。万一什么地方出了毛病,我们免费维修。

家用电器 jiāyòng diànqì 가전용 전기제품, 가전제품 | **推销员** tuīxiāoyuán 명 판매원 | **减轻** jiǎnqīng 동 경감하다, 덜다 | **吸尘器** xīchénqì 명 청소기 | **操作** cāozuò 동 조작하다, 다루다 | **电源** diànyuán 명 전원

요점 체크

1. 小王公司的新产品是什么?
2. 它有什么用途和好处?怎么使用?
3. 使用这种新产品时应该注意什么?
4. 产品的售后服务怎么样?

발표하기

介绍一件你感兴趣的家用电器或其他产品。

대화 연습

请你和一个同学或朋友合作,一个扮演顾客,一个扮演推销员,就上面的课文进行对话练习。

4 你想去哪里玩儿？ 🎧 fuxi 08

下面是两个旅行社的广告，里面生词和专名比较多。你可以请老师或中国朋友帮助你了解和熟悉它们，会对你在中国旅行很有帮助。

路线一。华东五市精华游

- 出发城市：南京
- 目的城市：上海
- 逗留日数：5天
- 价格：成人——RMB 698元　　儿童——RMB 355元
- 价格说明：此价格住宿酒店为二星级，如住三星酒店为788元/人（成人）。
- 时间：二星酒店天天发，三星酒店每周二、六发。
- 报价包含：二星或三星同级酒店双人标准间；当地旅游车、景点门票；正餐八菜一汤/十人台（共4早8正）；当地导游服务。
- 报价未含：往返交通费用、旅游意外保险。
- 行程安排：
    - 第一天：南京接团，游玄武湖、中山陵、世界文化遗产——明孝陵，晚餐后游秦淮河，夫子庙购物。宿：南京。
    - 第二天：赴无锡参观太湖，宜兴陶艺馆。宿：无锡或苏州。
    - 第三天：赴苏州，游寒山寺、留园（中国四大园林之一，世界文化遗产）等。宿：杭州。
    - 第四天：早乘船游西湖，品龙井茶，参观江南丝绸厂，当天下午乘车赴上海。宿：上海。
    - 第五天：上海一日游：参观东方明珠、城隍庙、外滩，然后在南京路自由活动和购物，旅行结束。

路线二。昆明、大理、丽江六日游

- 出发城市：昆明
- 目的城市：大理
- 逗留日数：6天
- 价格：成人——RMB 950元　　儿童——RMB 670元

- 价格说明：二星酒店1220元／人；三星酒店1380元／人。
- 酒店级别：二星级酒店
- 报价包含：往返机票；当地二星或同级酒店双人标准间；旅游车；当地的火车票；景点门票；正餐八菜一汤／十人台（共5早7正）。
- 报价未含：机场费，航空保险，各地骑马费。
- 行程安排：

  第一天：接团，当晚入住酒店，用晚餐。宿：昆明。

  第二天：早餐后石林一日游，欣赏云南茶艺表演，当晚乘硬卧火车赴大理。宿：火车上。

  第三天：早抵达大理，游感通寺、崇圣寺三塔、大理古城、洋人街。宿：大理。

  第四天：大理乘车至丽江，浏览丽江古城，晚上可自费品尝纳西风味餐。宿：丽江。

  第五天：游玉龙雪山，返大理，当晚乘火车返昆明。宿：火车上。

  第六天：早抵达昆明，自由活动，送团。

逗留 dòuliú 동 머물다, 체류하다 | **景点** jǐngdiǎn 명 명소, 관광지 | **导游** dǎoyóu 명 가이드 | **往返** wǎngfǎn 동 왕복하다 | **意外** yìwài 명 뜻밖의 사고 | **遗产** yíchǎn 명 유산 | **宿** sù 동 숙박하다 | **赴** fù 동 향하다 | **品** pǐn 동 맛보다, 먹어보다 | **抵达** dǐdá 동 도착하다

대화 연습

在熟悉上面课文的内容和词语后，请你和你的同学或朋友一起设计一个对话，就上面的旅行路线和费用进行咨询。

회화가 유창해지는 속담 한마디 인간관계

- **一回生，二回熟，三回老朋友。**
  처음 만나면 생소하지만, 두 번 만나면 친숙해지고, 세 번 만나면 오랜 친구가 된다.

- **知人知面，不知心。**
  열 길 물 속은 알아도 한 길 사람 속은 모른다.

- **你不说他头秃，他不说你眼瞎。**
  네가 그를 대머리라 흉보지 않으면 그도 너를 소경이라 흉보지 않는다(가는 말이 고아야 오는 말도 곱다).

- **二人同心，其利断金。**
  두 사람이 마음을 함께하면 그 날카로움은 쇠도 자를 수 있다.

- **良言一句三冬暖，恶语伤人六月寒。**
  좋은 말 한마디는 겨울도 따뜻하게 하고, 모진 말은 사람을 해하고 여름도 춥게 만든다.

有话好商量。
좋게 이야기합시다.

当你的愿望和现实发生了矛盾，当你碰到了困难，
怎么说才能得到别人的同情和帮助？
合适的词语和方式很重要。——有话好商量

당신의 희망과 현실이 충돌했을 때, 어려움에 부닥쳤을 때,
어떻게 말해야 다른 사람의 동정과 도움을 받을 수 있을까요?
적절한 단어와 방법이 매우 중요합니다. 좋게 이야기합시다.

◎ **학습 목표**
- 분쟁이 발생했을 때, 적절한 표현으로 대화를 원만하게 이끌 수 있다.
- 공경의 뜻을 나타내기 위한 표현을 써서 대화할 수 있다.

◎ **표현 포인트**
一时 | 再说 | 两头 | 拿……没办法 | 有话好商量 | 拜 | 冒昧

단어 익히기 🎧 11-01

📘 회화 단어

矛盾 máodùn 명 모순 동 모순되다

同情 tóngqíng 동 동정하다

通融 tōngróng 동 융통성을 발휘하다, 융통성 있게 처리하다

到期 dàoqī 동 기한이 되다, 만기가 되다

宽限 kuānxiàn 동 기한을 늦추다, 기한을 연장하다

添 tiān 동 더하다, 보태다

一时 yìshí 명 잠시, 단시간

为难 wéinán 동 난처하다, 곤란하다

撞 zhuàng 동 부딪치다, 충돌하다

尾灯 wěidēng 명 (자동차의) 미등

责任 zérèn 명 책임

消气 xiāoqì 동 화를 풀다, 화를 가라앉히다

赔偿 péicháng 동 배상하다, 변상하다

损失 sǔnshī 명 손실, 손해 동 손실되다, 손해 보다

拜读 bàidú 동 배독하다, 삼가 읽다 [높임말]

大作 dàzuò 명 대작 [높임말]

启发 qǐfā 동 계발하다, 일깨우다

当面 dāngmiàn 부 직접 마주하여, 면전에서

请教 qǐngjiào 동 가르침을 청하다, 지도를 바라다 [높임말]

冒昧 màomèi 형 주제넘다, 외람되다 [겸손한 말]

百忙之中 bǎimáng zhī zhōng 바쁜 가운데

抽 chōu 동 빼내다, 뽑아 내다

占用 zhànyòng 동 (남의 것을) 점용하다

宝贵 bǎoguì 형 귀중하다, 소중하다

✏️ 표현 단어

落好 luòhǎo 동 호평을 받다, 좋은 평가를 얻다

🔖 고유 명사

胡锋 Hú Fēng 고유 후펑 [인명]

王英 Wáng Yīng 고유 왕잉 [인명]

金哲一 Jīn Zhéyī 고유 김철일 [인명]

회화 배우기

1 您能不能通融一下? 🎧 11-02

（胡锋是一名大学生，王英是学校教务处工作人员）

胡锋　　老师，跟您商量件事行吗？

王英　　什么事？尽管说吧。

胡锋　　是这样，这次英语分班考试我考了59分，被分到了慢班，可是我希望到水平高一点儿的快班学习。

王英　　不行，学校有严格的规定，60分以下一律去慢班。

胡锋　　我知道学校有这个规定，可是您能不能通融一下？我只差一分啊。

王英　　一分也不行，这是学校的规定。

胡锋　　我的英语水平不错，这次是因为感冒没考好。您就通融一下吧，在快班我一定好好儿学。

王英　　这样吧，你把你以前的成绩单拿来，还有，请你的英语老师写封推荐信，然后我们再决定你是否去快班。

胡锋　　好的，没问题，谢谢您！

❷ 您就帮帮忙吧! 🎧 11-03

（小张是房客，王先生是房东。他们正在打电话）

小张　　喂？王先生吗？我是小张，有件事想跟您商量一下。

王先生　有什么事尽管说吧。

小张　　是这样，下个月我们的合同就到期了，可是我们新买的房子还没装修好，能否宽限我们几天？

王先生　那怎么行呢？你们以前说，只签一年合同，所以我已经找好了新住户，他们正急着搬进来呢！

小张　　实在对不起，我们也不愿意给您添麻烦。可是我们一时找不到别的住处，❶ 再说，我们就多住一两个星期。❷

王先生　可是我已经答应了新住户，你这不是让我两头为难吗？❸

小张　　王先生，我们实在是有困难，您就帮帮忙吧！我们会尽快搬走的。

王先生　真拿你们没办法。❹ 这样吧，你们多住一天要加倍付一天房租。

小张　　没问题，谢谢您，王先生！

❸ 有话好商量 🎧 11-04

（马路上，一位司机开车不小心撞坏了前面汽车的尾灯）

司机甲　你是怎么开车的？瞧你把我的车撞得！

司机乙　真对不起，我不是故意的。

司机甲　对不起就完了吗？尾灯坏了，你说怎么办？

132

司机乙　这事责任在我,您先消消气,咱们有话好商量。⑤

司机甲　这车是我刚买的,你说我能不着急吗?

司机乙　真对不起,我一定照价赔偿您的损失。

司机甲　好吧,我们把车开到旁边去商量一下。

❹ 不知您能否在百忙中抽出时间来？ 🎧 11-05

（金哲一是一名留学生，给没见过面的王教授打电话）

金哲一 喂，您好！您是王教授吗？

王教授 对，我是。你是——？

金哲一 王教授，您好！我叫金哲一，韩国留学生，我的专业是中国古典文学，正在做毕业论文，是有关唐代文学的。我知道您对唐代文学很有研究，我拜读过您的大作《唐代文学史》，很受启发。❻ 我有几个问题想当面向您请教，所以冒昧地给您打电话，❼ 不知您能否在百忙之中抽出时间来？

王教授 谢谢你对我的作品感兴趣。可是我最近实在太忙，抽不出时间来。

金哲一 王教授，我也不好意思占用您宝贵的时间，可是我真的需要您的指教，请您无论如何抽出一点儿时间帮帮我，晚一点儿没关系。

王教授 啊，别这么客气，有问题我们可以讨论。可是我最近日程排得满满的，一点儿空儿也没有。这样吧，你下周三给我打电话，那时候我们再约时间好吗？

金哲一 太好了！谢谢您，王教授！

표현 익히기

1 一时 잠시, 단시간

可是我们一时找不到别的住处，……

'一时'는 '짧은 시간' '단시간' '잠시'의 뜻으로, 주로 부정문이나 의문문에 쓰인다.

- 他昨天突然问我这个问题，我一时不知道怎么回答他。
  그가 어제 갑자기 나에게 이 문제에 대해 물었는데, 나는 잠시 어떻게 대답해야 할지 몰랐다.

- 我一时想不起来把护照放在哪儿了。
  나는 여권을 어디에 두었는지 잠시 생각나지 않았다.

- A 我想找几个朋友帮忙搬家。
  이사를 도와줄 친구를 몇 명 찾고 싶어.
  B 你一时找得到那么多人吗？
  단시간에 그 많은 사람을 찾을 수 있겠어?

2 再说 게다가, 더구나

再说，我们就多住一两个星期。

'再说'는 회화에서 이유나 원인을 보충 설명하는 데 쓰인다.

- A 你为什么不和我们一起去青岛呢？
  너 왜 우리와 함께 칭다오에 가지 않는 거야?
  B 我哪有时间啊？再说，我也不会游泳，去海边有什么意思？
  내가 시간이 어디 있니? 게다가 난 수영도 못하는데 해변에 간다고 뭐 재미나 있겠어?

- 我不想这么早就结婚，再说我们也没有房子啊！
  나는 그렇게 빨리 결혼할 생각은 없어. 게다가 우린 집도 없잖아!

3 两头 쌍방, 양쪽, 두 방면

你这不是让我两头为难吗?

'两头'는 두 가지 방면의 일을 가리킨다.

- 她一方面要照顾老人，一方面又要照顾孩子，两头忙，能不辛苦吗?
  그녀는 노인을 보살펴야 하고, 아이도 돌보아야 해. 양쪽으로 바쁜데 안 힘들겠니?
- 妈妈对我有意见，妻子也不满意，我两头不落好。
  어머니는 나에게 불만이 있으시고, 아내 역시 만족하지 못해서, 나는 양쪽 모두에게서 좋은 소리를 듣지 못한다.

4 拿……没办法 어찌할 방법이 없다

真拿你们没办法。

'拿……没办法'는 '어찌할 방법이 없다' '두 손 두 발 다 들었다'라는 뜻으로, 상대방을 설득하거나 통제할 방법이 없음을 나타낸다. 주로 회화에서 쓰인다.

- A 我真的不想去，你别劝我了好不好?
  나 정말 가기 싫어. 나에게 강요하지 좀 말아줄래?
  B 不去就不去吧，真拿你没办法。
  가기 싫으면 가지 마. 너 정말 어쩔 수가 없구나.
- 这个孩子特别不听话，老师、家长都拿他没办法。
  이 아이는 너무 말을 안 들어서, 선생님과 학부모 모두 두 손 두 발 다 들었어.
- 这几个坏孩子警察拿他们也没办法。
  이 나쁜 아이들은 경찰도 어찌할 방법이 없어.

5 有话好商量 좋게 이야기합시다

有话好商量。

'有话好商量'은 관용어로, 분쟁이 발생했을 때 상대방의 화를 가라앉히고, 모순과 분쟁을 해결할 방법을 찾을 때 쓰는 표현이다.

- A 你撞坏了我的自行车，你得赔我!
  당신이 내 자전거를 부딪쳐 망가뜨렸으니, 꼭 배상해야 합니다!
  B 您别生气，咱们有话好商量。
  화내지 마세요. 우리 좋게 이야기합시다.

- 大家都别发这么大的火，有话好商量。
  여러분 모두 그렇게 화내지 마시고, 좋게 상의합시다.

6 拜 [공경을 나타냄]

我拜读过您的大作《唐代文学史》，很受启发。

'拜'는 동사 앞에 쓰여 공경의 의미를 나타낸다. '拜访、拜见、拜读' 등의 표현으로 많이 쓰인다.

- 我昨天去拜访了一位大作家。
  나는 어제 대작가 한 분을 찾아뵈었다.
- 我早就听说过您的大名，想去拜见您。
  선생님의 존함은 익히 들었습니다. 만나 뵙고 싶습니다.

7 冒昧 주제넘다, 외람되다

我有几个问题想当面向您请教，所以，冒昧地给您打电话。

'冒昧'는 말이나 행동이 예의에 어긋남을 가리키며, 언행이 시의적절하지 못할까 염려될 때 쓰는 겸손한 표현이다.

- 我跟他只见过一两面就提出这样的要求，是不是太冒昧了？
  나는 그 사람을 한두 번밖에 만난 적 없는데, 이런 요구를 하는 건 너무 무례한 거 아닐까?
- 小姐，能冒昧地问一下您的名字吗？
  아가씨, 실례지만 당신의 이름을 물어봐도 될까요?
- 老师，能冒昧地问一下您结婚了吗？
  선생님, 외람된 질문이지만, 결혼하셨습니까?

> 단어 연습

1 괄호 안의 내용에 근거해 '一时'를 사용하여 대화를 완성해 보세요.

① A 他叫什么名字?
   B _____。   (一下子想不起来)

② A 你决定哪天走了吗?
   B _____。   (现在还决定不下来)

③ A 你给孩子起了什么名字?
   B _____。   (还没想好)

④ A 我借走你的字典你会不会不方便?
   B _____, 你先用吧。   (最近用不着)

2 알맞은 동사를 넣어 빈칸을 채워 보세요.

① 昨天我们两家公司_____了一份合同, 正式开始合作。

② 对不起, 给您_____麻烦了。

③ 我不知道到时候能不能_____出时间来。

④ 我的日程已经_____满了。

⑤ 明天我们再打电话_____下次见面的时间吧。

3 본문에 근거해 다음 상황을 한 문장으로 표현해 보세요.

① 请对方不要按规定办事, 方便的时候照顾一下你。

   → _____

② 要求对方多给一点儿时间来完成某事。

   → _____

❸ 恳请对方帮助你。

→ _____

❹ 劝对方别生气，你们可以一起商量解决问题的办法。

→ _____

4 공경과 겸손의 의미를 나타내는 단어를 써서 문장을 고쳐 보세요.

❶ 我已经看过了您的文章。

→ _____

❷ 这本书我有些地方看不懂，想问问您。

→ _____

❸ 可不可以问您一个私人问题?

→ _____

프리토킹에 도전해 보세요

1 假定课文 ❶ 中的房东王先生不在家，你是房客A，在录音电话中谈一谈你的请求。

2 假定你是课文 ❸ 中的A，不小心撞坏了B汽车的尾灯，向警察说明情况。

대화를 나눠 보세요

1

상황	开学一个月后，你想换宿舍，学校有规定学期中间不能换房间，可是你有一些特殊原因非换不可，跟宿舍管理员谈一谈。
역할	学生和宿舍管理员。
단어	规定 ｜ 通融 ｜ 实在 ｜ 帮忙

2
- 상황 要求晚一点儿交房租。
- 역할 房客与房东。
- 단어 宽限 | 实在 | 添麻烦 | 帮忙 | 尽快

3
- 상황 你或者你的孩子踢球时不小心踢坏了邻居的窗户玻璃，邻居非常生气，你劝慰邻居，商量解决问题的办法。
- 역할 两个邻居。
- 단어 怎么搞的 | 故意 | 责任 | 消气 | 赔偿

我们生活在人群里。
우리는 사람들 속에서 생활합니다.

我们生活在人群里，朋友、同事、同屋、邻居，所以免不了会闹矛盾。❶❷
出了问题怎么办？交流很重要。——咱们谈谈好吗？

우리는 친구, 동료, 룸메이트, 이웃과 같은 사람들 속에서 생활하므로, 갈등을 피하기 어렵습니다.
문제가 생기면 어떻게 할까요? 소통은 매우 중요합니다. 우리 얘기 좀 할까요?

◎ **학습 목표**
- 갈등을 해결하고 원만한 인간관계를 유지하기 위한 방법을 토론할 수 있다.
- 불가피한 상황을 표현할 수 있다.

◎ **표현 포인트**

免不了 | 闹 | 竟然 | 像话 | 不妨 | 惹

단어 익히기 🎧 12-01

📘 회화 단어

免不了 miǎnbuliǎo 동 피할 수 없다, 면하기 어렵다

交流 jiāoliú 동 교류하다

不妨 bùfáng 부 무방하다, 괜찮다

一连 yìlián 부 계속해서, 잇따라, 연이어

竟然 jìngrán 부 뜻밖에, 의외로

失眠 shīmián 동 잠을 이루지 못하다, 불면증에 걸리다

夜猫子 yèmāozi 명 올빼미, 밤늦도록 자지 않는 사람 [비유]

抽屉 chōuti 명 서랍

翻 fān 동 (찾기 위해서) 뒤지다, 헤집다

照应 zhàoying 동 돌보다, 보살펴 주다

惹 rě 동 (말이나 행동이) 상대방의 기분을 건드리다

相处 xiāngchǔ 동 함께 살다, 함께 지내다

小心眼儿 xiǎoxīnyǎnr 형 마음이 좁다, 옹졸하다

意识 yìshi 동 의식하다, 깨닫다

误会 wùhuì 명 오해 동 오해하다

开诚布公 kāichéngbùgōng 성 흉금을 털어놓다, 속마음을 털어놓다

意见 yìjiàn 명 이의, 불만, 의견

直说 zhí shuō 솔직하게 말하다, 직설적으로 말하다

尽量 jǐnliàng 부 가능한 한, 되도록

统一 tǒngyī 형 통일된, 일치된

作息 zuòxī 동 일하고 휴식하다

各奔东西 gèbèndōngxī 성 각자의 길을 가다

聚 jù 동 모이다, 모으다, 집합하다

怀念 huáiniàn 동 그리워하다, 생각하다

时光 shíguāng 명 시기, 때, 시절

处世之道 chǔshì zhī dào 세상을 살아가는 방법, 처세술

软弱 ruǎnruò 형 연약하다, 가냘프다

宽容 kuānróng 형 너그럽다, 포용력이 있다

忍让 rěnràng 동 참고 양보하다

欺负 qīfu 동 얕보다, 괴롭히다, 업신여기다

威信 wēixìn 명 위신, 신망

原则 yuánzé 명 원칙

伤害 shānghài 동 상해하다, 손상시키다

与人为善 yǔrénwéishàn 성 남에게 좋은 일을 하다, 선의로 남을 돕다

人缘(儿) rényuán(r) 명 대인관계, 인간관계

赢得 yíngdé 동 얻다, 획득하다

📝 표현 단어

咬 yǎo 동 물다, 깨물다

회화 배우기

❶ 你不妨当面跟他说说 🎧 12-02

(张清和刘松都是大学生，他们俩是好朋友)

张　　怎么了，你脸色这么难看?

刘　　别提了! 一连几天没睡好了。

张　　什么事，竟然让你失眠了?❸

刘　　不是我自己的问题，是我同屋，他人挺好的，就是我们的生活习惯不一样。我习惯早起早睡，可他却是个"夜猫子"，每天两三点才睡，还特别不注意，不是开抽屉啦，就是翻书包啦，吵得我睡不着。

张　　真不像话!❹ 俩人一起住应该相互照应一点儿。我想你不妨当面跟他说说,❺ 让他注意点儿。

刘　　可是我怕说了会惹他不高兴,❻ 以后就不好相处了。

张　　看样子你的同屋不像那种小心眼儿的人。你不要想得太多，也许他根本没意识到影响了你。

刘　　好吧，我试试。

12 我们生活在人群里。　143

2 咱们谈谈好吗？ 🎧 12-03

（曹明明和李晓是同事）

曹　你这会儿有空儿吗？

李　干吗？

曹　咱们谈谈好吗？

李　谈什么？有什么可谈的？

曹　我想我们之间可能有什么误会，我觉得你这几天对我的态度不大对头。

李　是误会吗？我想你心里很清楚吧。

曹　不，我不清楚，要不我就不会找你谈了，我觉得我们真的需要开诚布公地谈一谈。你要是对我有什么意见，不妨当面直说。

李　我们下班后再谈吧。

3 我们相处得很好 🎧 12-04

　　上大学时，我住在学校的宿舍里，我们四个人一个房间，有点儿挤，按说矛盾肯定少不了，可是我们在一起住了四年，相处得很好，从来没有闹过矛盾。为了不互相影响，我们尽量保持统一的作息规律。毕业后，我们就各奔东西了。到现在已经三年了，虽然我们一直没有机会再聚一聚，可是我们都很怀念那段时光。

4 处世之道 🎧 12-05

我性格比较软弱,再加上从小父母就教育我,在和别人相处时,应该宽容、忍让,所以小时候常常受欺负。上学后,因为学习成绩好,老师喜欢我,在同学们中间,我才慢慢有了点儿威信和地位,少受了一些欺负。不过直到上大学以后,因为这种处世原则,我还是受过几次伤害。现在我当然已经学会保护自己了。

虽然从小养成的这种处世之道让我吃了不少苦头,但是因为我总是与人为善,尽量和周围的人友好相处,所以我的人缘儿一直很好,而且还赢得了很多真心、善良的朋友。

표현 익히기

1. 免不了 피할 수 없다, 면하기 어렵다

所以免不了会闹矛盾。

'免不了'는 피할 수 없이 어떤 일이 반드시 발생함을 나타낸다.

- 刚到国外，免不了会想家。
  막 외국에 나가서는 집이 그립기 마련이다.
- 小孩子看见新奇的玩具总免不了多看几眼。
  아이가 신기한 장난감을 보면 여러 번 쳐다보기 마련이다.
- 这种事情是免不了的。
  이런 일은 불가피하다.

2. 闹 (재해·질병·전란 등의 나쁜 일이) 발생하다

所以免不了会闹矛盾。

'闹'는 재해, 질병 등의 나쁜 일이 발생함을 의미한다.

- 南方正在闹水灾。
  남쪽 지방은 지금 수재가 발생했다.
- 这个孩子冬天老闹病。
  이 아이는 겨울에는 늘상 병에 걸린다.
- 他们两个正闹离婚呢。
  그들은 이혼을 진행 중이다.

3. 竟然 뜻밖에, 의외로

什么事，竟然让你失眠了?

'竟然'은 화자가 예상치 못했던 뜻밖의 일에 대하여 놀라는 어감과 태도를 표현한다.

- 这个小孩子竟然懂这么多道理。
  이 어린아이가 뜻밖에도 이렇게 많은 이치를 알고 있다니.

- 他才学了三个月汉语，竟然能说得这么好。
  그는 중국어를 겨우 3개월 배웠는데, 놀랍게도 이렇게 말을 잘하네.
- A 他是谁? 저 사람은 누구야?

  B 你竟然连他都不认识? 他是我们的校长啊!
  너 정말 저 사람도 모른단 말이야? 우리 교장 선생님이잖아!

 像话 이치에 맞다, 말이 되다

真不像话!

'像话'는 주로 부정형 '不像话'로 쓰여, '말도 되지 않는다'라는 의미를 나타낸다. 또는 '像话吗?'처럼 반어문으로 쓰여, 말과 행동이 불합리하고 부적절함을 가리킨다.

- 随地乱扔垃圾，真不像话!
  쓰레기를 아무 데나 함부로 버리다니, 정말 말도 안 돼!
- 你总是迟到，像话吗?
  너 항상 지각하는 게 말이 되니?
- A 他总把收音机开得声音特别大。
  그는 항상 라디오 소리를 아주 크게 틀어 놔.

  B 真不像话!
  꼴불견이야!

 不妨 무방하다, 괜찮다

你不妨当面跟他说说。

'不妨'은 그렇게 하더라도 나쁜 영향이 전혀 없을 것임을 의미하며, 비교적 과감한 건의를 제기할 때 쓴다.

- 这是个机会，你不妨试试。
  이건 기회야. 한번 해 봐도 괜찮아.
- A 这个难题我怎么也解决不了。
  이 난제를 나는 어떻게 해도 해결할 수 없어.

  B 你不妨先把它放在一边，过一段时间再说。
  우선 그것을 내버려 두어도 괜찮아. 좀 시간이 지나고 다시 얘기하자.

6 惹 (말이나 행동이) 상대방의 기분을 건드리다

可是我怕说了会惹他不高兴，……

'惹'는 언행이 상대방의 기분을 언짢게 할 때 쓰는 표현이다.

- 你别惹那条狗，它会咬你的！
  그 개 건드리지 마. 널 물지도 몰라!

- 这个孩子常常惹爸爸生气。
  이 아이는 항상 아버지를 화나게 한다.

이 밖에 '惹'와 관련된 고정구로 '惹人喜爱(호감을 사다)' '惹人注意(관심을 끌다)' '惹麻烦(문제를 일으키다)' 등이 있다.

내공 쌓기

단어 연습

1 '免不了'를 사용하여 문장을 완성해 보세요.

① 他刚到国外，人生地不熟，_____。

② 他刚开始干这个工作，一点儿经验也没有，_____。

③ 在人的一生中，谁也_____。

④ 结婚后和父母生活在一起，_____。

2 '不妨'을 사용하여 대화를 완성해 보세요.

① A 我不知道为什么，经理最近对我的态度突然变得特别冷淡。
   B _____。

② A 你说我能干好这个工作吗？我有点儿担心。
   B _____。

③ A 我们到底买不买呢？不过他们说如果不满意可以在十天内退货。
   B 既然可以退货，_____。

④ A 我真的不想和他一起去，可又不好意思对他说。
   B _____。

3 '竟然'을 사용하여 다음 상황에 대해 놀라는 태도를 한 문장으로 표현해 보세요.

① 你的好朋友结婚了，可是没有告诉你。
   → _____

② 有个孩子个子很高，你以为他十岁了，可是他妈妈告诉你他只有六岁。
   → _____

③ 你的朋友问你一个很简单的问题，你觉得很奇怪，他为什么连这个也不知道？
   → _____

❹ 你的朋友告诉你，他一下子吃了八个面包。

→ _____

4 알맞은 동사를 넣어 빈칸을 채워 보세요.

❶ 气候越来越反常，有的地方_____水灾，有的地方_____旱灾。

❷ 他这会儿心情不好，你别去_____他。

❸ 我的朋友还没毕业，正在_____博士学位。

❹ 什么时候我们几个老同学_____一次吧？

프리토킹에 도전해 보세요

1 介绍一下你和同学、朋友或同事相处的情况。

2 介绍一下你的性格和处世之道。

대화를 나눠 보세요

> **상황** 你和身边的人闹了不愉快，现在你找他谈一谈，希望化解矛盾。
> **역할** 两个朋友或同事、同学。
> **단어** 误会 ｜ 开诚布公 ｜ 不妨 ｜ 直说

13 特别的经历

특별한 경험

我们每天都会经历各种各样的事情,谁都会有一些特别的经历,
有的时候走运,有的时候倒霉。

우리는 매일 다양한 일을 경험하게 됩니다. 누구나 특별한 경험을 하게 되는데,
때로는 운이 좋을 수도 있고, 때로는 운수가 나쁠 수도 있습니다.

◎ **학습 목표**
- 자신이 겪었던 특별한 경험을 소개할 수 있다.
- 발생할 뻔했던 일을 표현할 수 있다.

◎ **표현 포인트**
按理说 | ……着……着 | 偏偏 | 凭 | 不知怎么的 | 弄得 | 差点儿 | 明明 | 果然

단어 익히기 🎧 13-01

🔊 회화 단어

经历 jīnglì 명 경력, 경험

走运 zǒuyùn 형 운이 좋다, 행운을 만나다

倒霉 dǎoméi 형 재수 없다, 운수 사납다

按理说 ànlǐshuō 이치상으로는, 이론적으로는, 원칙대로라면

推辞 tuīcí 통 거절하다, 사양하다

美 měi 형 즐겁다, 좋다

抛锚 pāomáo 통 (자동차가) 고장이 나서 중간에 멈추다

偏偏 piānpiān 부 공교롭게, 뜻밖에

九牛二虎之力 jiǔ niú èr hǔ zhī lì 소 아홉 마리와 호랑이 두 마리의 힘, 굉장히 큰 힘, 엄청난 노력

泡汤 pàotāng 통 수포로 돌아가다, 물거품이 되다

搭车 dāchē 통 차를 타다

逃课 táokè 통 무단결석하다, 수업을 빼먹다

惩罚 chéngfá 통 징벌하다, 처벌하다

滋味儿 zīwèir 명 기분, 심정, 감정

收获 shōuhuò 명 수확, 성과

专程 zhuānchéng 부 특별히

履历表 lǚlìbiǎo 명 이력서

浑身 húnshēn 명 온몸, 전신

碰壁 pèngbì 통 벽에 부딪치다, 난관에 부닥치다

灰心 huīxīn 형 낙담하다, 낙심하다

录用 lùyòng 통 채용하다, 고용하다

凭 píng 개 ~에 근거하여, ~에 따라

判断 pànduàn 통 판단하다

眼力 yǎnlì 명 안목, 분별력, 보는 눈

资料 zīliào 명 자료

夹 jiā 통 섞이다, 끼다

警报器 jǐngbàoqì 명 경보기

弄 nòng 통 (주로 좋지 않은 결과나 상태로) ~하게 하다

尴尬 gāngà 형 난처하다, 곤란하다

再三 zàisān 부 재삼, 여러 번, 거듭

马虎 mǎhu 형 적당히 하다, 대강하다

果然 guǒrán 부 과연, 생각한 대로

✏️ 표현 단어

阅览 yuèlǎn 통 열람하다, 읽다

总统 zǒngtǒng 명 총통, 대통령

▶ 고유 명사

汤姆 Tāngmǔ 고유 톰(Tom) [인명]

比尔 Bǐ'ěr 고유 빌(Bill) [인명]

회화 배우기

❶ 今天真倒霉 🎧 13-02

　　星期五按理说应该上课，❶ 可是有几个朋友邀我去郊游，我不好意思过多推辞，只好答应了他们，没去上课。我们是开车去的，一大早就出发了。天儿不错，我们一路吹着风，心里别提多美了。可是车走着走着，突然抛锚了。❷ 车是一个朋友的，他的车以前从来没出过毛病，偏偏今天坏了，❸ 你说倒霉不倒霉？别人告诉我们前面有个修车店可以修车。等我们费了九牛二虎之力把车推到了，修车店的师傅告诉我们车下午才能修好。要是我们在那儿等一个上午，我们的计划不就全泡汤了吗？

　　我们商量了一下，决定打辆车继续出发。可那是在郊区的公路上，车可真不好打。我们等啊等啊，最后总算有位好心的司机让我们搭车来到了目的地。一到那儿我们就每人租了一匹马骑，可是我那匹马不听话，我刚上去就把我摔了下来，把我的手摔伤了不说，照相机也摔坏了。今天真是祸不单行。我想可能是因为我逃课，老天要惩罚我。以后我再也不逃课了。

❷ 找工作的滋味儿可真不好受 🎧 13-03

（汤姆是在北京学习的留学生，比尔是他的同学）

比尔　　嘿，汤姆，好久没露面了，你去哪儿了？

汤姆　　我去香港找工作了。

比尔　　怎么样，有收获吗？

汤姆　　还算有收获吧。不过，找工作的滋味儿可真不好受。

比尔　　你是专程去香港找工作吗？

汤姆　　不是，是去看朋友，顺便了解一下情况。

比尔　　你怎么得到信息的？是朋友推荐，还是看报纸上的招聘广告？

汤姆　　我看招聘广告，有合适的，我就去应聘。应聘时先填写一些履历表交上去，如果招聘的公司感兴趣，就通知你去面试，面试时决定是否录取。

比尔　　我最讨厌面试了。

汤姆　　我也一样。面试时总有点儿紧张，浑身不自在。

比尔　　但是第一印象很重要，不光是找工作，好多事情都这样。

汤姆　　是啊，所以我一开始总是碰壁，真有点儿灰心，不想找了。后来，我的朋友鼓励我再试几家，没想到后来真有一家很不错的公司录用了我。

比尔　　不是所有的公司都只凭第一印象判断人的，❹ 真正有眼力的人是能看出你是一个人才的。

③ 有一次不知怎么的…… 🎧 13-04

人常常会不知不觉做错一些事情，发生误会。有一次，为了准备毕业论文，我去图书馆查资料。我去的是期刊阅览室，杂志不能借出去，只能在里面看。我拿了好几本杂志，看完后又放回去。可是不知怎么的，有一本比较薄的杂志夹在我的大本子里，没有放回去。❺ 等我从出口处经过时，警报器突然响了起来。所有的人都朝我看，管理员也跑了过来。他们都以为我要偷杂志，弄得我非常尴尬。❻ 我再三向他们解释，他们才相信了我。

④ 差点儿来不了了 🎧 13-05

（小张和小李是朋友，小张去机场接小李）

小张　路上顺利吧？累不累？

小李　不累。你不知道，我今天差点儿来不了了。❼

小张　怎么回事？

小李　刚到机场，我突然发现身份证不见了。我把所有的衣服口袋和行李都翻遍了也没找到。我心里别提多着急了！

小张　怎么搞的？你总是这么马虎。

小李　我也不知道，我明明把身份证放在了外衣的口袋里，❽ 出门时我还再三检查过。

小张　那结果呢？你办了临时身份证吗？

小李　后来开车送我来机场的小王提醒我，在车上我脱过一次外衣，会不会掉在车上了。我们赶紧去看，果然在车的座位下面,⁹ 原来是我脱外衣时不小心让身份证滑了出来。

小张　你呀，以后可别这么马虎了！

표현 익히기

1 **按理说** 이치상으로는, 이론적으로는

星期五按理说应该上课，……

'按理说'는 일반적인 상황과 이치에 따라 마땅히 해야 하지만, 실제로는 그러지 못함을 나타낸다.

- 按理说，春节应该和家里人一起过，可是我工作太忙回不去。
  이치대로 말하자면, 춘제는 반드시 가족과 함께 보내야 하지만, 나는 일이 너무 바빠서 돌아갈 수가 없다.
- 按理说，这么大年纪了应该好好享受生活了，可是为了儿女他还在拼命地工作。
  이치대로 말하자면, 이렇게 나이가 들어서는 생활을 즐기며 살아야 하지만, 그는 자식들을 위해서 아직도 열심히 일한다.

2 **……着……着** ~하다가

可是车走着走着，突然抛锚了。

'동사+着'는 동작의 진행을 나타낸다. 같은 동사를 반복하여 '동사+着+동사+着'의 형식으로 쓰이면, 그 동작이 진행 중에 어떤 변화가 일어남을 나타낸다.

- 我们聊着聊着，睡着了。
  우리는 이야기하다가 잠이 들었다.
- 昨天洗澡时，洗着洗着没水了。
  어제 샤워할 때, 씻다가 물이 나오지 않았다.
- 中午我和汤姆一起吃饭，吃着吃着，他突然说肚子疼。
  점심 때 나는 톰과 밥을 먹었는데, 먹다가 그가 갑자기 배가 아프다고 말했다.

3 **偏偏** 공교롭게, 뜻밖에

他的车以前从来没出过毛病，偏偏今天坏了。

'偏偏'은 실제 상황이 주관적인 기대와 반대이거나 원치 않는 일이 발생하여 형편이나 사정이 좋지 않음을 나타낸다.

- 本来就快迟到了，偏偏自行车又坏了。
  안 그래도 지각할 지경인데, 공교롭게 자전거도 고장 났다.

- 我今天不舒服，可是丈夫偏偏又带了几个客人来吃饭。
  오늘 몸이 좋지 않았는데, 공교롭게 남편이 또 손님 몇 분을 모시고 와 식사를 했다.

- 不想买的时候到处都有，想买时偏偏没有了。
  사고 싶지 않을 때는 곳곳에 다 있더니, 사고 싶을 때는 뜻밖에 없었다.

4 凭 ~에 근거하여

不是所有的公司都只凭第一印象判断人的。

개사 '凭'은 '~에 근거하여' '~에 따라' '~에 힘입어'라는 의미로, 그 대상은 일반적으로 어음, 증명서, 경험, 능력, 조건 등이 온다.

- 学校图书馆要凭图书证借书或阅览。
  학교 도서관은 도서증으로 책을 빌리고 열람해야 한다.

- 银行卡要凭密码取钱，可是我忘了密码，取不了钱了。
  은행카드는 비밀번호로 돈을 인출해야 하는데, 나는 비밀번호를 잊어버려서 돈을 찾을 수 없었다.

- 他凭多年的经验觉得这个人是个骗子。
  그의 다년간의 경험으로 볼 때, 이 사람은 사기꾼이다.

- 你凭什么管我?
  당신이 뭔데 나를 간섭해요?

- 他凭个人的努力才有了今天的成功。
  그는 개인의 노력으로 비로소 오늘과 같은 성공을 거두었다.

5 不知怎么的 왠지 모르게, 어찌 된 일인지

可是不知怎么的，有一本比较薄的杂志夹在我的大本子里，没有放回去。

'不知怎么的'는 회화에서 주로 쓰이며, 원인을 알 수 없는 상황에서 어떤 일이 발생함을 가리킨다.

- 不知怎么的我走错了路。
  왠지 모르겠지만 내가 길을 잘못 들었어.

- 不知怎么的最近我没有胃口。
  왠지 모르게 요즘 입맛이 없어.

- 我不知怎么的突然想给他打电话。
  왠지 모르게 갑자기 그에게 전화를 하고 싶어.

6 弄得 ~하게 하다

他们都以为我要偷杂志，弄得我非常尴尬。

'弄得'는 '使' '让'의 의미를 가지며, 어떤 행위나 상황이 발생시킨 결과를 설명한다. 결과가 좋지 않은 경우가 많다.

- 这几个孩子把房间弄得乱七八糟。
  이 아이들이 방안을 온통 난장판으로 만들어 놓았다.
- 他说的话弄得我很不好意思。
  그가 한 말이 나를 부끄럽게 했다.
- 他突然改变主意弄得大家都不高兴。
  그는 갑자기 생각을 바꿔 사람들을 불쾌하게 만들었다.

7 差点儿 하마터면 ~할 뻔하다

我今天差点儿来不了了。

'差点儿'은 어떤 일이 거의 발생할 뻔했지만, 실제로는 발생하지 않았음을 표현한다.

- 昨天晚上没有暖气，我差点儿冻死。
  어젯밤에 난방이 되지 않아서 나 얼어 죽을 뻔했어.
- 我去的时候只剩两张票了，差点儿没买到。
  내가 갔을 때 표가 두 장만 남아 있어서, 하마터면 사지 못할 뻔했어.
- 我差点儿就买到了，早去五分钟就好了。
  5분만 일찍 갔더라면 표를 살 수 있었을텐데.

8 明明 분명히, 명백히

我明明把身份证放在了外衣的口袋里。

부사 '明明'은 사정이 매우 분명하고 명확함을 나타낸다. 실생활에서 모순된 상황이 발생했을 때 강조하는 용법으로 쓰인다.

- 明明是1000块钱，你为什么非说是1200块呢？
  분명히 1000위안인데, 왜 1200위안이라고 하죠?

13 特别的经历 159

- 明明是你干的，你却不承认。
  분명히 당신이 한 일인데, 인정하지 않는군요.
- 屋子里明明很干净，可他非要打扫。
  방 안이 아주 깨끗한데, 그는 굳이 청소를 하려고 한다.

果然 과연, 생각한 대로

我们赶紧去看，果然在车的座位下面。

'果然'은 예측하고 바라던 일이 실제로 일어났음을 의미한다.

- 昨天天气预报说今天有雨，今天果然下雨了。
  어제 일기예보에서 오늘 비가 내린다고 했는데, 과연 오늘 비가 내렸다.
- 我想总统今天很有可能来参加这个活动，果然总统来了。
  대통령이 오늘 이 행사에 참가할 것 같았는데, 생각한 대로 대통령이 오셨다.
- 我想这个时候他肯定在家，我一打电话，他果然在家。
  지금쯤 그가 집에 있을 거라고 생각했는데, 전화를 걸었더니 그는 생각한 대로 집에 있었다.

내공 쌓기

단어 연습

1. 표시된 단어와 문장의 의미를 파악하여 문장을 완성해 보세요.

   ❶ 我们本来打算今天去野餐，可是偏偏_____。

   ❷ 我想他今天没来上课可能是生病了，果然_____。

   ❸ 你明明知道这件事，_____？

   ❹ 按理说他应该买一件礼物送给她，_____。

2. '弄得'를 사용하여 복문으로 이루어진 문장을 한 문장으로 고쳐 보세요.

   ❶ 他问了我一个问题，使我很尴尬。
   → _____

   ❷ 他突然说不去了，我们都很不高兴。
   → _____

   ❸ 他和几个朋友在这儿玩了一个晚上，等我来时发现房间里乱糟糟的。
   → _____

   ❹ 他这么做，我觉得事情很难办。
   → _____

3. '……着……着，……'를 사용하여 문장을 고쳐 보세요.

   ❶ 他吃饭的时候突然觉得肚子疼。
   → _____

   ❷ 我们一直在聊天，不知不觉天黑了。
   → _____

   ❸ 他正上着课，突然昏倒了。
   → _____

❹ 我躺在床上看书，后来就睡着了。

→ _____

프리토킹에 도전해 보세요

1　课文❷中汤姆找工作的经历。
2　课文❹中小李上飞机前发生了什么事情？

자유롭게 말해 보세요

请尽量选用下列词语，按照课文的模式，介绍你自己的一次特别的经历，也可以虚构。

有一次	不知怎么的	弄得
……着……着，……	偏偏	……不说，还……
不见了	明明	翻遍
果然		

❶ 一次倒霉的经历

❷ 一次在不知不觉中做错的事

❸ 一次找东西的经历

我想去旅行。
여행 가고 싶어요.

旅行可以长见识，旅行可以改变你的心情。
我喜欢去旅行，你呢？

여행은 견문을 넓힐 수도 있고, 기분 전환을 할 수도 있습니다.
저는 여행 가는 것을 좋아하는데, 여러분은 어떤가요?

◎ **학습 목표**
- 기억에 남는 여행지를 소개할 수 있다.
- 여행 계획을 세우고 소개할 수 있다.

◎ **표현 포인트**

至于 | 一来(呢)……, 二来(呢)……, …… | 一片 | ……得慌 | 多的是 | 那倒是 | 毕竟

단어 익히기 🔊 14-01

🔊 회화 단어

见识 jiànshi 몡 식견, 견문, 지식

至于 zhìyú 개 ~에 관해서는, ~으로 말하면

具体 jùtǐ 혱 구체적이다

风土人情 fēngtǔ rénqíng 풍토와 인심, 지방의 특색과 풍습

独特 dútè 혱 독특하다, 특별하다

一连串 yìliánchuàn 혱 계속되는, 일련의

数不清 shǔbuqīng (너무 많아서) 확실하게 셀 수 없다, 이루 다 헤아릴 수 없다

围 wéi 동 둘러싸다, 에워싸다

季节 jìjié 몡 계절

盛产 shèngchǎn 동 많이 나다, 많이 생산하다

一辈子 yíbèizi 몡 한평생, 일생

难忘 nánwàng 동 잊기 어렵다, 잊을 수 없다

愿望 yuànwàng 몡 바람, 희망, 소망

终于 zhōngyú 부 마침내, 결국

实现 shíxiàn 동 실현하다, 달성하다

专门 zhuānmén 부 전문적으로, 오로지

短期 duǎnqī 몡 단기

联系 liánxì 동 연락하다

派 pài 동 파견하다, 임명하다

无法 wúfǎ 동 방법이 없다

劝 quàn 동 권하다, 충고하다, 설득하다

放弃 fàngqì 동 (권리·주장·의견 등을) 포기하다, 버리다

山顶 shāndǐng 몡 산 정상, 산꼭대기

欣赏 xīnshǎng 동 감상하다

独自 dúzì 부 혼자서, 홀로

结伴 jiébàn 동 동행이 되다, 짝이 되다

自在 zìzai 혱 편안하다, 안락하다

闷 mèn 혱 마음이 편치 않다, 답답하다, 우울하다

人生地不熟 rén shēng dì bù shú 모든 것이 낯설다, 사람도 땅도 낯설다

毕竟 bìjìng 부 결국, 끝내, 필경

孤单 gūdān 혱 외롭다, 쓸쓸하다

✏️ 표현 단어

玫瑰花 méiguihuā 몡 장미꽃

国庆节 guóqìngjié 건국 기념일

▶️ 고유 명사

陈明 Chén Míng 고유 천밍 [인명]

孙亮 Sūn Liàng 고유 쑨량 [인명]

회화 배우기

1 去哪儿旅游好 🎧 14-02

（陈明和孙亮是同学）

陈明　听说你暑假要去旅游，去什么地方想好了吗？

孙亮　出去肯定是要出去，至于去什么地方，还没想好。❶ 你有什么好的建议？

陈明　我建议你去四川。

孙亮　四川什么地方？你说具体点儿。

陈明　去四川，成都和峨嵋山这两个地方非去不可。我去年去过，成都棒极了，不仅风景美丽，而且风土人情也很独特。还有，江边有一连串的小吃店，好吃的东西多得数不清。

孙亮　峨嵋山呢？

陈明　峨嵋山就更好玩儿了，山上有很多猴子，它们一点儿也不怕人，常常围着你要吃的。

孙亮　真有意思。我考虑一下你的建议。

❷ 八月是新疆的黄金季节　14-03

　　你去过新疆吗？新疆可是个好地方。好玩儿的地方很多，吐鲁番啊、哈密啊、喀什啊、天山啊，这些地方你一定要去。你最好八月份去，那可是新疆的黄金季节。一来呢，天气不冷不热，比较舒服。二来呢，正是收获季节，可以大饱口福。你知道吗，新疆可是盛产瓜果的地方，什么葡萄、西瓜、哈密瓜、苹果，样样都好吃得不得了。三来呢，这个时候风景最好。❷ 我保证你一辈子都忘不了这次旅行。

❸ 我最难忘的一次旅行　14-04

　　早就听说长白山天池风景美丽独特，所以到中国以后我一直有个愿望，要去爬一爬长白山，看一看美丽的天池。今年5月，我的愿望终于实现了。我和朋友看到杂志上有一个旅行社专门安排周末短期旅行，其中就有长白山。我们马上和旅行社联系，他们很快就为我们安排好了这次旅行，还派了一位导游。

　　虽然是5月，可山上却下着大雪。汽车无法开到目的地，导游劝我们放弃爬山，可是我坚持要爬到山顶。等我们到了山顶才发现，因为风雪太大，天池一片白色，什么也看不清楚。❸ 可是不管怎么说，我实现了自己的愿望，而且欣赏到了天池独特的雪景。这是我最难忘的一次旅行。

❹ 独自旅行还是结伴旅行 🎧 14-05

安娜　　我发现你常常一个人去旅行。

保罗　　对，我觉得一个人旅游最好，想去哪儿去哪儿，想什么时候走什么时候走，不用跟谁商量，多自在啊！

安娜　　是不错，不过也有很多不方便，是不是？比如，一个人坐火车，坐那么长时间多闷得慌啊。❹

保罗　　要想找人聊天还不容易？旁边旅客多的是。❺ 一个人出游更容易结识新朋友。

安娜　　那倒是。❻ 不过我问你，万一你生病了，或者钱包丢了，怎么办？

保罗　　当然，一个人出门在外，人生地不熟，困难是免不了的。不过这也是一个锻炼人的好机会，对不对？

安娜　　对，但不管怎么说，一个人旅行毕竟有点儿孤单。❼

표현 익히기

1. 至于 ~에 관해서는, ~으로 말하면

出去肯定是要出去，至于去什么地方，还没想好。

개사 '至于'는 앞에서 언급한 내용의 다른 방면이나 관련 있는 다른 화제를 이끌어낼 때 쓴다. 화제를 바꾸거나 제시하는 전환의 의미를 가진다.

- 我只知道他是日本人，至于是日本什么地方的人我就不太清楚了。
  나는 그가 일본인이라는 것만 알지, 일본 어느 지방 사람인지는 잘 모른다.
- 我们帮你解决住的问题，至于吃饭的问题，你自己解决。
  우리가 너의 거주 문제를 해결해 줄 테니, 식사 문제는 너 스스로 해결해라.
- 小王这次可以去，至于小李嘛，研究研究再决定。
  샤오왕은 이번에 갈 수 있는데, 샤오리는 조금 더 생각해보고 결정하자.

2. 一来(呢)……，二来(呢)……，…… 첫째는 ~이고, 둘째는 ~이고, ~

一来呢，天气不冷不热……二来呢，……三来呢，……

접속사 '一来(呢)……，二来(呢)……，……'는 회화에서 쓰이며, 병렬관계 복문을 만든다. 두 가지 또는 두 가지 이상의 이유, 목적, 원인, 장점 등을 열거할 때 쓴다.

- 这次我到上海，一来观光，二来购物。
  이번에 내가 상하이에 온 것은 첫째는 관광, 둘째는 쇼핑 때문이야.
- 我派小王去是有原因的，一来他比较年轻，二来在这方面他有很多工作经验，三来他很认真，让人放心。
  내가 샤오왕을 파견한 것은 이유가 있어. 첫째, 그는 젊고, 둘째, 이 방면에서 업무 경험이 많고, 셋째, 성실해서 마음이 놓이기 때문이야.

3 一片　온통, 가득

天池一片白色，什么也看不清楚。

수량사 '一片'은 풍경, 장면 등을 묘사한다. 넓은 면적의 풍경을 나타내며, '到处都是(곳곳에)' '满眼都是(눈에 보이는 것 모두)'의 의미를 가진다. '장소명사+一片+경물명사(景物名词)'의 형식으로 자주 쓰인다.

- 山上一片玫瑰花儿，美极了。
  산이 온통 장미꽃이야. 정말 아름답다.
- 地上一片垃圾，真让人受不了。
  바닥이 온통 쓰레기로 가득해. 정말 참을 수 없어.
- 图书馆门前一片绿色，真美。
  도서관 앞이 온통 초록색이야. 정말 아름답다.

4 ……得慌　너무 ~하다, 지나치게 ~하다

一个人坐火车，坐那么长时间多闷得慌啊。

'……得慌'은 불쾌감이나 좋지 못한 감정이 어느 정도를 넘어 매우 심함을 나타낸다. 회화에서 쓰인다.

- A 你干吗跟他吵架？ 너 왜 그와 다투는 거야?
  B 我心里气得慌。너무 화가 나.
- 一到11点我就饿得慌。
  11시가 되자 나는 너무 배가 고팠다.
- 我热得慌，想吃冰棍儿。
  너무 더워서 아이스케이크를 먹고 싶어.

5 多的是　많다, 흔하다

旁边旅客多的是。

'多的是'는 회화에서 쓰이며, '很多(매우 많음)'의 의미이다.

- 这种人多的是，你不要觉得奇怪。
  이런 사람 흔해. 이상하게 생각할 것 없어.

- 我家里计算机方面的书多的是，你需要的话就来借。
  우리 집에 컴퓨터에 관한 책이 많아. 네가 필요하면 빌려 가렴.

- 谁说没鸡蛋了？冰箱里多的是。
  누가 계란이 없다고 했어? 냉장고에 아주 많네.

 那倒是 그건 그래.

> 那倒是。

'那倒是'는 상대방의 관점에 동의함을 나타낸다. 화자가 원래는 그렇게 생각하지 않았거나 아예 생각지 못하다가 상대방의 설명을 듣고 난 후, 동의를 표현하는 상황에서만 쓰인다.

- A 我们国庆节去看香山红叶吧！
  우리 국경절 때 샹산으로 단풍 보러 가자!
  B 国庆节人多，红叶又不太红，我们不如再晚两个星期去。
  국경절에는 사람이 많고, 단풍도 그다지 붉지 않아. 우리 차라리 2주 뒤에 가자.
  A 那倒是。그렇긴 하네.

- A 你怎么总买名牌的衣服，多贵啊！
  너는 어쩜 항상 명품 옷만 사니. 너무 비싸잖아!
  B 名牌质量好，又不容易过时。
  명품이 품질도 좋고, 쉽게 유행을 타지도 않아.
  A 那倒是。
  그건 그래.

 毕竟 결국, 끝내

> 一个人旅行毕竟有点儿孤单。

'毕竟'은 어쨌든 간에 객관적인 사실은 변하지 않음을 강조한다.

- 这儿的圣诞节有很多活动，也很热闹，可毕竟不是在自己的国家，我还是有点儿想家。
  이곳의 크리스마스는 행사가 많고, 시끌벅적해. 하지만 어쨌든 자기 나라는 아니니까 집 생각이 좀 나긴 해.

- 他再聪明也毕竟是个孩子。
  그가 아무리 똑똑해도 결국은 어린애야.

- 他们以前看法不同，常常吵架，可他们毕竟是父子关系，很快就原谅对方了。
  그들은 예전엔 견해가 달라 자주 다퉜는데, 그래도 결국은 부자지간인지라 곧 서로 용서했다.

내공 쌓기

단어 연습

1 '至于'를 사용하여 대화를 완성해 보세요.

① A 你希望你的妻子生男孩儿还是生女孩儿?
   B 只要母子平安就可以，_____。

② A 你知道她住哪个房间吗?
   B 我只知道她住八楼，_____。

③ A 经理，我们怎么办? 上海和广州的公司都等着要我们的货，可是货又不够。
   B 先给上海的公司吧，_____。

④ A 代表们希望在会议结束后在这儿多逗留几天，游览一下名胜古迹。
   B 没问题，可是我们只负责会议期间的食宿费用，_____。

2 '一来(呢)……，二来(呢)……，……'를 사용하여 질문에 답해 보세요.

① 你为什么喜欢冬天去海边?
   → _____

② 这次来玩儿你为什么不带孩子一起来?
   → _____

③ 你喜欢住在校内还是喜欢住在校外?
   → _____

3 '毕竟'을 사용하여 문장을 고쳐 보세요.

① 他虽然没考好，可是他确实努力了。
   → _____

② 他们虽然已经分手了，可是因为相爱过，彼此还是很关心。
   → _____

③ 儿子恨了爸爸很多年，但最后还是原谅了他。
   → _____

④ 他再聪明也只是个孩子，不能胜任这个工作。
  → _____

⑤ 他虽然在中国住了很多年，汉语也相当流利，但因为是外国人，还是有很多情况不了解。
  → _____

4 괄호 안의 제시어와 본문에 근거해 다음 상황을 한 문장으로 표현해 보세요.

① 你让你的朋友去某个地方。　　　　　　　　　　　（建议）
  → _____

② 你希望朋友一定要去某个地方旅游。　　　　　　　（非……不可）
  → _____

③ 告诉父母你肯定注意安全，让他们放心。　　　　　（保证）
  → _____

④ 描述景色：山上到处都是绿树，非常漂亮。　　　　（一片）
  → _____

자유롭게 말해 보세요

1 介绍一个你住过或旅游过的地方。

2 介绍一次你难忘的旅行。

3 你喜欢独自旅行，还是结伴旅行？为什么？

대화를 나눠 보세요

> **상황** 一方征求另一方的意见，商量去哪儿旅行好。
> **역할** 两个朋友。
> **단어** 建议 | 最好 | 非……不可 | 一来……二来……(三来……) | 见识 | 风土人情

15

谁能说自己不喜欢艺术？
누가 예술을 좋아하지 않는다고 말할 수 있을까요?

优美的旋律，奇特的色彩，浪漫的故事……
除了吃饭，艺术也是我们的生活。谁能说自己不喜欢艺术？

아름다운 선율, 독특한 색채, 낭만적인 이야기…….
밥 먹는 것 이외에 예술 또한 우리의 생활입니다. 누가 예술을 좋아하지 않는다고 말할 수 있을까요?

◎ **학습 목표**
- 관심있는 예술 분야에 대해 대화를 나눌 수 있다.
- 앞에서 말한 내용을 총괄하여 결론을 이끌어낼 수 있다.

◎ **표현 포인트**
总之 | 值得 | 想到一块儿去了 | 没劲

단어 익히기 🎧 15-01

🗨 회화 단어

优美 yōuměi 형 우아하다, 아름답다
旋律 xuánlǜ 명 선율, 멜로디
奇特 qítè 형 기묘하다, 특이하다, 특별하다
浪漫 làngmàn 형 로맨틱하다, 낭만적이다
流行 liúxíng 형 유행하는
古典 gǔdiǎn 형 고전적인
通俗易懂 tōngsú yìdǒng 통속적이고 알기 쉽다
流畅 liúchàng 형 (문장·목소리가) 유창하다
相似 xiāngsì 형 닮다, 비슷하다
痛苦 tòngkǔ 명 고통, 아픔 형 고통스럽다, 괴롭다
总之 zǒngzhī 접 총괄적으로 말해서, 요컨대, 한마디로 말하면
百听不厌 bǎitīngbúyàn 아무리 들어도 싫증나지 않다
上演 shàngyǎn 동 상영하다, 공연하다
动作片 dòngzuòpiàn 명 액션 영화
作家 zuòjiā 명 작가
情节 qíngjié 명 (작품의) 줄거리, 구성
吸引 xīyǐn 동 매료시키다, 끌어당기다
迷路 mílù 동 길을 잃다, 잘못된 길로 들어서다
特殊 tèshū 형 특수하다, 특별하다
通宵 tōngxiāo 명 온밤, 철야, 밤새
惊险 jīngxiǎn 형 아슬아슬하다, 스릴이 있다
刺激 cìjī 동 자극하다

恐怖 kǒngbù 형 무섭다, 공포스럽다
动画 dònghuà 명 만화 영화
幼稚 yòuzhì 형 유치하다, 수준이 낮다
画展 huàzhǎn 명 회화 전람회
作品 zuòpǐn 명 작품
成就 chéngjiù 명 성취, 성과
抽象 chōuxiàng 형 추상적이다
稀奇古怪 xīqí gǔguài 성 이상야릇하다, 희한하고 기괴하다
符号 fúhào 명 부호, 기호
图案 tú'àn 명 도안
采访 cǎifǎng 동 취재하다, 인터뷰하다
感受 gǎnshòu 명 느낌, 인상
高雅 gāoyǎ 형 고아하다, 고상하다, 우아하다
显得 xiǎnde 동 ~하게 보이다, (어떤 상황이) 드러나다

▶ 고유 명사

秘鲁 Bìlǔ 고유 페루(Peru)
伦敦 Lúndūn 고유 런던(London)

회화 배우기

❶ **我喜欢流行音乐** 🎧 15-02

　　和古典音乐比起来，我更喜欢流行音乐。为什么呢？

　　第一，流行音乐通俗易懂，旋律简单流畅，很容易记住。我想这也是它为什么流行的原因吧。

　　第二，流行音乐和我们的生活最接近，它表达的是当代人的思想和感情，很容易理解。

　　第三，大多数流行音乐都是歌唱爱情的，我们很容易从流行音乐里找到和自己相似的感情经历，比如得到爱情的幸福、得不到爱情的痛苦等等。

　　总之，我比较喜欢流行音乐。❶ 当然，有的听多了有点儿腻，但大多数还是百听不厌。

❷ **听说是一部很有意思的片子** 🎧 15-03

小田　今天电影院上演了一部有意思的新片，你去不去看？

小方　什么新片？又是动作片吧，我最不喜欢这类片子了。

小田　不是。听说是一部很有意思的片子，名字叫《帕丁顿熊》，是英国的一位作家写的。

小方　是吗？那倒值得一看。❷ 什么内容？

小田　据说情节特别吸引人，电影主要讲述了一只喜欢吃果酱的小熊从秘鲁抵达伦敦后迷了路，与人类发生的一系列特殊经历的故事。

③ 我们想到一块儿去了 🎧 15-04

小田　今天是周末，电影院有通宵电影，我们去看电影吧。

小方　太好了，我们想到一块儿去了。③ 有什么电影？

小田　有两场，一场全是恐怖片，惊险、刺激！我们看这一场，怎么样？

小方　上次看恐怖片，吓得我好几天睡不好觉。另一场有什么电影？

小田　都是浪漫的爱情片，里面还有一个动画片。浪漫是浪漫，不过太幼稚了。

小方　我喜欢看轻松的，我们看爱情片吧。

小田　跟你一起看？没劲。④ 我们能想到一块儿，但是看不到一块儿。

④ 我不想不懂装懂 🎧 15-05

小田　昨天我去看了一个画展，是一位法国女画家的个人作品展。

小方　法国的绘画水平一定不错。

小田　是一个比较有成就的年轻女画家，可是除了她的照片外，她的画我一幅也看不懂。

小方　看不懂？

小田　她的作品很抽象，全是一些稀奇古怪的符号和图案，色彩也非常奇特。所以我不知道她要表达什么。

小方　也许她并不希望人们看懂什么。

小田　有意思的是，有个电视台的记者在采访，他让我谈谈感受。

小方　　真有意思,你说什么了?

小田　　我说太高雅了,我看不懂。

小方　　什么?那不显得你太没水平了?

小田　　可是我不想不懂装懂。

표현 익히기

1. 总之 총괄적으로 말해서

总之，我比较喜欢流行音乐。

'总之'는 '총괄적으로 말해서' '요컨대' '한마디로 말하면'의 뜻으로, 앞 절에서 상세히 설명한 후에, 뒤 절에서 앞의 내용을 한데 묶어 결론을 내릴 때 쓴다.

- 住在学校一是离教室很近，二是学校里有食堂，吃饭方便，另外还容易交朋友，**总之**，有很多好处。
  학교 안에 살면 첫째 교실이 가깝고, 둘째, 학교 안에 식당이 있어서 밥 먹기 편해. 또 쉽게 친구를 사귈 수 있어. 한마디로 장점이 아주 많아.

- 他诚实、善良、和气，**总之**是个大好人。
  그는 성실하고 착하고 상냥해. 한마디로 아주 좋은 사람이야.

2. 值得 ~할 만한 가치가 있다

那倒**值得**一看。

'值得' 뒤에는 동사가 온다. 일반적으로 아래 몇 가지 형식이 있다.

- 我觉得上海**值得**去。 [뒤에 1음절 동사가 옴]
  상하이는 가 볼 만하다고 생각한다.

- 这个机会不错，**值得**一试。 [뒤에 一 + 1음절 동사가 옴]
  이번 기회가 좋으니, 한번 해 볼 만하다.

- 这个机会不错，**值得**试试。 [뒤에 1음절 동사의 중첩 형식이 옴]
  이번 기회가 좋으니, 해 볼 만하다.

- 这个问题**值得**研究。 [뒤에 2음절 동사가 옴]
  이 문제는 연구해 볼 만하다.

3 想到一块儿去了 같은 생각을 하다

我们想到一块儿去了。

'想到一块儿去了'는 관용어로, 같은 생각이나 계획이 있음을 나타내는 표현이다.

- A 我们去跳舞吧。
  우리 춤추러 가자.
  B 你跟我想到一块儿去了，我也正想去跳舞。
  나와 같은 생각을 했네. 나도 마침 춤추러 가고 싶었어.

4 没劲 재미없다, 시시하다

没劲。

'没劲'은 회화에서 쓰이며, '没意思'와 같은 의미이다.

- 昨天的足球比赛真没劲，双方都不好好儿踢。
  어제 축구 경기 정말 재미없었어. 양팀 다 잘 차지 못하더라고.
- 这本小说挺没劲的。
  이 소설 정말 재미없어.

내공 쌓기

단어 연습

1 알맞은 단어를 채워 보세요.

　❶ 填写合适的形容词

　　　_____的旋律

　　　_____的色彩

　　　_____的图案

　　　_____的故事

　❷ 课文里用哪些形容词描述电影的类型？

2 본문에서 알맞은 단어나 문장을 골라 빈칸을 채워 보세요.

　❶ 去吃印度菜？太好了，_____，我也想去吃印度菜。

　❷ 那本小说很有意思，_____。

　❸ 我非常喜欢《卡萨布兰卡》里的音乐，听了多少遍都不腻，真是_____。

　❹ 我没有时间，也没有钱，而且对这个地方也没兴趣，_____我不想去。

프리토킹에 도전해 보세요

1 假定你喜欢古典音乐，请模仿课文❶的方式，谈谈你为什么喜欢古典音乐。

2 请用课文❷中小田介绍电影《帕丁顿熊》的词语或方式介绍一部你喜欢的电影。

3 你都看过哪些类型的电影或小说？你最喜欢什么类型？

대화를 나눠 보세요

- 상황: 请朋友看电影、话剧、画展或听音乐会，一方询问，一方介绍。
- 역할: 两个朋友。
- 단어: （请从课文中选择）

질문에 답해 보세요

看海报。

[1]

北京音乐厅
中国交响乐团交响音乐会

指挥：曼地·罗丹
独奏：许斐平
曲目：以色列赞美诗 / 舒曼a小调钢琴协奏曲 / 德沃夏克第八交响曲
时间：10月24日、25日 19：30
票价：20元，50元，80元，120元

[2]

北京音乐厅
飞天女古筝乐团音乐会

首席：范玮卿
演奏：飞天女古筝乐团
曲目：闹元宵 / 浏阳河 / 浪淘沙 / 放马山歌
　　　猜调 / 茉莉芬芳 / 碰八板 / 包楞调 / 康定情歌
时间：10月27日 19：30
票价：10元，20元，30元，40元，50元，60元

질문
1. 海报[1]中是什么音乐会？
2. 海报[2]中的音乐是用什么乐器演奏的？

[3]

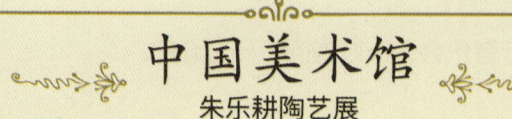

中国美术馆
朱乐耕陶艺展

时间：10月24日～26日
主办：景德镇陶瓷学院、景德镇美术家协会
　　　中央美术学院
时间：10月24日～26日
主办：中央美术学院艺术品有限公司
地址：东城区五四大街1号

[4]

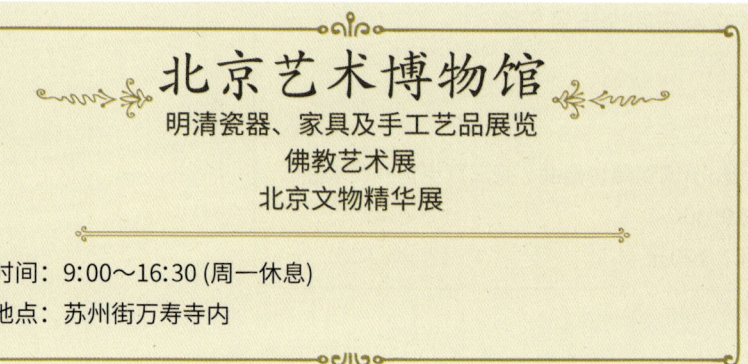

北京艺术博物馆
明清瓷器、家具及手工艺品展览
佛教艺术展
北京文物精华展

时间：9:00～16:30 (周一休息)
地点：苏州街万寿寺内

[5]

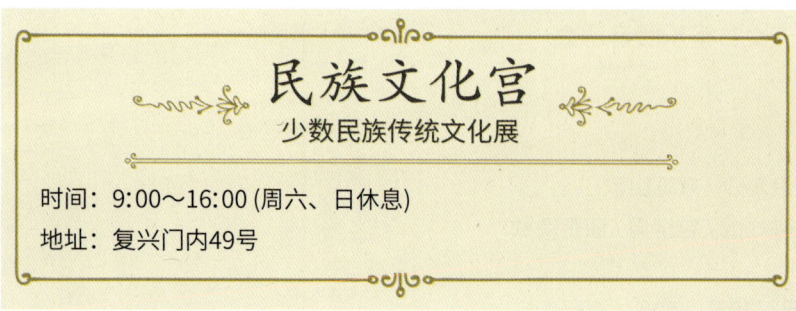

民族文化宫
少数民族传统文化展

时间：9:00～16:00 (周六、日休息)
地址：复兴门内49号

[6]

东便门角楼
明清家具展

时间：9:00～16:00
地址：东便门立交桥

질문 ❸ 如果你想看中国水墨画，应该去什么地方？
❹ 如果你想看明清时代的家具展览，应该去哪儿？
❺ 民族文化宫在哪儿？

복습 3 (11~15) 昨天我有个约会。
어제 나는 데이트를 했어요.

❶ 王老师，可以跟您谈谈吗？ 🎧 fuxi 09

马丁 您好，王老师！可以跟您谈谈吗？

王老师 当然可以。请坐。

马丁 是这样，我妈妈下个星期五结婚，我得回瑞典去参加婚礼。

王老师 你妈妈结婚?

马丁 是啊，她和我爸爸都离婚十年了，我很高兴她又找到了新的幸福。

王老师 祝福你妈妈。不过，我们下个星期期末考试啊!

马丁 我就是想和您商量这件事。我能不能提前两天考试?

王老师 这恐怕不行。考试的时间和地点学校都有严格的规定。学生必须在规定的时间内考试，除非生病或有紧急情况。

马丁 我的情况不紧急，可是对我个人来说很重要。您能不能通融一下？我不想让妈妈失望，也不想错过考试。可以说，两头儿对我都很重要。

王老师 这样吧。学校有规定，考试没通过或有特殊情况的学生可以补考，你可以先去参加婚礼，然后回来补考。怎么样？

马丁 看来也只能这样了。谢谢您，王老师。给您添麻烦了。

紧急 jǐnjí 형 긴급하다, 긴박하다 ｜ 补考 bǔkǎo 동 재시험을 치다

요점 체크

1 马丁有什么请求？他是怎么提出来的？王老师拒绝后，他又怎么进一步请求的？

2 王老师为什么不同意马丁的请求？后来又提出什么解决办法？

> 대화 연습

你因故不能完成作业或某项任务，向你的老师或老板请求宽限时间。

❷ 谁都怕王小明 🎧 fuxi 10

（东东是个小学生，放学回家，见到妈妈）

妈妈　东东，你怎么了？脸色这么难看？怎么脸上还有伤？

东东　没事。我不小心摔倒了。

妈妈　不对吧？这明明是抓伤的。是和别人打架了吧？快跟妈妈说实话。

东东　是王小明。他要我借给他钱，我没借，他就打了我，还抓破了我的脸。

妈妈　这太不像话了！你告诉老师了吗？

东东　我不敢告，要是让他知道了，他会打我更狠。我们班谁都不敢惹他。

妈妈　你们不能这么软弱。同学之间要与人为善，可是也不能受欺负。明天我去找你们老师，要他惩罚王小明。

东东　没用的，他才不听老师的话呢。

妈妈　那我就去和他谈，我知道怎么教育他和同学友好相处。

抓 zhuā 동 긁다, 할퀴다 ｜ 打架 dǎjià 동 싸우다, 다투다

> 대화 연습

设想你是东东的妈妈，去找王小明谈一谈。

❸ 昨天我有个约会 🎧 fuxi 11

（下面是小张讲他第一次和女朋友见面的经历）

昨天朋友介绍我认识了一个女孩儿，叫陈雨。我们约好在一家咖啡馆见面。和女孩子约会第一印象很重要，所以我特别打扮了一番。我还早到了二十分钟，一来表示礼貌，二来是给自己一点儿时间，好放松一下，省得见面时太紧张。我正在往窗外看时，陈雨来了。她很漂亮，衣服也很有品位。我本来很放松，不知怎么的一下子紧张起来。我站起来和她握手时，不小心碰到了一把椅子，弄得我很尴尬。我们坐下来后，点了两杯饮料，就开始聊天儿。我们先是作了一下自我介绍，接着开始谈一些我们双方都很感兴趣的话题，没想到我们的共同语言还挺多。聊着聊着，天就黑了。陈雨提出来要回家。我就叫服务员来结账，并说我买单。可是付钱的时候，我翻遍了所有的衣服口袋也没找到我的钱包。我出门时明明把钱包放在上衣口袋里了，可是怎么就不见了呢？陈雨看我着急的样子，就面带微笑地把自己的钱包拿出来付了帐。我真是不好意思，再三向她道歉和感谢。我想这第一次约会算是砸了，她再也不会理我了。没想到她临走时竟给了我她的电话号码，让我给她打电话。

结账 jiézhàng 동 계산하다 | **买单** mǎidān 동 계산하다

> 요점 체크

1 小张有什么事情？为此他做了哪些准备？

2 和陈雨刚见面时，小张表现怎么样？

3 最后结账时发生了什么事情？

> 발표하기

请向别人转述小张昨天的经历或你的类似经历。

❹ 你喜欢毕加索(Picasso)吗？ 🎧 fuxi 12

　　有人说看不懂毕加索的画，因为太抽象了，全是一些稀奇古怪的符号和图案。可是我要说，毕加索艺术的魅力就在这里，因为它介绍给你一种全新的艺术形式。这种新的艺术形式启发你从不同的角度看人和事物。毕加索把人和物事不同的侧面放在一个平面上，真的是对古典绘画的革命，也改变了人们传统的审美习惯。

魅力 mèilì 圐 매력 | **侧面** cèmiàn 圐 측면 | **革命** gémìng 圐 혁명 | **审美** shěnměi 圐 심미

> 발표하기

1 你喜欢毕加索吗？为什么？

2 你喜欢什么艺术？请简单谈谈你对某一种艺术形式的看法。

회화가 유창해지는 속담 한마디 학문

- **玉不琢，不成器。**
  소질이 뛰어난 사람이라도 학문을 쌓지 않으면 훌륭한 인물이 될 수 없다.

- **活到老，学到老。**
  배움의 길은 끝이 없다.

- **读书破万卷，下笔如有神。**
  책을 많이 읽으면 글이 살아 있는 듯하다.

- **学如逆水行舟，不进则退。**
  공부는 물을 거슬러 올라가는 배와 같아서, 전진하지 않으면 퇴보한다.

- **不要害怕成长地太慢，唯一可怕的是原地不动。**
  느리게 성장한다고 걱정하지 말고, 오직 멈춰서 있는 것을 두려워하라.

轻轻松松挣大钱。
손쉽게 큰돈을 법니다.

你喜欢什么样的工作？有一次我看见一个搬运工在烈日下挥汗如雨地工作，但他的衣服上写着："轻轻松松挣大钱"。

여러분은 어떤 일을 좋아하세요? 한번은 하역인부가 뙤약볕 아래에서 구슬땀을 흘리며 일하는 것을 보았습니다. 하지만, 그의 옷에는 "손쉽게 큰돈을 법니다"라고 쓰여 있었습니다.

◎ **학습 목표**
- 서로의 직업관을 비교하고 토론할 수 있다.
- 비교를 통한 선택을 표현할 수 있다.

◎ **표현 포인트**

宁可 | 趁 | 硬着头皮 | 不要说…… | 何必……呢 | 一旦……就……

단어 익히기

🎧 16-01

📘 회화 단어

搬运工 bānyùngōng 명 하역인부, 짐꾼

烈日 lièrì 명 강하게 내리쬐는 태양

挥汗如雨 huīhàn rú yǔ 땀이 비 오듯 하다

看重 kànzhòng 동 중시하다

发挥 fāhuī 동 발휘하다

宁可 nìngkě 접 차라리 (~하는 것이 낫다)

谋生 móushēng 동 생계를 도모하다, 살길을 찾다

手段 shǒuduàn 명 수단, 방법

受罪 shòuzuì 동 고생하다, 시달리다

倾向 qīngxiàng 동 (한쪽으로) 기울다, 치우치다

拼命 pīnmìng 부 필사적으로, 안간힘을 다해

适当 shìdàng 형 적당하다, 적절하다

趁 chèn 개 (때·기회를) 이용해서, 틈타서

基础 jīchǔ 명 기초, 기반

出头 chūtóu 동 (수량이) 남짓하다, 약간 넘다

力所能及 lìsuǒnéngjí 성 스스로 할 만한 능력이 있다

范围 fànwéi 명 범위

在于 zàiyú 동 ~에 있다, ~에 달려 있다

开心 kāixīn 형 즐겁다, 기쁘다

摇滚(乐) yáogǔn(yuè) 명 로큰롤

外甥 wàisheng 명 조카

熬夜 áoyè 동 밤새하다, 철야하다

以……为生 yǐ……wéi shēng ~으로 생계를 유지하다, ~으로 생활하다

大祸临头 dàhuò líntóu 성 큰 재앙이 닥쳐오다, 발등에 불이 떨어지다

电气工程师 diànqì gōngchéngshī 전기 기사

养活 yǎnghuo 동 기르다, 부양하다

何必 hébì 부 구태여 ~할 필요가 있는가, ~할 필요가 없다

源泉 yuánquán 명 원천

说服 shuōfú 동 설득하다, 납득시키다

一旦 yídàn 부 일단

稳定 wěndìng 형 안정적이다, 안정되다

动荡 dòngdàng 동 동요하다, 요동치다

跳槽 tiàocáo 동 직업을 바꾸다, 직장을 옮기다

✏️ 표현 단어

受累 shòulèi 동 고생을 하다, 수고를 하다

受苦 shòukǔ 동 고통을 받다, 고생을 하다

受穷 shòuqióng 동 가난에 시달리다

出丑 chūchǒu 동 추태를 보이다, 창피를 당하다

회화 배우기

❶ 听说你找到了很好的工作 🎧 16-02

（苏立和周达是好朋友）

苏立　听说你找到了一份很好的工作，待遇怎么样？

周达　还可以。不过，我倒不是特别看重这些，重要的是能做自己喜欢的工作，能发挥自己的才能。

苏立　当然，能做自己喜欢的工作再好不过了。可是要想两全挺难的，如果要我在两者之间选择，我宁可选择待遇高的。❶ 工作不就是谋生的手段吗？

周达　可是工作是生活中很重要的一部分，干一份不喜欢的工作，那不是活受罪吗？现在人们越来越倾向于享受生活，很多人选择轻松、喜欢的工作，不要太多的钱，也就没太大的压力。

苏立　说实话，我也不喜欢只是为了钱而拼命工作，人总得适当地休息、放松。但是我觉得人应该趁年轻努力工作，打下基础，❷ 等退休了再享受也不迟。

周达　那不是太晚了吗？

❷ 如果你每天都是硬着头皮去上班…… 🎧 16-03

　　一个人在20岁刚出头时很难判断出哪个职业适合自己。但是不必着急，你不妨在力所能及的范围里选择一个自己比较喜欢的工作。30岁以前的工作不该考虑钱的问题，判断好坏的标准只有一个，那就是能不能学到很多东西。理想的职业不在于收入多少、工作环境怎么样，重要的是是不是适合你，你干这行开心不开心。如果每天都是硬着头皮去上班，❸ 待遇再高也没什么意思。

3 摇滚青年 🎧 16-04

我的一个外甥考进了清华大学,他爱好摇滚乐,白天上课,晚上弹吉他。清华的功课可不是闹着玩儿的,每当考期临近,他就要熬夜准备功课,几个学期下来,瘦得可以飘起来。他还想毕业后以摇滚乐为生。

不要说他的父母觉得大祸临头,连我这个当作家的舅舅,也觉得玩儿摇滚很难谋生。❹ 我得负起舅舅的责任,劝他毕业后还是去做电气工程师。可是他说他爱好音乐。我说:"你先挣些钱来养活自己,再去爱好也不迟。摇滚乐我不懂,但似乎不是一种快乐的生活。"我外甥马上接着说:"何必要快乐呢?❺ 痛苦是艺术的源泉。"我说:"不错,痛苦是艺术的源泉,但不必是你自己的痛苦,别人的痛苦也可以是你艺术的源泉,如果你受苦,你可能成为别人的艺术源泉。"

虽然我自己并不这么认为,没想到却把外甥说服了,他同意好好儿念书,毕业以后不搞摇滚乐,进公司去挣大钱。

4 这山望着那山高 🎧 16-05

我五年换了三次工作,这对那些一个工作干一辈子的人来说,可能很难理解。可是我发现,一旦你换了一次工作,你就不在乎第二次、第三次了。❻ 有人说我是这山望着那山高,可是谁不希望自己生活得更好?有的人喜欢稳定,害怕动荡,而我喜欢在变化中寻求发展。如果有更好的机会,我还会跳槽的。

표현 익히기

1 宁可 차라리 (~하는 것이 낫다)

如果要我在两者之间选择，我宁可选择待遇高的。

접속사 '宁可'는 비교를 통해 무엇을 선택할지를 나타낸다. '宁可……也要……'와 '宁可……也不……'의 형식으로 자주 쓰인다.

(1) 宁可……也要…… : 차라리 ~할지언정, ~하겠다
   '宁可' 뒤에는 일어나지 않기를 바라는 일이 오지만, '也要' 뒤에 오는 일이 너무 중요해서 후자를 위해 전자를 선택하겠다는 의미를 나타낸다.

- 父母宁可卖掉房子也要为孩子治好病。
  부모는 차라리 집을 팔지언정, 아이의 병을 치료해야 한다.
- 我宁可不睡觉也要干完这个工作。
  나는 차라리 잠을 못 잘지언정, 이 일을 다 끝내겠다.

(2) 宁可……也不…… : 차라리 ~할지언정, ~하지 않겠다
   '宁可' 뒤에는 일어나지 않기를 바라는 일이 오지만, '也不' 뒤에 더 싫어하는 일이 오기 때문에 후자가 발생하지 않도록 전자를 선택하겠다는 의미를 나타낸다.

- 我宁可饿死，也不向别人要钱。
  나는 차라리 굶어 죽을지언정, 다른 사람에게 돈을 구걸하진 않겠다.
- 他宁可自己受累受苦，也不愿让他的孩子受穷。
  그는 차라리 자신이 고생할지언정, 아이들을 가난에 시달리게 하고 싶지는 않다.

때로 '宁可……'가 단독으로 쓰이기도 하는데, 본문이 바로 그런 경우이다.

2 趁 (때·기회를) 이용해서, 틈타서

但是我觉得人应该趁年轻努力工作，打下基础。

개사 '趁'은 유리한 기회를 이용한다는 뜻이다.

- 小偷趁他不注意，把他的钱包偷走了。
  도둑은 그가 부주의한 틈을 타, 그의 지갑을 훔쳐 갔다.

- 孩子趁妈妈睡着了，从家里跑了出来。
  아이는 엄마가 잠든 틈을 타, 집에서 뛰쳐나왔다.

- 你赶紧趁热吃，凉了就不好吃了。
  따뜻할 때 어서 드세요. 식으면 맛없어요.

3 硬着头皮 염치 불고하고, 눈 딱 감고

如果你每天都是硬着头皮去上班……

'硬着头皮'는 하기 싫고 두려운 일을 억지로 한다는 뜻이다.

- 他特别害怕见妻子的家人，可是为了妻子，还是硬着头皮去她家做客。
  그는 아내의 가족을 만나기 너무 두렵지만, 아내를 위해서 눈 딱 감고 그녀의 집에 간다.

- 自从那次上课出了丑，他每次都是硬着头皮去上课。
  지난번 수업 시간에 망신을 당한 후로, 그는 매번 억지로 학교에 간다.

4 不要说…… ~은 말할 것도 없고

不要说他的父母觉得大祸临头，连我这个当作家的舅舅，也觉得玩儿摇滚很难谋生。

'不要说(또는 别说)……'는 접속사 '连……也……(~조차도 ~하다)' '就是……也……(설령 ~할지라도 ~하다)' '哪怕……也……(설령 ~하더라도 ~하다)' 등과 함께 쓰여 점층관계 복문을 만든다. '不要说A连B也'는 'A는 말할 것도 없고, B조차도 ~하다'의 의미이다.

- 这个柜子太沉了，不要说一个人，就是两个人抬着也费力。
  이 궤짝은 너무 무거워서, 한 사람은 말할 것도 없고, 두 사람이 들어도 힘들겠어.

- 提起孔子，别说中国人，连外国人也知道。
  공자를 말하자면, 중국인은 말할 것도 없고, 외국인도 안다.

5 何必……呢 구태여 ~할 필요가 있는가?

何必要快乐**呢**?

'何必……呢'는 어떤 일을 할 필요가 없음을 의미한다.

- 这种东西国内多得很，你何必要从国外买呢？
  이런 물건은 국내에도 많은데, 구태여 외국에서 사 올 필요 있니?
- 你何必为这么点儿小事和他吵架呢？
  이런 작은 일로 네가 그와 싸울 필요 있니?

또한, 단독으로 '何必呢?'로 쓰기도 한다.

- 为这么点儿小事吵架，何必呢？
  이런 작은 일로 다투다니, 그럴 필요 있니?

6 一旦……就…… 일단 ~하면 ~하다

一旦你换了一次工作，你就不在乎第二次、第三次了。

'一旦……就……'는 어떤 일이 발생 빈도가 적고 하기 어렵지만, 일단 그 일이 일어나면 반드시 어떤 결과가 나타남을 말한다.

- 一旦养成抽烟的习惯，就很难戒掉。
  일단 흡연 습관이 들면 끊기가 어렵다.
- 地铁里人那么多，一旦发生事故就会造成严重后果。
  지하철에 사람이 많아서, 사고가 나면 심각한 결과를 초래하게 된다.
- 人一旦学会了游泳就不会忘记。
  사람은 일단 수영을 배우면 절대 잊어버리지 않는다.

단어 연습

1 '宁可'를 사용하여 문장을 고쳐 보세요.

❶ 我不喜欢吃这个菜，所以饿着也不吃。

→ _____

❷ 他不喜欢自己的儿女，打算把遗产留给外人也不给他们。

→ _____

❸ 为了供孩子上大学，这位母亲一个人做两份工作，非常辛苦。

→ _____

❹ 他不喜欢那条路，每次去学校都绕远路。

→ _____

❺ 为了方便大家，我自己辛苦一点儿没关系。

→ _____

2 '趁'을 사용하여 문장을 고쳐 보세요.

❶ 妈妈在孩子睡着的时候干了一些家务。

→ _____

❷ 老板不在，我们休息一会儿吧。

→ _____

❸ 你最好在我在这儿的时候办这些事，有什么困难我还可以帮你。

→ _____

❹ 现在天还没黑，我们赶紧把最后几棵树种上吧。

→ _____

3 빈칸을 채워 문장을 완성해 보세요.

① A 我给你一个月的时间，你能完成吗？
　　B 不要说_____，就是_____也完不成。

② 别说_____，就是成年人也受不了。

③ A 他出过国吗？
　　B 他连_____也没_____，不要说_____。

④ 别说_____，就是_____也搬不动这块石头。

4 '何必'를 사용하여 대화를 완성해 보세요.

① A 这个孩子真是气死我了！
　　B _____？

② A 我想去中国学做中国菜。
　　B 我可以教你，_____？

③ A 我得去学校看看什么时候开学。
　　B 打个电话不就行了，_____？

④ A 我想去昆仑饭店吃韩国菜。
　　B 附近这么多韩国餐厅，_____？

5 '一旦……就……'와 주어진 단어를 사용하여 문장을 만들어 보세요.

① 喝酒　　　戒掉
→ _____

② 爱上　　　忘记
→ _____

③ 错误　　　纠正
→ _____

④ 发现　　　偷税　　　罚
→ _____

❺ 得了　　　　病　　　　治好

→ _____

프리토킹에 도전해 보세요

1　根据课文❶总结一下苏立关于工作的看法。

2　根据课文❶总结一下周达关于工作的看法。

3　你喜欢长期干一个工作，还是经常换工作？

토론해 보세요

有的人认为找工作应该喜欢什么就做什么，有的人认为工作就是为了钱，你倾向于哪一种观点？

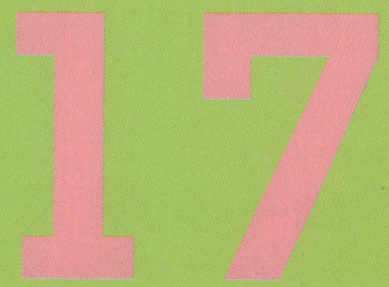

永远的爱情永远的家

영원한 사랑 영원한 가정

现代人对于婚姻和爱情的观念已经发生了改变。
结婚率和生育率不断下降，离婚率却在持续增长。
婚姻真的是爱情的坟墓吗？
幸福美满的婚姻真的只存在于童话里吗？

결혼과 사랑에 대한 현대인의 관념은 이미 바뀌었습니다.
결혼율과 출산율은 계속해서 떨어지고, 이혼율은 반대로 계속 증가하고 있지요.
결혼은 정말로 사랑의 무덤일까요?
행복하고 아름다운 결혼은 진정 동화 속에만 존재하는 것일까요?

◎ **학습 목표**
- 각자의 결혼관과 애정관에 대해 자유롭게 이야기할 수 있다.
- 예를 들어 설명할 수 있다.

◎ **표현 포인트**
随着…… | 反而 | 想开 | 懒得 | 就拿……来说 | 甚至 | 难免

단어 익히기 🎧 17-01

🔖 회화 단어

恋爱 liàn'ài 〔동〕 연애하다

分手 fēnshǒu 〔동〕 이별하다, 헤어지다

独身 dúshēn 〔동〕 독신으로 살다, 혼자 살다

和好 héhǎo 〔동〕 화해하다, 화목해지다

外遇 wàiyù 〔명〕 바람, 외도

复婚 fùhūn 〔동〕 (헤어진 부부가) 재결합하다

再婚 zàihūn 〔동〕 재혼하다

登记 dēngjì 〔동〕 등기하다, 등록하다

三角恋爱 sānjiǎo liàn'ài (남녀 간의) 삼각관계

成家 chéngjiā 〔동〕 가정을 꾸리다, 장가들다

别扭 bièniu 〔형〕 (말이나 글이) 어색하다, 부자연스럽다

尚未 shàng wèi 아직 ~하지 않다

积极 jījí 〔형〕 적극적이다

单身 dānshēn 〔동〕 독신으로 살다, 혼자 살다

过渡 guòdù 〔동〕 (한 단계로부터 다른 단계로) 이행하다, 과도하다

迟早 chízǎo 〔부〕 조만간

撒谎 sāhuǎng 〔동〕 거짓말하다

主持人 zhǔchírén 〔명〕 사회자, 진행자, MC

品质 pǐnzhì 〔명〕 품성, 인품

对待 duìdài 〔동〕 다루다, 대응하다

叙旧 xùjiù 〔동〕 옛일을 이야기하다, 지나간 일을 말하다

避免 bìmiǎn 〔동〕 피하다, 모면하다

有利 yǒulì 〔형〕 유리하다, 이롭다

反而 fǎn'ér 〔부〕 오히려, 도리어

谈婚论嫁 tánhūnlùnjià 결혼 얘기가 오고가다

美满 měimǎn 〔형〕 아름답고 원만하다, 행복하다

充满 chōngmǎn 〔동〕 충만하다, 가득차다

竞争 jìngzhēng 〔동〕 경쟁하다

奢望 shēwàng 〔명〕 지나친 바람, 과욕

应酬 yìngchou 〔동〕 접대하다, 교제하다

甚至 shènzhì 〔부〕 심지어, ~까지도

后果 hòuguǒ 〔명〕 (좋지 못한) 결과

缺乏 quēfá 〔동〕 결핍되다, 부족하다, 모자라다

沟通 gōutōng 〔동〕 소통하다, 교류하다

회화 배우기

1. 结婚又叫成家 🎧 17-02

　　我有一个同事，他已经离婚多年，长期一个人生活。每次他对我说"我要回家了"，或者"我家新装了空调"等等"我家如何如何"的话时，我就觉得别扭，可是又不知道为什么。后来仔细想想，原来是因为觉得他离了婚，一个人生活就没有家了。

　　中国人一般认为，一个人离开父母独自生活后，一定要结了婚才算有了家。所以结婚又叫成家，在传统思想里是不接受独身生活的。如果一个人到了婚龄尚未婚嫁，他的亲人、朋友、同事便积极、热心地为他寻找结婚的对象。他们认为单身生活只是结婚前的过渡状态，每个人迟早都要结婚的。

　　当然，随着社会发展，对于单身还是结婚，人们的选择已经越来越开放了。❶

❷ 你对爱人撒谎吗? 🎧 17-03

(张女士是电视节目主持人,冯先生是一位导演,下面的谈话是电视采访)

张　　您对爱人撒谎吗?

冯　　当然,不光对爱人,对谁都有可能。

张　　从小老师就教育我们要做诚实的好孩子,撒谎难道不是一种坏品质吗?

冯　　对待这个问题不能太死板。举个例子,我跟和我爱人认识之前的一个女朋友吃了顿饭,只是叙叙旧,没做什么破坏家庭的事儿。但是我的妻子可能接受不了,为了避免争吵,我干吗不说跟一个男人喝酒去了,非说和一个女人在一起?这样的撒谎我认为值得,因为有利于家庭的稳定。

张　　可是一旦你的妻子发现你是在撒谎,不是反而更伤害她吗?❷

冯　　对,这个问题避免不了。但是我劝人们想开一点儿,❸ 如果你的爱人骗你,说明他还重视你,不想破坏你们的关系,如果他连谎也懒得撒了,说明他就真的不爱你了。❹ 这不是更可怕吗?

张　　谢谢你说了这么多真话。

③ 就是有妻子，恐怕也快离婚了 🎧 17-04

我在一家贸易公司工作，还没有结婚，也没有可以谈婚论嫁的男朋友。说实话，我对自己将来能否有美满的婚姻没有太大的信心。我觉得在这样一个充满竞争、压力的时代，幸福稳定的婚姻和家庭真的是一个奢望。

就拿我的老板来说，❺ 他是一个三十出头的男人，因为工作太忙、应酬太多，几乎每天都是夜里十一二点回家，有时甚至更晚。❻ 再加上三天两头出差，我不敢想象他的家庭生活是个什么样子，我想就是有妻子恐怕也快离婚了。我还有一些同事和朋友，他们不是丈夫被派到外地工作了，就是妻子出国留学了，我不知道这样的长期分居会带来什么后果。时间长了，难免不会有外遇，也难免缺乏感情上的交流和沟通。❼ 我觉得，随着社会的发展，婚姻和家庭将面临越来越多的困难。

표현 익히기

1 随着…… ~에 따라

随着社会发展，对于单身还是结婚，人们的选择已经越来越开放了。

'随着……, ……'는 어떤 상황이 다른 상황과 동반하여 함께 발생함을 말한다.

- 随着中国的改革开放，人民的生活水平提高了。
  중국의 개혁 개방 정책에 따라, 사람들의 생활 수준이 향상되었다.
- 随着工业的发展，环境污染越来越严重。
  공업 발전에 따라, 환경 오염이 갈수록 심각하다.

2 反而 오히려, 도리어

可是一旦你的妻子发现你是在撒谎，不是反而更伤害她吗？

'反而'은 이치대로라면 어떤 현상이나 상황이 어떤 결과를 초래해야 하지만, 실제로는 상반된 결과가 나타남을 말한다. '反而' 뒤에 상반된 결과가 온다.

- 天气热时他穿得很多，现在天冷了他反而穿得少了。
  그는 날씨가 더울 때는 옷을 껴입더니, 이제 날씨가 추워지자 오히려 옷을 얇게 입는다.
- 我考试前很紧张，考试时反而不紧张了。
  나는 시험 전엔 매우 긴장했는데, 시험 볼 땐 오히려 긴장하지 않았다.
- 睡多了反而没精神。
  잠을 많이 자면 오히려 기운이 없다.

3 想开 생각을 넓게 가지다, 떨쳐 버리다, 긍정적으로 생각하다

但是我劝人们想开一点儿。

'想开'는 어떤 일에 대하여 낙관적이고 개방적으로 생각함을 의미한다.

- 你要想开点儿，困难总会过去的。
  생각을 좀 넓게 가지렴. 어려움은 결국에는 지나가기 마련이야.

- 我已经想开了，不再为过去的事情烦恼了。
  난 이미 떨쳐 버렸어. 다시는 지나간 일로 괴로워하지 않을 거야.

4 懒得 (어떤 일을) 하기 싫어하다, 귀찮아하다

如果他连谎也懒得撒了，说明他就真的不爱你了。

'懒得'는 피곤하거나 관심이 없어서 어떤 일을 하고 싶지 않다는 뜻이다.

- 我有点儿不舒服，懒得做饭。
  나 좀 아파서 밥 하기가 귀찮아.
- 这门课没意思，我懒得去上。
  이 수업은 재미가 없어서 가고 싶지 않아.
- 他这个人有点儿讨厌，我懒得理他。
  그 사람은 좀 얄미워서 상대하고 싶지 않아.

5 就拿……来说 ~을 예로 들자면, ~에 대해 말하자면

就拿我的老板来说……

'就拿……来说'는 전체적으로 어떤 상황을 설명한 후에, 예를 들거나 설명을 보충할 때 쓴다.

- 最近我们公司迟到、早退现象比较严重，就拿销售部来说，今天就有五个人迟到。
  최근 우리 회사는 지각과 조퇴 현상이 심각한 편이다. 판매부를 가지고 말하자면, 오늘 다섯 명이 지각했다.
- 汉语太难学了，就拿汉字来说吧，我觉得简直跟天书一样。
  중국어는 배우기 너무 어렵다. 한자에 대해 말하자면, 나는 정말이지 천서(알아보기 힘든 문자)와 같다고 생각한다.
- 今年物价比较稳定，就拿大米来说吧，不但没有涨，还下降了10%。
  올해 물가는 비교적 안정적이다. 쌀을 예로 들자면 값이 오르지 않았을 뿐만 아니라, 10%나 내렸다.

6 甚至 심지어

几乎每天都是夜里十一二点回家，有时甚至更晚。

'甚至'는 같은 상황 속에서 정도가 가장 심한 것을 말하고자 할 때 쓴다.

- 他最近睡得很少，有时甚至只睡两三个小时。
  그는 요즘 잠을 적게 잔다. 어떤 때는 심지어 두세 시간밖에 자지 않는다.

- 他对孩子们的态度特别不好，甚至打骂孩子。
  그가 아이들을 대하는 태도는 정말 나쁘다. 심지어 때리고 욕하기까지 한다.

- 他总是回家很晚，有时甚至不回来。
  그는 항상 집에 늦게 들어간다. 어떤 때는 심지어 들어가지도 않는다.

7 难免 피하기 어렵다

时间长了，难免不会有外遇，也难免缺乏感情上的交流和沟通。

'难免'은 '피하기 어렵다' '불가피하다' '~하기 마련이다'의 뜻으로, 일이 발생할 가능성이 매우 높음을 나타낸다. 주의해야 할 것은 '难免' 뒤에 부정사가 와도 문장의 의미는 같다는 것이다.

- 没有经验，工作起来难免(不)出差错。
  경험이 없으면, 일할 때 차질이 생기기 마련이다.

- 因为不了解本地的风俗习惯，难免(不)闹笑话。
  현지의 풍속 습관을 파악하지 못했기 때문에, 웃음거리가 되는 것을 피하기 어렵다.

내공 쌓기

단어 연습

1 '反而'을 사용하여 문장을 완성해 보세요.

① 我是好心帮助他，没想到他没有感谢我，＿＿＿＿＿＿＿＿＿＿＿＿＿＿＿。

② 他想劝她别伤心了，可是没想到她＿＿＿＿＿＿＿＿＿＿＿＿＿＿＿。

③ 真奇怪，我的病吃了那么多药也不好，不吃药了＿＿＿＿＿＿＿＿＿＿＿＿＿＿＿。

④ 没得到的时候很喜欢，得到了＿＿＿＿＿＿＿＿＿＿＿＿＿＿＿。

⑤ 他原来水平还可以，怎么学了一段时间以后＿＿＿＿＿＿＿＿＿＿＿＿＿＿＿。

2 '甚至'를 사용하여 문장을 완성해 보세요.

① 那一段时间他很穷，有时＿＿＿＿＿＿＿＿＿＿＿＿＿＿＿。

② 最近工作太忙，有时忙得＿＿＿＿＿＿＿＿＿＿＿＿＿＿＿。

③ 那个班的学生汉字水平很差，有的人＿＿＿＿＿＿＿＿＿＿＿＿＿＿＿。

④ 这本书里的文章太难了，有的＿＿＿＿＿＿＿＿＿＿＿＿＿＿＿。

⑤ 他最近头疼越来越厉害，有时疼得＿＿＿＿＿＿＿＿＿＿＿＿＿＿＿。

3 '随着……，……'를 사용하여 문장을 고쳐 보세요.

① 中国经济发展很快，很多外国人开始学汉语。

→ ＿＿＿＿＿＿＿＿＿＿＿＿＿＿＿＿＿＿＿＿＿＿＿＿＿＿＿＿＿

② 社会发展了，人们的道德观也发生了变化。

→ ＿＿＿＿＿＿＿＿＿＿＿＿＿＿＿＿＿＿＿＿＿＿＿＿＿＿＿＿＿

③ 两国交往增多以后，同时也增进了两国人民之间的相互了解。

→ ＿＿＿＿＿＿＿＿＿＿＿＿＿＿＿＿＿＿＿＿＿＿＿＿＿＿＿＿＿

④ 环保意识增强了，人们越来越重视保护环境。

→ ＿＿＿＿＿＿＿＿＿＿＿＿＿＿＿＿＿＿＿＿＿＿＿＿＿＿＿＿＿

4 빈칸을 채워 문장을 완성해 보세요.

❶ 人们觉得结了婚才_____成了家。

❷ 锻炼有利_____身体健康。

❸ 想开点儿，钱没了还可以再挣，你千万别想不_____。

❹ 最近这个孩子常常_____谎。

❺ 我们生活在一个_____竞争和压力的时代。

❻ 随着经济的发展，社会将_____越来越多的问题。

5 본문에 근거해 질문에 답해 보세요.

❶ 中国传统思想怎么看待单身这种生活方式？

→ _____

❷ 课文 ❷ 中的冯先生关于该不该对爱人撒谎的观点是什么？

→ _____

❸ 课文 ❸ 中的"我"为什么对将来的婚姻是否美满没有信心？

→ _____

프리토킹에 도전해 보세요

1 独身与结婚这两种生活方式有什么优缺点？你倾向于哪一种生活方式？

2 你对现在的家庭婚姻有什么看法？

토론해 보세요

1 你认为该不该对爱人撒谎？

2 随着时代的发展，婚姻、家庭将会发生什么变化？

18

地球村
지구촌

我有一位美国朋友，他住在北京。
有一次他去修自行车，修车师傅对他说：
"真有意思！为什么中国人要到外国去，外国人却到中国来呢？"
你说呢？我真希望我们的地球有一天真的变成了地球村。

저에겐 미국인 친구가 한 명 있는데, 그는 베이징에 살고 있습니다.
한번은 그가 자전거를 고치러 갔더니, 수리하는 아저씨가 "정말 재미있네! 왜 중국 사람들은 외국에 나가려고 하는데, 외국 사람들은 오히려 중국에 오는 걸까?"라고 했다고 합니다.
여러분은 어떻게 생각하세요? 저는 우리의 지구가 정말 지구촌이 될 날이 오기를 바랍니다.

◎ **학습 목표**
- 지구촌 시대의 특징과 장단점에 대해 토론할 수 있다.
- 정도가 점점 더 심해지는 상황을 표현할 수 있다.

◎ **표현 포인트**
一方面……，一方面…… | 关键 | 彼此 | 不可开交 | 越……，越……

단어 익히기 🎧 18-01

🗨 회화 단어

地球村 dìqiúcūn 명 지구촌

圈 quān 동 둘러싸다, 포위하다

小圈子 xiǎo quānzi 명 좁은 생활 범위, 좁은 울타리

交往 jiāowǎng 동 교제하다, 교류하다

自然 zìrán 형 자연의, 자연적인

障碍 zhàng'ài 명 장애(물), 방해물

融入 róngrù 동 융화되다, 녹아들다

关键 guānjiàn 명 관건 형 매우 중요한

主动 zhǔdòng 형 능동적이다, 자발적이다

亲热 qīnrè 형 친밀하다, 다정하다

平淡 píngdàn 형 평범하다, 무미건조하다

亲吻 qīnwěn 동 입 맞추다, 키스하다

拥抱 yōngbào 동 포옹하다, 껴안다

纳闷儿 nàmènr 동 (마음에 의혹이 생겨) 답답하다

陌生 mòshēng 형 낯설다, 생소하다

含蓄 hánxù 형 (생각이나 감정을) 쉽게 드러내지 않다

表露 biǎolù 동 나타내다, 드러내다

私人 sīrén 명 개인

随口 suíkǒu 부 입에서 나오는 대로, 내키는 대로

表白 biǎobái 동 (생각이나 태도를) 드러내어 밝히다

彼此 bǐcǐ 대 피차, 상호, 서로

体会 tǐhuì 동 체득하다, 이해하다

偏见 piānjiàn 명 편견

含糊 hánhu 형 모호하다, 명확하지 않다

坦率 tǎnshuài 형 솔직하다, 정직하다

得罪 dézuì 동 기분을 상하게 하다, 실례를 범하다

个别 gèbié 형 일부의, 극히 드문

保守 bǎoshǒu 형 보수적이다

礼节 lǐjié 명 예절

千差万别 qiānchāwànbié 성 천차만별이다, 차이가 크다

同感 tónggǎn 명 동감, 공감

本质 běnzhì 명 본질

帮 bāng 양 무리

比萨饼 bǐsàbǐng 명 피자(pizza)

新奇 xīnqí 형 신기하다, 새롭다

大可不必 dà kě búbì 필요가 없다, 불필요하다

融合 rónghé 동 융합하다, 하나로 모으다

乐观 lèguān 형 낙관적이다

✏ 표현 단어

不可开交 bùkěkāijiāo 성 해결할 수 없다, 그만두거나 벗어날 수 없다

▶ 고유 명사

李德浩 Lǐ Déhào 고유 이덕호 [인명]

布朗 Bùlǎng 고유 브라운(Brown) [인명]

麦当劳 Màidāngláo 고유 맥도날드

회화 배우기

❶ 我从来不把自己圈在小圈子里 🎧 18-02

（玫瑰和木村都是在中国学习的外国留学生）

木村　　玫瑰，你能不能给我介绍一位中国朋友？

玫瑰　　你是不是想找个中国朋友练习口语？

木村　　我一方面是想练习说话，一方面是想交朋友。❶ 我原以为到中国来，可以有很多机会和中国人交往，但实际上真正接触的机会很少。生活在校园里，交往的都是留学生，而且大多是在本国人的小圈子里。我常常觉得跟没出过一样。

玫瑰　　我想这是很自然的事情，因为语言和文化的障碍，一个人是很难融入另一个社会的。不过关键还要看个人的努力，❷ 如果你努力去做，情况会好得多。

木村　　就像你一样？

玫瑰　　我不敢说我做得很好，不过我努力了。我从来不把自己圈在小圈子里，会主动去外面走走、看看，和中国人交朋友，他们都很热情好客。

❷ 为什么他们不那么亲热呢？ 🎧 18-03

（汤姆、木村和保罗是来中国学习的三个外国留学生）

汤姆　　我有一个中国朋友，他在美国学习。有一次他的爱人从中国来看他，我陪他去机场接人。他们已经分别近两年了，可是他们见面的时候竟是很平淡，没有亲吻，没有拥抱，也没有说"我爱你""我想你"这类的话。我心里真是纳闷儿。我知道他们夫妻感情很好，可是他们为什么不那么亲热呢？后来我想大概是因为好长时间没见面了，互相觉得有点儿陌生。

木村　有这方面的原因。但关键还是中国人表达感情的方式和你们西方人不太一样。他们比较含蓄，不愿意在公共场合表露私人间的感情，特别是夫妻之间的。不像你们美国人"宝贝儿，我爱你"之类的话就挂在嘴边，随口就说，也不管旁边有没有外人。

保罗　我也早就注意过这个问题。中国人的含蓄有时候也并不是因为场合的问题。我妻子是中国人，她和她父母关系很好，他们非常爱她。可是他们从来没有直接说过爱她的话。我也没有看见过他们用拥抱、亲吻的方式表达感情。我妻子说，爱是无需表白的，他们彼此体会得出来。❸

❸ 其实我们都难免有偏见 🎧 18-04

（李德浩、布朗也是外国留学生，他们加入汤姆、木村的讨论）

汤姆　我和中国人接触时发现，有时候他们说话有点儿含含糊糊，你不知道他们真实的看法到底是什么。他们为什么不能坦率一点儿？

李德浩　大多数中国人不愿意说出真实的看法，是不想惹人不愉快。你知道，有时候真话很容易得罪人的。中国人讲究"和为贵"。

汤姆　这是古代中国人的处世之道吧？昨天我还在街上看见两个中国人为一件小事吵得不可开交呢。❹

布朗　你看到的只不过是个别现象。我们看另一个国家的人都难免有些偏见。比如人们常常觉得美国人都很开放，英国人都很保守，日本人都很讲究礼节，其实在各个国家内部，人们都是千差万别的。

木村　我也有同感。越了解那个国家，越能发现这一点。❺虽然各个国家文化习俗不同，但人的感情在本质上是相通的，所不同的只是性格罢了。

❹ 吃麦当劳长大的孩子们 🎧 18-05

陈新　你说，这帮孩子为什么这么喜欢外国的东西？吃麦当劳、比萨饼，听外国流行音乐，看美国电影，我真不明白，是什么吸引了他们？

马阅　我觉得这是很自然的事情，年轻人总是对新奇的事物感兴趣。

陈新　可是我真担心这些吃麦当劳长大的孩子会丢掉中国的传统。

马阅　你这种担心大可不必。我们现在就是生活在一个不同文化相互影响、相互融合的时代，你吸收外来东西的同时，不会丢掉自己的东西，自己反而会发展得更好。

陈新　对这个问题我没你那么乐观。

표현 익히기

1 一方面……, 一方面…… (한편으로) ~하면서, (한편으로) ~하다

我一方面是想练习说话，一方面是想交朋友。

'一方面……, 一方面……'은 두 가지 관련된 상황을 열거하며 병렬관계를 복문을 만든다.

- 我来中国，一方面想了解一下市场的情况，一方面想了解一下中国的风土人情。
  내가 중국에 온 것은 시장의 상황을 이해하는 동시에, 중국의 특색과 풍습을 이해하기 위해서이다.
- 你一方面要好好儿学习，一方面要注意身体。
  열심히 공부하면서, 한편으로 건강에도 유의해야 한다.
- 要想学好一门外语，必须一方面学好语法、词汇，一方面多听多说。
  외국어 하나를 제대로 배우려면, 어법과 어휘를 잘 배우면서, 많이 듣고 많이 말해야 한다.

2 关键 관건, 매우 중요한

不过关键还要看个人的努力。

'关键'은 명사로 '관건' '열쇠' '키포인트'라는 뜻이다. 형용사로 쓰여 '매우 중요한'의 의미를 나타내기도 한다.

- A 为什么我们总不能成功? 왜 우리는 항상 성공하지 못하는 거지?
  B 关键是我们没有做好广告宣传。 관건은 우리가 광고 홍보를 잘하지 못했다는 거야.
- 我们企业成功的关键在于产品质量。
  우리 기업의 성공은 상품 품질에 달려 있다.
- 现在最关键的问题是钱。 지금 가장 중요한 문제는 돈이다.
- 打高尔夫球姿势很关键。 골프는 자세가 가장 중요하다.

3 彼此 피차, 상호, 서로

他们彼此体会得出来。

'彼此'는 이쪽과 저쪽이 관련된 쌍방임을 가리킨다.

- 我们刚刚认识，彼此还不太了解。
  우리는 안 지 얼마 되지 않아서, 피차 아직은 잘 모른다.
- 他们彼此明白对方的想法。
  그들은 상대방의 생각을 서로 알고 있다.

이 외에 관용적으로 쓰이는 용법은 다음과 같다.

- 他们俩好得不分彼此。(关系特别好)
  그들은 사이가 좋아 네 것 내 것을 가리지 않는다. (관계가 좋다)
- A 辛苦了！ 수고하셨습니다!
  B 彼此，彼此。(你也一样辛苦)
  피차일반입니다. (당신도 수고하셨습니다) [중첩하여 대답하는 말로 쓰임]

4 不可开交 해결할 수 없다, 그만두거나 벗어날 수 없다

昨天我还在街上看见两个中国人为一件小事吵得不可开交呢。

'不可开交'는 해결하거나 끝낼 수 없다는 뜻으로, '得' 뒤에서 보어로만 쓰인다. 정도가 매우 심함을 나타낸다.

- 两人打得不可开交。 두 사람은 떼어 놓을 수 없을 정도로 싸운다.
- 他们闹离婚闹得不可开交。 그들은 이혼하느라 떠들썩하기 이를 데 없다.
- 最近我忙得不可开交。 최근 나는 눈코 뜰 새 없이 바쁘다.

5 越……，越…… 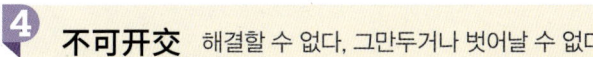~하면 할수록 ~하다

越了解那个国家，越能发现这一点。

'越……，越……'는 어떤 상황이 다른 상황의 정도가 심해짐에 따라 같이 심해짐을 나타낸다.

- 小李越对他好，他越不喜欢她。
  샤오리가 그에게 잘해줄수록, 그는 그녀를 더 싫어한다.
- 这幅画越看越好看。 이 그림은 볼수록 멋있다.
- 题目越难，我越觉得有意思。 제목이 어려울수록 더 재미있다.

내공 쌓기

단어 연습

1 '一方面……，一方面……'을 사용하여 질문에 답해 보세요.

① 你为什么要学习汉语呢?

→ _____

② 我们的产品怎么才能卖出去呢?

→ _____

③ 你为什么要选择这个工作?

→ _____

④ 怎样才能学好汉语?

→ _____

⑤ 怎么才能经营好这个餐厅?

→ _____

2 '关键'을 사용하여 문장을 고쳐 보세요.

① 学习汉语，汉字很重要。

→ _____

② 现在最大的问题是我们没有钱。

→ _____

③ 我们的产品能不能卖出去主要靠质量，光靠做广告不行。

→ _____

④ 我看，问题主要在于我们不了解市场。

→ _____

⑤ 你知道这个问题最重要的部分在哪儿吗?

→ _____

3 '越……, 越……'와 주어진 단어를 사용하여 문장을 만들어 보세요.

① 这个菜　　　吃　　　喜欢吃
   → _____

② 天气　　　　冷　　　感冒
   → _____

③ 接触　　　　多　　　了解
   → _____

④ 锻炼　　　　　　　健康
   → _____

4 본문에 근거해 다음 상황을 한 문장으로 표현해 보세요.

① 对方为一件事感到奇怪，你告诉他这没什么，很正常。
   → _____

② 告诉别人你和他有一样的想法。
   → _____

③ 告诉对方他的担心没有必要。
   → _____

④ 用"我原以为……，但实际上……"这个句式介绍一件实际情况与你原来想法不一样的事情。
   → _____

5 본문에 근거해 질문에 답해 보세요.

① 课文 ❶ 中的木村为什么想找一个中国朋友？他到中国来在生活上有什么困难？他的朋友玫瑰怎么看待这个问题？
   → _____

② 在课文 ❷、❸ 中，外国留学生们发现中国人的性格和行为方式有什么跟他们不一样的地方？
   → _____

프리토킹에 도전해 보세요

1 介绍一下你对中国社会和文化感兴趣的地方。

2 介绍一下你们国家年轻人对待外来文化的态度。

토론해 보세요

1 你怎样看待不同国家在文化习俗方面的差异?

2 现在在亚洲国家,很多年轻人倾向于以美国为中心的西方流行文化,你怎么看待这个问题?

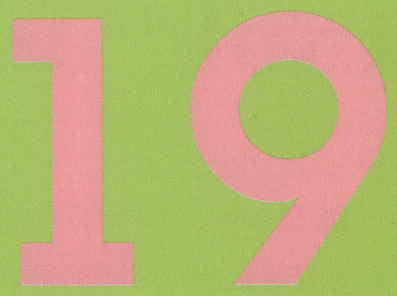

我们的生活

우리의 생활

现代化的生活方便舒适，现代化的生活让人眼花缭乱，
现代化的生活也有种种缺憾。
你对现代化的生活有什么感受？请你谈一谈。

현대화된 생활은 편리하고 쾌적하며, 눈을 현혹시키지만 여러가지 결점도 있습니다.
여러분은 현대화된 생활에 대한 소감이 어떤가요? 한번 말해 보세요.

◎ **학습 목표**
- 현대 사회에서 겪는 장단점을 이야기할 수 있다.
- 현대 사회가 당면한 환경 문제에 관해 토론할 수 있다.

◎ **표현 포인트**
　幸亏 | 地步 | 照样 | 干脆 | 反正

단어 익히기 🎧 19-01

🗨 회화 단어

舒适 shūshì 형 쾌적하다, 편하다

眼花缭乱 yǎnhuā liáoluàn 성 눈이 어지럽다, 눈이 부시다, 눈을 현혹시키다

缺憾 quēhàn 명 결점, 부족한 점

堵车 dǔ chē 차가 막히다, 교통이 체증되다

幸亏 xìngkuī 부 다행히, 운 좋게

堵塞 dǔsè 동 막히다, 가로막다

高峰 gāofēng 명 최고점, 절정

水泄不通 shuǐxièbùtōng 성 물샐틈없다, 경계가 삼엄하다

混乱 hùnluàn 형 혼란하다, 어지럽다

造成 zàochéng 동 (좋지 않은 결과를) 야기하다, 초래하다

图 tú 동 꾀하다, 도모하다

遵守 zūnshǒu 동 준수하다, 지키다

规则 guīzé 명 규칙, 규율, 법칙

控制 kòngzhì 동 통제하다, 제어하다

地步 dìbù 명 지경, 상태, 처지

普遍 pǔbiàn 형 보편적이다, 널리 퍼져 있다

照样 zhàoyàng 부 여전히, 변함없이

干脆 gāncuì 부 차라리, 시원스럽게

反正 fǎnzhèng 부 어쨌든, 어차피

以不变应万变 yǐ búbiàn yìng wànbiàn 현상을 유지하면서 닥쳐올 변화에 적절히 대처하다

天各一方 tiāngèyìfāng 성 서로 멀리 떨어져서 만나기 힘들다

距离 jùlí 명 거리, 간격

思念 sīniàn 동 그리워하다, 보고 싶어 하다

颠倒 diāndǎo 동 뒤바뀌다, 상반되다

微信 wēixìn 명 위챗(Wechat)

视频 shìpín 명 동영상

分享 fēnxiǎng 동 (행복·기쁨을) 함께 나누다

异国风情 yìguó fēngqíng 이국 정취, 이국적인 분위기

虚拟 xūnǐ 동 가정하다, 가설하다

代替 dàitì 동 대체하다, 대신하다

环保 huánbǎo 명 환경 보호 ['环境保护'의 약칭]

堆 duī 명 무더기, 더미, 무리

花花绿绿 huāhuālǜlǜ 형 울긋불긋하다, 알록달록하다

包装 bāozhuāng 명 포장 동 포장하다

回归 huíguī 동 회귀하다, 다시 돌아오다

提倡 tíchàng 동 제창하다

消耗 xiāohào 동 소비하다, 소모하다

资源 zīyuán 명 자원

✏ 표현 단어

发展中国家 fāzhǎnzhōng guójiā
개발도상국

发达国家 fādá guójiā 선진국

회화 배우기

❶ 今天又堵车了! 🎧 19-02

（早晨，罗杰气喘吁吁地跑来上班，碰到同事张立同）

罗　　今天又堵车了！幸亏我出来得早，不然准得迟到。❶

张　　现在交通堵塞真是成问题，特别是高峰时间简直水泄不通。车太多了，路又太少了。

罗　　依我看，主要是交通混乱造成的堵车。路上有骑车的，有走路的，有开车的，再加上有的人只图快，根本不遵守交通规则，很容易发生交通事故。一旦发生事故，就会严重堵塞交通。

张　　不过出事故的时候毕竟少。我看，要想解决交通堵塞，还得控制车辆增加的速度。中国经济发展这么快，问题会越来越严重的。应该早点儿想办法，等问题到了无法解决的地步就晚了。❷

罗　　一个国家在发展时期，问题总是很多的。

张　　其实交通堵塞是一个非常普遍的问题。美国可以说交通非常发达，可是有的地区照样有这样的问题。❸ 前一段时间我听广播介绍说，西雅图市政府想出一个有效控制车辆增加的办法，就是不再扩建公路。

罗　　什么意思？

张　　因为根据他们的经验，路修得越多，买车的人越多，所以干脆不修了，❹ 反正修再多的路也没用。❺

罗　　这真是以不变应万变。

19 我们的生活

2 网上谈情 🎧 19-03

我丈夫在加拿大留学，我在北京教书，因为各自的事业，我们不得不天各一方，两地分居。距离产生美，更产生爱，我们都很思念对方。幸亏现在有了互联网。虽然相隔万里，日夜颠倒，但是，每天早上(加拿大是晚上)，我一觉醒来，第一件事就是打开手机上的微信视频聊天，和他聊几句。每到周末，我们总是要聊一两个小时，分享一切可以分享的感受。他喜欢旅游，每到一个地方，就会拍很多照片，发到朋友圈里。欣赏着那些充满异国风情的照片，就好像我自己也跟着他一起去旅行了。

虽然我们几乎天天在网上见面，但是，虚拟的网络世界毕竟代替不了真人，我需要一个真实的拥抱。寒假快到了，我已经买好了机票，准备去加拿大，和他一起去旅行度假。我盼望着动身的那一天。

3 你的环保意识这么强! 🎧 19-04

（李师傅和韩师傅是校清洁工）

李　　真讨厌，又是一大堆垃圾，天天倒都倒不过来！

韩　　你看垃圾里花花绿绿的，大部分都是包装纸，你不觉得现代社会太讲究包装了吗？

李　　是太讲究了，不过我觉得讲究包装是社会进步的表现。有了包装，又漂亮又方便，多好啊，有时我甚至只是图包装漂亮才买那个东西。

韩　　漂亮是漂亮，可是你知道吗，塑料制造的东西要500年才能回归自然。如果不注意控制，对环境该是多大的污染！

李　　现在政府不是提倡用纸制品吗？

韩　　造纸厂对环境污染更严重，而且要消耗大量的森林资源。

李　　照你这么说，人类别生存了，生存与环境是永远的矛盾。

韩　　我也承认这种矛盾永远存在，但是人类应该尽量减少对大自然的破坏。

李　　你说的有道理，可是人们不可能都像你一样，环保意识这么强。

표현 익히기

1. 幸亏 다행히, 운 좋게

幸亏我出来得早，不然准得迟到。

'幸亏'는 우연히 나타난 유리한 조건 때문에 나쁜 결과가 생기지 않음을 뜻한다.

- 幸亏带了这把雨伞才没被雨淋。
  다행히 우산을 챙겨 와서 비를 맞지 않았다.
- 幸亏有人及时发现，才没有发生火灾。
  다행히 어떤 사람이 제때 발견해서 화재가 발생하지 않았다.
- 幸亏有你，不然我一个人真是吓死了。
  네가 있어서 다행이야. 그렇지 않으면 나 혼자 정말 놀랐을 거야.

2. 地步 지경, 상태, 처지

应该早点儿想办法，等问题到了无法解决的地步就晚了。

'地步'는 '程度' '境况'과 비슷한 의미이며, '……到(了)……地步'의 형식으로 많이 쓰인다.

- 这个地方的环境污染已经到了相当严重的地步。
  이곳의 환경오염은 이미 상당히 심각한 지경에 이르렀다.
- 他们已经好到了准备结婚的地步。
  그들은 이미 결혼을 준비할 사이가 되었다.
- 他能到今天这个地步，全靠自己的努力。
  그가 오늘의 이런 수준까지 올 수 있었던 것은 전적으로 그의 노력 덕분이다.

3 照样 여전히, 변함없이

可是有的地区照样有这样的问题。

'照样'은 비록 조건은 바뀌었지만, 상황은 이전과 같음을 의미한다. 또는 비교 대상이나 환경은 다르지만, 상황은 같음을 의미한다.

- 昨天老师批评了他，可是他今天照样迟到。
  어제 선생님이 그를 꾸중했지만, 그는 오늘도 변함없이 지각했다.
- 尽管老师讲了很多遍，可是有的同学照样出错。
  선생님이 여러 번 설명하셨지만, 어떤 학생들은 여전히 틀린다.
- 有的问题发展中国家有，发达国家也照样有。
  어떤 문제는 개발도상국에 있지만, 선진국에도 여전히 있다.

4 干脆 차라리, 시원스럽게

路修得越多，买车的人越多，所以干脆不修了。

'干脆'는 말이나 태도, 일 처리가 명확하고, 단호함을 뜻한다. 과단성 있고 대담한 결정을 나타내기도 한다.

- 我问他到底喜欢不喜欢我，他很干脆地说："不！"
  내가 그에게 도대체 나를 좋아하는지 아닌지 물어보았더니, 그는 아주 시원스럽게 말했다. "싫어!"
- 我们干脆买一个新的吧！
  우리 차라리 새것 하나 사자!
- A 你到底爱不爱我? 너는 도대체 나를 사랑하니?
  B 干脆说吧，我不爱你。 딱 잘라 말할게. 너를 사랑하지 않아.

5 反正　어쨌든, 어차피

> 反正修再多的路也没用。

부사 '反正'은 조건이나 환경이 변하거나 또는 어떤 행동을 취한다 해도 결과가 바뀌지 않음을 나타낸다.

(1) 어떤 상황이 바뀔 수 없음을 강조한다.

- 不管你说什么，反正他不改变主意。
  네가 뭐라고 말하든 어쨌든 그는 생각을 바꾸지 않을 거야.

- 不管别人去不去，反正我不去。
  다른 사람이 가든 안 가든, 어쨌든 나는 가지 않을 거야.

(2) 어떤 상황으로 인해, 어떤 일을 해도 됨을 강조한다.

- 反正没事儿，我们多玩儿一会儿吧。
  어차피 할 일도 없는데 우리 좀 더 놀자.

- 反正路不远，我们走着去吧。
  어차피 길도 멀지 않은데 우리 걸어서 가자.

내공 쌓기

단어 연습

1 '幸亏'를 사용하여 문장을 완성해 보세요.

① 下雨了，_____。

② 我把钥匙锁在屋里了，_____。

③ _____，不然我就迟到了。

④ _____，要不非出事故不可。

⑤ 最近股票大跌，_____，不然就把钱都赔了。

2 '照样'을 사용하여 문장을 고쳐 보세요.

① 他生病了还来上班。

→ _____

② 很多事情，男人能做到，女人也能做到。

→ _____

③ 没有你的帮助，我也能完成这个工作。

→ _____

④ 有钱的时候他很高兴，没钱的时候他也很快活。

→ _____

3 '反正'을 사용하여 문장을 완성해 보세요.

① A 要考试了，你为什么不复习?

　B _____。

② 今天就干到这儿吧，_____。

③ A 明天天气不错，你不去吗?

　B 管它天气好不好，_____。

④ 我们再玩儿一会儿吧，_____。

⑤ _____，我不想那么努力地工作。

4 '干脆'를 사용하여 대화를 완성해 보세요.

① A 你想不想跟我一起去?
   B _____。

② A 我的手表又坏了，已经修了好几次了。
   B 我看你别修了，_____。

③ A 你问他了吗? 他怎么说? 同意不同意?
   B _____。

④ A 我还是拿不定主意买不买。
   B _____! 买一个吧。

5 본문에서 알맞은 동사를 골라 빈칸을 채워 보세요.

① 现在环境污染真_____问题。

② 他_____便宜，结果买了假货。

③ 人人都应该_____法律。

④ 厂里的机器又_____故障了。

프리토킹에 도전해 보세요

1 根据课文 ❶ 的对话，整理出一份题为"谈谈交通堵塞"的报告。

2 根据课文 ❸ 中韩先生的观点，整理出一份口头报告，题目自定。

토론해 보세요

你怎么看待现代化生活的方便、舒适与它同时带来的问题?

今天有什么新闻?
오늘은 무슨 뉴스가 있나요?

听新闻，看新闻，评论新闻，新闻是我们生活中不可缺少的部分。
今天有什么新闻？

우리는 뉴스를 듣고, 보고, 논평합니다. 뉴스는 우리 생활에서 없어서는 안 되는 부분입니다.
오늘은 무슨 뉴스가 있나요?

◎ **학습 목표**
- 뉴스를 소개하고 그 내용에 대해 토론할 수 있다.
- 어떤 조건이나 상황에서 발생한 결과를 설명할 수 있다.

◎ **표현 포인트**
据 │ 从而 │ 结果 │ 往往 │ 居然

단어 익히기 🎧 20-01

🔊 회화 단어

火灾 huǒzāi 명 화재
火势 huǒshì 명 불길
蔓延 mànyán 동 만연하다, 널리 퍼지다
烟雾 yānwù 명 연기, 안개
被迫 bèipò 동 강요당하다, 어쩔 수 없이 ~하다
口罩 kǒuzhào 명 마스크
暖流 nuǎnliú 명 난류
异常 yìcháng 형 이상하다, 심상치 않다
从而 cóng'ér 접 따라서, 그리하여, ~함으로써
干旱 gānhàn 형 가물다
灾害 zāihài 명 재해
金融 jīnróng 명 금융
危机 wēijī 명 위기
货币 huòbì 명 화폐
基金 jījīn 명 기금
援助 yuánzhù 동 지원하다, 원조하다
证券 zhèngquàn 명 증권
倒闭 dǎobì 동 (상점·회사·기업 등이) 도산하다
连锁 liánsuǒ 형 연쇄적이다, 연결되다, 연속되다
繁荣 fánróng 형 번영하다, 번창하다
隐藏 yǐncáng 동 숨기다, 숨다, 감추다
投机 tóujī 동 투기하다
破产 pòchǎn 동 파산하다
投资 tóuzī 동 투자하다
猛 měng 형 사납다, 맹렬하다

偿还 chánghuán 동 (빚을) 갚다, 상환하다
波及 bōjí 동 파급하다, 미치다
股市 gǔshì 명 주식 시장
分析 fēnxī 동 분석하다
内地 nèidì 명 내지, 내륙
腐败 fǔbài 형 부패하다
挪用 nuóyòng 동 (공금을) 유용하다
公款 gōngkuǎn 명 공금
首脑 shǒunǎo 명 수뇌, 지도자
贿赂 huìlù 동 뇌물을 주다
前提 qiántí 명 전제, 선결조건, 전제조건
行贿 xínghuì 동 뇌물을 주다
拍卖 pāimài 동 경매하다
突发奇想 tū fā qíxiǎng 갑자기 기발한 생각이 떠오르다
条文 tiáowén 명 (법규·규정 등의) 조문
钻空子 zuān kòngzi 기회를 타다, 약점을 노리다, 빈틈을 파고들다
公证机关 gōngzhèng jīguān 공증 기관
地契 dìqì 명 토지 매매 계약서
居然 jūrán 부 뜻밖에, 의외로
不可思议 bùkěsīyì 성 불가사의하다

✏️ 표현 단어

销路 xiāolù 명 (상품의) 판로
扩建 kuòjiàn 동 증축하다, 확장하다

회화 배우기

1. 内蒙古发生森林大火 🎧 20-02

张立　听说你要去内蒙古旅游，什么时候动身？

周达　去不成了，你没看新闻吗？内蒙古发生了森林火灾。

张立　森林火灾？严重吗？

周达　火势很大，还在继续蔓延，到处都是烟雾，机场已经被迫关闭。人们上街都得戴上口罩。周围的国家也受到了严重影响。

张立　这么严重啊！是什么原因造成的呢？

周达　据专家们说，是厄尔尼诺(El Nino)现象造成的。❶ 来自太平洋上空的一股强大的暖流，使气候异常变暖，从而造成干旱、火灾等。❷ 今年很多国家的灾害都和这种现象有关，已经造成了13亿美元的损失。

张立　真可怕。不知道今年北京夏天这么热是不是也和这个有关。

2. 金融危机 🎧 20-03

黄英　昨天看新闻了吗？A国出现了金融危机，向国际货币基金组织(IMF)请求紧急援助。

康明亮　最近怎么了？B国的一家大证券公司也刚刚宣布倒闭了。

黄英　是啊，最近亚洲几个国家接二连三地出现了金融危机，好像连锁反应似的。

康明亮　前一段新闻不是一直报道亚洲经济很繁荣吗？

黄英	繁荣背后常常隐藏着危机。东南亚金融危机主要是人为因素造成的，据说有人做投机生意。A国是因为一些大企业宣告破产，这些企业投资过猛，规模过大，结果无法偿还银行贷款。❸
康明亮	那这次危机会不会波及到中国呢？
黄英	香港股市已经受到一些影响，不过据专家们分析，不会影响到内地。

❸ 腐败与发展 🎧 20-04

（小张、小李正在看报）

小张	现在中国有些地方的腐败现象真不得了，昨天我看报上说，一位山西官员挪用公款2000多万。
小李	其实腐败并不是中国独有的。你看这条新闻说：刚刚结束的第八届世界反腐败首脑会议专门讨论了经济全球化、第三世界发展与腐败的关系，他们发现腐败往往与发展联系在一起。
小张	这个发现很有意思。
小李	我念给你听：据世界银行对69个国家3600家企业的调查显示，贿赂往往是获得合同或贸易的前提，❹ 40%的第三世界国家企业承认经常行贿，拉丁美洲的企业行贿率达80%。

4 拍卖月亮 🎧 20-05

天下无奇不有！这儿有个美国人竟然把月亮拍卖了！这个美国人叫霍普，他是一个失败的生意人，可是有一天他突发奇想，为什么不能做做月亮的生意呢？他查阅了所有跟月亮有关的法律条文，发现没有哪个条文说个人不能拥有天体。于是他就钻了这个空子，向公证机关递交了自己写的星球地契，宣布月亮归自己所有。他把月亮分成了113份，进行拍卖，更令人惊奇的是，居然还有人买！⑤ 从普通老百姓到政府官员，什么人都有，真是太不可思议了！

표현 익히기

1 据 ~에 따르면, ~에 근거하면

据专家们说，是厄尔尼诺现象造成的。

개사 '据'는 '~에 따르면'이라는 뜻으로, '据……说'나 '据说'의 형식으로 자주 쓰인다.

- **据**老师们说，这次考试不难。
  선생님들 말씀에 따르면, 이번 시험은 어렵지 않다고 한다.
- **据**报纸上说，这次高温天气要持续一段时间。
  신문에 따르면, 이번 고온 날씨는 한동안 지속될 전망이다.
- **据**说，这座房子的主人是一个大人物。
  듣자 하니 이 집의 주인은 대단한 사람이라고 한다.

2 从而 따라서, 그리하여, ~함으로써

使气候异常变暖，**从而**造成干旱、火灾等。

접속사 '从而'은 뒤 절의 앞에 쓰여, 원인·방법을 나타내는 앞 절과 결과·목적을 나타내는 뒤 절을 연결한다.

- 他2009年发表了第一篇小说，**从而**开始成为一名作家。
  그는 2009년 첫 번째 소설을 발표함으로써, 작가로 활동하기 시작했다.
- 他们在电视上做了大量宣传，**从而**打开了产品的销路。
  그들은 텔레비전에서 크게 홍보함으로써, 상품의 판로를 열었다.
- 他们扩建了那条马路，**从而**解决了这个地区堵车的问题。
  그들은 그 길을 확장함으로써, 이 지역의 교통 체증 문제를 해결했다.

3 结果 결국

这些企业投资过猛，规模过大，**结果**无法偿还银行贷款。

'结果'는 뒤 절의 앞에 쓰여, 어떤 조건이나 상황에서 어떤 결과가 발생함을 나타낸다.

- 他们把那只猫放了出去，结果它再也没回来。
  그들이 그 고양이를 내보내서, 결국에는 고양이가 다시 돌아오지 않았다.
- 我们用这种办法试了几次，结果成功了。
  우리는 이런 방법으로 몇 차례 시도해 보고, 결국에는 성공했다.
- 早上匆匆忙忙出门，结果忘了带钥匙。
  아침에 급하게 외출하느라, 결국 열쇠 가져오는 것을 깜박했다.

往往 왕왕, 늘, 항상

贿赂往往是获得合同或贸易的前提。

'往往'은 어떤 조건에서 자주 발생하는 규칙적인 상황을 설명할 때 쓴다.

- 周末他往往回父母家。
  주말에 그는 종종 부모님 댁에 간다.
- 女孩子往往喜欢一起逛商店。
  여자아이들은 항상 함께 쇼핑하는 것을 좋아한다.
- 猫往往喜欢晚上活动。
  고양이들은 늘 밤에 활동하기를 좋아한다.

居然 뜻밖에, 의외로

更令人惊奇的是，居然还有人买！

'居然'은 생각지 못하거나 사리에 맞지 않는 일이 발생한 것에 대한 놀람이나 불만을 나타낸다.

- 这个孩子居然骂他的父亲！
  이 아이가 뜻밖에 자기 아버지를 욕하다니!
- 警察居然打人！
  경찰이 뜻밖에도 사람을 때리네!
- 你怎么居然连这个都不懂！
  넌 어떻게 이런 것도 모르니!

내공 쌓기

단어 연습

1. '结果'를 사용하여 문장을 완성해 보세요.

   ① 他把护照放在外衣口袋里，_____。

   ② 我们出去找了很多次，_____。

   ③ 我们出发得晚了一点儿，_____。

   ④ 他出去的时候忘了锁门，_____。

2. '结果'와 '从而' 중 알맞은 것을 골라 빈칸을 채워 보세요.

   ① 他们去银行贷款，_____没贷成。

   ② 一些有钱人为学校捐款，_____为学校的发展提供了资金。

   ③ 他结婚后还是常常喝酒，不回家，_____妻子跟他离了婚。

3. '居然'을 사용하여 문장을 완성해 보세요.

   ① 这个孩子都这么大了，_____！

   ② 没想到学校里_____！

   ③ 我的同屋_____！

   ④ 那个商店的东西太贵了，一双袜子_____！

4. 적절한 단어를 사용하여 빈칸을 채워 보세요.

   ① _____同事们说，小已经三天没来上班了。

   ② 你看他高兴得像个孩子_____。

   ③ 他们欠银行的贷款_____3.5亿美元。

5 본문에 근거해 질문에 답해 보세요.

❶ 为什么课文 ❶ 中的周达不能去旅行了?

→ _____

❷ 课文 ❷ 中提到的 "金融危机" 是什么原因造成的?

→ _____

❸ 课文 ❸ 中第八届反腐败会议的主题是什么?

→ _____

프리토킹에 도전해 보세요

在最近的新闻消息中选择一条你感兴趣的,给同学们介绍并加以评论。

토론해 보세요

就最近的新闻热点进行讨论,发表自己的见解。

国际婚姻
국제 결혼

❶ 顾家男人 🎧 fuxi 13

　　随着最近几年全球性的经济衰退，男性失业率越来越高。女性因为大部分从事医疗健康和教育行业的工作，受到的冲击反而没有那么严重。另外，女性挣钱的能力越来越强。就拿去年美国的双薪家庭来说，有30.7%妻子的收入超过丈夫。这些女性有许多从小受到良好的教育，不愿意做家庭主妇。这样，很多失业的男性就成了顾家男人，也有一些丈夫为了照顾家庭和孩子，自愿减少工作或放弃事业。

　　不过，这种夫妻俩角色的变换并不是轻松简单的事情，一些家庭充满了矛盾和压力。曾经以家庭为中心的妻子觉得家庭的重担都压在了自己的肩上。她们的压力还来自周围。亲友同事会议论纷纷，说她们的丈夫没用，是吃软饭的。男人一直被教育以事业为中心，一旦失去了工作也很苦闷，觉得像是被社会抛弃了。做家务更让他们觉得男人的脸面无处放。因此，有的夫妻之间难免发生争吵。

　　目前，女主外、男主内的家庭还不算多。但是，今后如果男性找不到工作，回家也许将成为必然。虽然现在很多女性仍然把男人能否赚钱当成择偶的条件，但是收入高的职业女性越来越倾向于找一个更顾家的男人。

衰退 shuāituì 동 (정치·경제 상황이) 쇠퇴하다 | 失业率 shīyèlǜ 명 실업률 | 择偶 zé'ǒu 동 배우자를 선택하다

요점 체크

1　为什么越来越多的男人成为顾家男人？
2　"女主外，男主内"的家庭为什么充满了矛盾和压力？

발표하기

顾家男人会成为时代的趋势吗？你接受这种类型的家庭吗？

❷ 国际婚姻 🎧 fuxi 14

（木村刚刚参加了朋友婚礼，回来后和保罗聊天儿）

木村　我的朋友结婚了，他是日本人，妻子是法国人。他们相爱很久了，好不容易才结了婚，真为他们感到高兴。

保罗　是啊，有情人终成眷属，总是令人高兴的。他们是在中国认识的吗？

木村　是啊。他们五年前来中国学习汉语的时候是同班同学。他们最初可真是一见钟情。两个人唯一的共同语言就是刚学了一点儿的汉语。

保罗　这就像我妻子说的，爱是无需表白的，彼此用心体会。

木村　可是因为语言和文化的障碍，他们的关系后来还是有点儿不太顺利。

保罗　那是很自然的事情。即使是同一种族同一文化的人，问题都是难免的。关键还要看两人是不是真的相爱，只要有爱，问题总可以解决的。

木村 不过，不同文化的人结合面临的困难总是比较多。也许相爱容易，但是婚姻就没那么简单了。就拿我朋友来说，他的父母就比较保守，当初不太愿意他和法国女友结婚，为这事他们吵得不可开交。他的父母甚至说宁可不要这个儿子，也不愿意他们结婚。

保罗 可以理解。我和中国妻子当初也不太顺利。但是我发现，虽然各个国家文化习俗不同，人的感情在本质上是相通的。相处越久，越能发现这一点。只要努力，总会有好结果的。

木村 你说的有道理。我的朋友最终还是说服了父母，他们现在很喜欢他的妻子。他们昨天参加了婚礼，高兴得都流出了眼泪。

有情人终成眷属 yǒuqíngrén zhōng chéng juànshǔ 연인에서 결국 부부가 되다, 두 사람의 사랑이 결실을 이루다

요점 체크

1 木村的朋友和法国女友的感情经历怎么样？

2 对待国际婚姻，木村和保罗都有什么观点？

토론하기

对不同种族和文化的人结婚，你有什么看法？

❸ 调查报告：城市交通 🎧 fuxi 15

交通是每一个城市都面临的问题，也和我们每一个人的生活有很大的关系。请你就以下几个问题调查至少5个人，然后就他们回答问题的情况整理一份报告，在课堂上口头报告你的调查结果。

1. 你所在的城市高峰时间的交通状况怎么样？
2. 你所在城市的市政府是怎么控制交通堵塞的？是否有效？

3. 你认为哪些原因造成交通堵塞?
4. 你认为个人应该为改善交通堵塞做些什么?

4 测测你的环保知识 🎧 fuxi 16

人类社会的垃圾对自然环境造成了严重的污染。为了节省自然资源和保护环境，我们应该对垃圾进行分类并回收。下面是几道关于垃圾处理和回收的问题，看你能答对多少。

1. 下列哪些东西可以回收再利用?
   a. 报纸　　　b. 塑料包装纸　　　c. 瓷器碎片　　　d. 碎玻璃
2. 下面什么东西不可以随便丢入垃圾箱?
   a. 香蕉皮　　b. 灯泡　　　c. 电池　　　d. 剩饭
3. 在下列物品中，哪些东西不可以回收?
   a. 塑料泡沫　b. 罐头盒　　c. 书　　　　d. 陶器碎片

(正确答案：1.a 2.c 3.d)

回收 huíshōu 동 (폐품이나 오래된 물건을) 회수하다 | 电池 diànchí 명 건전지 | 塑料泡沫 sùliào pàomò 스티로폼 |
罐头盒 guàntóuhé 명 캔, 깡통 | 碎片 suìpiàn 명 조각, 부스러기

발표하기

请参考正确答案做一个口头报告，讲一讲回收垃圾时应该注意的问题。

회화가 유창해지는 속담 한마디 **태도**

◆ **身正不怕影儿歪。**
몸이 바르면 그림자가 비뚤어지는 것을 두려워하지 않는다(자신의 행동이 옳다면 남의 말을 무서워할 필요가 없다).

◆ **若要人不知，除非己莫为。**
남이 모르게 하려면 아예 스스로 일을 저지르지 마라.

◆ **忍得一时之气，免得百日之忧。**
한순간의 화를 참으면, 두고두고 근심을 면할 수 있다.

◆ **吃水不忘挖井人。**
물을 마시면서 우물 판 사람을 잊지 않는다(상황이 좋아진 후에도 지난 처지를 잊지 않는다).

◆ **善有善报，恶有恶报。**
착한 일을 하면 좋은 결과가 있고, 나쁜 일을 하면 반드시 나쁜 결과가 있다.

부록

▶ 본문 해석
▶ 모범 답안

◆ 다락원 홈페이지 '학습자료'에서 [프리토킹에 도전해 보세요/대화를 나눠 보세요/자유롭게 말해 보세요] 등 말하기 문제의 모범 답안을 다운로드 하실 수 있습니다.

본문 해석

01 우리 인사 나눌까요?

1 지금부터 제가 자기소개를 해 보겠습니다

제 이름은 마틴(马丁)이고, 스웨덴에서 왔습니다. 스웨덴의 겨울은 매우 춥습니다. 하지만 저는 성격이 쾌활하고, 열정적인 사람입니다. 저는 친구를 사귀기 좋아하고, 장난기도 많습니다. 간혹 조금 지나칠 때도 있는데, 여러분이 화내지 않았으면 좋겠습니다. 제 소개를 마칩니다.

2 三T 기업에 입사한 것을 환영합니다

여러분 안녕하십니까! 오늘부터 여러분은 三T 기업의 일원이 되었습니다. 三T 기업에 입사한 것을 환영합니다. 정식 근무에 들어가기 전에 우선 서로 인사를 나누기로 합시다. 저는 회사 인사부 책임자이고, 성은 '李'입니다. 회사의 인사 업무를 담당하고 있습니다. 회사에서 저를 파견하여 여러분을 맞이하고, 여러분이 하루빨리 환경을 익히고 업무에 들어갈 수 있게 돕도록 하였습니다. 우선 여러분을 모시고 회사를 둘러보면서 각 부서의 책임자들과 인사를 나누도록 하겠습니다. 그 후에 여러분은 각 부서로 가서 출근을 보고하시면 됩니다. 됐습니다. 이제 이 정도면 인사는 한 셈이니, 무슨 문제나 요구 사항이 있으면 주저하지 말고 제게 말씀하십시오. 제가 최선을 다해서 여러분을 돕겠습니다.

3 네 이름이— 네 이름이 뭐였더라?

퀜틴 안녕!

마틴 안녕! 8시 수업은 너무 일러. 난 이렇게 빨리 일어나는 것에 정말 익숙하지 않아.

퀜틴 첫날 수업은 좀 적응이 안 되겠지만 천천히 익숙해질 거야. 어제 네가 자기소개하는 걸 들었는데, 넌 마틴이고 스웨덴인 맞지?

마틴 맞아. 기억력 좋다!

퀜틴 네가 반에서 유일한 스웨덴인이거든. 그래서 한 번에 기억했지.

마틴 나도 기억력이 나쁘진 않은데, 다른 사람의 이름은 기억하지 못하겠어. 늘 얼굴은 낯이 익은데, 이름이 생각나지 않아.

퀜틴 그럼 분명 내 이름도 기억하지 못하겠네?

마틴 기억은 조금 나는데, 네가 제일 먼저 자기소개를 했잖아. 네 이름이— 네 이름이 뭐였더라? 정말 미안해. 갑자기 생각이 안 나네.

퀜틴 난 '퀜틴(昆丁)'이고 영국인이야. '昆明'의 '昆', '甲乙丙丁'의 '丁'이야.

마틴 '昆明'의 '昆', '马丁'의 '丁'이네. 하하, 기억했어. 우리 친구가 될 수 있기를 바란다.

4 우리 그럼 이걸로 안면 튼 거다!

[클레멘트(克雷门)와 푸화푸(傅华夫)가 캠퍼스에서 만나다]

클레멘트 안녕! 좀 물어볼게. 본관은 어떻게 가니?

푸화푸 마침 거기 가려고 하는데, 나와 함께 가자.

클레멘트 그럼 정말 고맙지. 나는 새로 와서 여기 환경에 전혀 익숙하지 않아.

푸화푸 아, 너를 어디서 본 것 같은데. 맞다, 그날 우리 같이 입학 수속했었잖아.

클레멘트 맞아, 맞아! 나도 기억나. 어쩐지 나도 네가 낯이 익더라고! 나는 클레멘트야. 너는 이름이 뭐니?

푸화푸 나는 푸화푸야. 그냥 화푸라고 부르면 돼. 우리 그럼 이걸로 안면 튼 거다! 나는 두 번째 온 거라서 이곳을 비교적 잘 알아. 무슨 어려움이 있으면 얼마든지 날 찾아오렴. 나는 14동 403호에 살아.

클레멘트 정말 공교롭게도 나도 14동에 살아. 506호야. 너도 시간 나면 놀러 와.

02 건강이 제일이에요.

1 말하기는 쉬워도 행하기는 어렵다

[샤오톈(小田)과 샤오팡(小方)은 룸메이트이다]

샤오톈 너 몸 정말 좋구나! 무슨 비결이 있니?

샤오팡 간단해. 잘 먹고, 잘 자고, 꾸준히 운동하면 돼.

샤오톈 말하기는 쉬워도 실천하기는 어렵다고! 운동만 해도 그래, 난 항상 꾸준히 하지를 못 해.

샤오팡 운동하려면 하다 말다 해서는 안 돼.

샤오톈 좋아. 다음 주부터 나도 매일 30분씩 꾸준히 운동하겠어.

샤오팡 이번에는 꾸준히 할 수 있길 바란다.

2 아파서 아무것도 할 수 없어요

[리우(刘) 선생님과 천(陈) 교수는 같은 대학에서 근무한다]

리우   안색이 왜 이렇게 안 좋으세요? 어디 불편하신 거 아니에요?

천   어제 고질병이 또 도졌어요. 불면증에 두통에, 아파서 아무것도 할 수가 없으니 얼마나 힘든지 몰라요!

리우   이제 좀 괜찮으세요?

천   많이 좋아졌어요. 아프지는 않으니까요.

리우   그 병은 정말 고치기가 힘드네요.

천   그러게 말이에요! 약이란 약은 다 먹어 보았지만, 효과를 보지 못했어요. 그때그때 진통제를 먹는 수밖에요.

리우   진통제를 많이 먹으면 좋지 않아요. 부작용이 있다고요.

천   그럼 어쩌겠어요? 참을 수 없을 정도로 아프면 먹을 수밖에 없죠.

리우   평소에 좀 더 조심하세요. 잘 관리하면 좋아질 거예요.

3 의사가 반드시 입원해야 한다고 했어요

[샤오션(小沈)과 샤오까오(小高)는 친한 친구이다]

샤오까오   오랜만이다. 너 어디 놀러 갔었어?

샤오션   병원에. 일주일 동안 병원에 입원했다가 막 퇴원했어.

샤오까오   입원했었다고? 무슨 병인데? 심각한 거야?

샤오션   별거 아니야. 지난주에 친구와 등산을 하러 갔다가 실수로 산비탈에서 굴러서 다쳤었어.

샤오까오   뼈가 부러진 거야?

샤오션   아니야. 하지만 피부에 몇 군데 상처가 나서 피가 많이 났었어.

샤오까오   피부에 상처 난 것만으로는 입원할 정도는 아니잖아.

샤오션   그런데 상처에 염증이 생겼거든. 의사가 반드시 입원해야 한다고 하더라고.

샤오까오   지금 회복 상태는 어때?

샤오션   괜찮아졌어. 또 등산할 수도 있어.

샤오까오   앞으로는 제발 조심해!

4 병이 없어도 약을 먹는다

'더 나은' 생활을 추구하기 위해, 오늘날 사람들은 병이 없어도 약을 먹습니다.

건강한 신체를 원하십니까? 아름다운 피부를 원하십니까? 좀 더 똑똑해지고 싶습니까? 당신은 당신이 원하는 어떤 약이든 살 수 있습니다.

이런 약을 사람들은 보약이라고 합니다. 어떤 병도 치료하지는 못하지만, 또한 모든 병을 치료한다고도 말할 수 있습니다.

옛날부터 중국인들은 인삼이 인간의 신체를 강건하게 한다고 믿었습니다. 인삼은 아마도 가장 전통적인 보약일 것입니다. 옛날과 비교해 볼 때, 현대인의 보약은 종류가 더 많고, 용도도 더욱 광범합니다. 보약이 정말 우리에게 더 나은 생활을 가져다줄 수 있을까요?

03 맛있는 것은 누구나 좋아합니다.

1 오늘 식욕이 없어요

[폴(保罗)과 기무라(木村)가 식당에 왔다]

폴   먹고 싶은 거 다 시켜. 오늘은 내가 살게!

기무라   난 메뉴판만 보면 머리가 어지러워. 이 요리 이름들이 가리키는 게 모두 무슨 요리인지 모르겠어. 우리 종업원에게 추천해 달라고 하자.

폴   그러지 마! 그 사람들은 분명 너에게 제일 비싼 요리를 추천할 거야. 또 우리 입맛에 맞을지도 장담할 수 없잖아. 내가 주문할게. 칭정루위(清蒸皖鱼: 광둥식 농어찜) 어때? 담백하고 아주 맛있어.

기무라   민물고기잖아? 난 바닷고기는 잘 먹지만, 민물고기 먹는 것에는 익숙하지 않아.

폴   그럼 수이주뉴러우(水煮牛肉: 매운 쇠고기 찜)는 어때? 여기가 쓰촨요리 식당은 아니지만, 이 요리는 아주 잘하더라고.

기무라   한번 먹어 봤는데, 맛이 너무 강하고 기름이 너무 많더라. 좀 느끼했어.

폴   그럼 우리 마포더우푸(麻婆豆腐: 맵고 얼얼한 두부 요리)를 시킬까?

기무라   난 얼얼한 맛은 잘 못 먹겠어.

폴   보아하니 이 식당의 음식이 모두 네 입맛에 맞지 않는 것 같아. 우리 다른 식당으로 가자.
기무라 내 입맛에 맞지 않는 게 아니라, 내가 오늘 식욕이 없어서 그래.

2 결혼한 이후에 매일 요리를 한다

결혼하기 전에 나는 음식을 거의 하지 않았다. 결혼한 후에는 매일 요리를 하는데, 남편과 나를 위해 하루 세끼를 준비한다. 아침 식사가 제일 간단하다. 빵 몇 조각 굽고, 우유 두 잔만 데우면 된다. 점심 식사는 남편이 집에 오지 않기 때문에, 나 혼자 회사 식당에서 먹거나 집에 돌아와 되는대로 먹을 걸 만든다. 라면을 끓여 먹기도 하고, 냉동 만두 반 봉지를 끓여 먹기도 하고, 혼자서는 어떻게 해도 괜찮다. 저녁 식사는 그야말로 많은 노력을 들여 준비해야 한다. 장 보고, 씻고, 썰고, 만들고, 매일 한두 시간은 걸린다. 보통 고기 요리 하나와 채소 요리 두 개, 이렇게 세 개의 요리를 만든다. 고기 요리는 주로 삶은 소고기, 갈비찜이나 홍샤오위(红烧鱼: 생선조림), 칭쩡위(清蒸鱼: 생선찜) 등으로 준비하고, 채소 요리는 채소볶음에 하나에 나물무침 하나를 준비한다. 주식은 쌀밥이고, 탕은 생략할 때가 많다. 남편이 탕을 좋아하지 않기 때문이다. 내 요리 솜씨는 그런대로 괜찮다. 적어도 남편은 만족해하는 편이다. 하지만 망칠 때도 있다. 그럴 때 남편이 불평하면 나는 "마음에 안 들면 당신이 해요!"라고 말하는데, 그러면 그는 바로 조용해진다.

3 오늘은 당신에게 내 솜씨를 보여 줄게요

아내 재료는 다 샀는데, 누가 요리하죠? 오늘은 움직이기 귀찮네요.
남편 좋아요. 오늘은 내가 요리할게요. 당신에게 내 솜씨를 보여 주죠. 하지만 혹시 망쳐도 원망하면 안 돼요.
아내 먹을 수만 있으면 돼요.
남편 잘 봐요.
(한 시간 후)
남편 음식이 나왔습니다. 오늘 당신 먹을 복 터졌어요.
아내 와, 당신에게 이런 재주가 있을 줄 정말 몰랐어요! (맛을 보더니) 어머, 너무 짜요. 소금을 얼마나 넣은 거예요?

04 이런 스타일이 저에게 어울리나요?

1 저는 보통 중간 사이즈를 입어요
[한 손님이 옷 가게에서 옷을 고르고 있다]
점원 이 제품들은 갓 들어온 새 상품이에요. 디자인이 우아하고 가공이 정교한 명품들이죠.
손님 이 트렌치코트 괜찮네요. 무슨 옷감이죠?
점원 순모입니다. 바람도 막아주고 보온도 되죠.
손님 순모 제품이 좋기는 한데, 세탁소에서 드라이클리닝을 해야 해서 너무 번거로워요.
점원 그럼 이 제품을 한번 보세요. 최신 화학섬유 옷감으로, 바람과 비를 막아 주고 아주 튼튼해요. 세탁기로 빨아도 되고요.
손님 장점이 그렇게 많아요? 디자인이나 무늬와 색상도 꽤 많네요. 어떤 게 저에게 어울릴까요?
점원 다 입어 볼 수 있어요. 몇 사이즈 입으세요?
손님 보통 중간 사이즈를 입어요. 중국 치수는 어떻게 정해져 있는지 모르겠네요.
점원 라벨에 자세히 나와 있어요. 키와 가슴둘레, 그리고 체격 사이즈까지요. 손님은 여기 '165/88A'를 입으시면 되겠네요.

2 도대체 어디가 이상한 것일까?

그날 나는 저녁 연회에 참가하러 갔다. 나는 그레이 스트라이프 셔츠를 입고, 푸른 바탕에 흰 물방울무늬가 있는 넥타이를 맸으며, 딥 블루 체크무늬 상의를 입었다. 내 양말은 가장 유행하는 양모 양말이었다. 내 패션이 최고로 센스 있게 매치되었다고 생각했다. 문을 나서기 전 나는 수염을 깎고 드라이를 했다. 거울 앞에서 이쪽저쪽을 비추어 보았는데, 풍채가 멋스러운 것이 마치 유명 스타 같았다. 하지만 문을 나서자 사람들이 나를 쳐다보고 손가락질하며 웃었다. 분명히 어딘가 이상한 것 같았다. 하지만 도대체 어디가 이상한 것일까? 도대체 어디일까?

3 마음에 들지 않거나, 비싸서 살 수 없다

나는 나 자신이 남의 눈에 보여지는 이미지에 신경을 쓰는 편이다. 그래서 옷을 입을 때 매우 신경을 쓴다. 예를 들어 어떤 장소에는 어떤 옷을 입어야 하고, 어떤 상의에는 어떤 바지나 치마를 맞출지 미리 한번 생각하려고 한다. 하지만 내 눈은 너무 높고 수입은 너무 낮아서, 상점의 옷들은 나에게 있어서 단 두 종류만 있을 뿐이다. 마음에 들지 않거나, 비싸서 살 수가 없는 것이다. 그래서 늘 한나절을 쇼핑해도 아무것도 사지 못한다.

05 쇼핑 좋아하세요?

1 나에게 조언을 좀 해 줄 수 있나요?

[샤오자오(小赵)와 샤오왕(小王)은 친구인데, 어느 날 상점에서 우연히 만났다]

샤오자오   어, 샤오왕 아니니? 물건 사러 왔어?

샤오왕   오늘 휴일인데 별일도 없고, 이 상점이 새로 개업해서 물건을 모두 20% 세일한다길래 뭐 살만한 것 있나 보러 왔어. 너는?

샤오자오   다음 달에 가족들 만나러 고향 산둥(山东)에 가는데, 선물 좀 사가지고 가서 드리려고.

샤오왕   다 샀니?

샤오자오   아직 사촌 형의 결혼 선물을 못 샀어. 한참을 돌아다녔는데도 무엇을 살지 결정을 못 하겠어. 너 별일 없으면 나에게 조언을 좀 해 줄 수 있니?

샤오왕   좋아. 선물 사는 건 내가 전문이지. 요즘 젊은 사람들은 비교적 실용적인 것을 좋아하니까, 생활에서 쓸모 있는 것을 사는 것이 가장 좋겠어. 예를 들면 주방용품 같은 거 말이야.

샤오자오   방금 전기밥솥, 전자레인지 같은 것들을 봤는데, 너무 비싸고 들고 가기에도 힘들겠어. 차를 두 번이나 갈아타야 하거든.

샤오왕   그럼 침구용품은 어때? 침대 시트나 이불 커버 같은 건 너무 비싸지도 않고 들기도 쉬우니까 말이야.

샤오자오   좋은 생각이다. 난 왜 생각을 못 했지?

2 어떤 가구를 사려고 하세요?

기무라   정말 이상하단 말이야. 큰 가구점을 다 돌아다녔는데도 내가 사려는 가구를 사지 못했어.

폴   어떤 가구를 사려고 하는데?

기무라   내가 사려고 하는 가구는 '코타츠'야. 사방이 담요로 둘러져 있고 전열기가 부착된 탁자인데, 일본에서는 많은 가정에서 겨울에 이런 탁자를 쓰거든.

폴   아, 네가 말하는 건 일본의 가구구나. 그럼 뭐 이상할 것도 없지. 그런 가구는 일본 특유의 것이니까 중국에서는 당연히 살 수 없지.

기무라   그런데 나는 다리에 관절염이 심해서 겨울에는 이런 탁자가 없으면 안 되거든.

폴   없으면 안 된다면, 주문 제작하거나 너희 가족에게 일본에서 보내 달라고 해야겠다.

3 정말 안목이 있으시네요!

샤오리우   이리 와서 내가 새로 산 소파 좀 봐!

샤오후   와! 정말 좋다! 어디서 산 거야?

샤오리우   말도 마! 소파 사려고 모든 가구점을 다 돌아다녔어. 마음에 들지 않거나, 비싸서 살 수 없는 것이어서 간신히 이 소파를 골랐어.

샤오후   너 정말 안목 있다! 이 소파는 스타일과 소재는 물론이고, 가공 처리도 아주 좋은데.

샤오리우   그런대로 괜찮은 것 같아.

4 30% 또 깎았다

우리 엄마는 어렸을 때 집이 가난했었기 때문에 지금까지도 매우 검소하게 생활하신다. 엄마는 늘 고급 물건 사는 것을 아까워하셨고, 입는 것, 쓰는 것 모두 싼 것만 사셨다. 그러나 나는 고급 명품을 좋아해서 돈이 있으면 바로 사버린다. 엄마는 가격을 듣고는 항상 놀라시면서 내가 하나 살 돈으로 당신은 몇 개를 산다고 말씀하신다. 엄마 마음이 아프지 않도록 나는 항상 일부러 가격을 낮게 말씀드린다. 한 번은 상점에서 철 지난 명품 구두를 할인 판매해서, 나는 한 켤레 샀다. 30% 할인된 가격이었음에도 엄마는 여전히 받아들이기 힘드실 것 같아서, 나는 가격을 알려 드릴 때 거기서 또 30%를 깎아서 말했다.

복습 1 제가 소개하겠습니다.

1 제가 소개하겠습니다

[영국인 퀜틴(昆丁)과 그의 중국인 친구 샤오마(小马)가 식당에서 밥을 먹다가, 마틴(马丁)을 만났다]

퀜틴   마틴, 안녕!

마틴   퀜틴, 안녕! 이런 우연이, 너도 여기에 밥 먹으러 왔어?

퀜틴	응. 친구와 함께 왔어. 이곳의 쓰촨요리가 제대로라고 하더라고. 자, 내가 소개해 줄게. 이쪽은 나의 중국 친구 샤오마이고, 베이징대학 학생이야. 이쪽은—
마틴	저는 퀜틴의 스웨덴 친구이고, 베이징어언대학 학생입니다. 만나서 반갑습니다!
샤오마	안녕하세요! 만나서 반갑습니다. 당신도 마(马) 씨인가요?
퀜틴	그는 마 씨가 아니라, 영문 이름이 마틴(Martin)이야. 농담하는 걸 좋아하고, 우리 반의 대스타지. 마틴, 너 혼자 밥 먹으러 왔니?
마틴	응. 난 여기에 친구가 없어. 유일한 친구인 퀜틴은 샤오마와 함께 있네.
퀜틴	또 농담이군. 원한다면 우리와 함께해도 돼. 샤오마, 괜찮지?
샤오마	당연히 환영하지! 우리 이렇게 알게 됐으니, 친구가 되었으면 좋겠다.
마틴	고마워! 새 친구를 또 사귀게 되다니 정말 기쁘다. 샤오마, 베이징대학에서 무엇을 공부해?
샤오마	너희들과 똑같아. 나도 중국어를 공부해.
마틴	하하, 너도 농담하는구나.
퀜틴	그는 중국어를 공부해. 그의 전공은 중국어문학이야. 우리의 선생님이 될 수도 있지.
마틴	정말 잘됐다! 좋은 선생님 한 분을 알게 되었네. 마 선생님이라고 불러도 되니? 중국어 어법은 너무 어려워. 나는 질문할 게 아주 많아.
샤오마	별말씀을, 난 샤오마로 불러 주는 게 좋아. 문제가 있으면 얼마든지 말하렴. 내가 최대한 너희를 도와 줄게.

❷ 나도 중국요리를 할 줄 알아요

[퀜틴, 샤오마, 마틴이 함께 식사한다. 그들은 밥을 먹으면서 이야기하고 있다]

마틴	샤오마, 네가 주문한 이 음식 정말 좋다. 담백하고 맛있는 게 내 입맛에 잘 맞아. 이건 무슨 요리니? 보기엔 쉽게 만들 수 있을 것 같은데.
샤오마	이건 칭차오더우먀오(清炒豆苗: 콩잎볶음)야. 만들기 쉬워. '清炒(한 가지 재료만을 기름에 볶다)'는 조미료를 넣지 않는 걸 의미하는데, 기름과 소금만 넣어 한 번 볶으면 돼.
퀜틴	말로는 쉬운데, 만들려면 어렵겠지?
마틴	안 어려워. 나는 많은 중국요리를 만들 줄 알아. 마포더우푸(麻婆豆腐), 수이주러우피엔(水煮肉片)도 다 할 줄 알아.
샤오마	정말? 듣자니 모두 정통 쓰촨요리구나! 그런 솜씨도 가지고 있다니, 정말 몰랐는걸.
퀜틴	너 농담한 거 아니지? 네가 쓰촨요리를 가장 좋아하는 것은 알고 있었지만, 요리도 할 줄 아는지는 몰랐는데.
마틴	처음에는 쓰촨요리를 그다지 좋아하지 않았어. 얼얼한 매운맛을 잘 먹지 못했거든. 나중에 점점 좋아지더니, 곧 배우면서 직접 요리하기 시작했어.
샤오마	어디에서 배운 솜씨인지 알려 줄 수 있니?
마틴	독학한 거야. 중국어만 알면 누구라도 만들 수 있어. 상점에서 이미 만들어져 있는 조미료를 팔지 않니? 좀 유명한 음식들, 예를 들면 마포더우푸 같은 건, 설명에 따라 하기만 하면 돼. 정말 쉬워. 기름을 냄비에 둘러 좀 뜨겁게 달군 뒤, 썰어 놓은 두부를 넣어 한 번 볶아. 마지막으로 사 온 조미료를 넣고 졸이면 바로 완성이야. 음, 얼마나 맛있는지 말도 마!
퀜틴	그렇게 간단해? 나도 중국요리를 한번 해 본 적 있는데, 너무 짜거나, 아니면 너무 싱겁더라고.
마틴	설명에 따라 만들었다면 전혀 문제없어. 네가 보고도 이해하지 못한 게 아니라면 말이야. 다음 주말에 내가 초대할게. 너희에게 내 솜씨를 보여 주지. 맛있는 거 배불리 먹을 준비해. 하지만 만약 요리를 망쳐도 날 원망하지는 마.

❸ 제 강아지에게 외투를 한 벌 사 주고 싶어요

손님	제 강아지에게 외투를 한 벌 사 주고 싶어서, 거의 모든 애완동물 용품점을 돌아다녔지만 사지 못했어요.
판매원	어떻게 그럴 수 있죠? 강아지 옷은 애완동물 상점엔 모두 있어요. 일부 대형마트에도 있지요. 우리 가게에도 여러 종류가 있답니다.
손님	상점에 옷이 있긴 있는데, 사이즈가 모두 맞지 않아요. 너무 크거나 아니면 너무 작더라고요. 우리 강아지의 체격이 좀 특별해요. 어깨는 아주 넓은데, 다리는 매우 짧고, 배는 땅에 거의 닿을 듯하죠.
판매원	괜찮아요. 저희는 크기를 조정할 수 있는 디자인이 있습니다. 보세요, 이런 종류는 어떠세요? 이것은 진짜 명품이에요. 손님 강아지가 입으면 정말 인기

본문 해석

스타 같을 거예요.

손님 좋네요. 종류도 정말 많군요. 제 강아지는 검은색이에요. 빨간 바탕에 노란 물방울무늬가 있는 이 옷이 강아지의 털 색깔과 잘 어울릴 것 같은데요.

판매원 좋죠. 손님 정말 안목이 있으시네요. 마지막 한 벌 남았으니까 손님께 좀 싸게 드릴게요. 30% 할인해 드리죠.

손님 정말 잘됐네요! 제가 살게요. 그런데 사는 김에 하나 여쭤볼게요. 이것은 무슨 옷감이죠? 어떻게 세탁해요?

판매원 이것은 아주 고급 원단이라 매우 따뜻해요. 하지만 반드시 드라이클리닝 하셔야 해요. 그렇지 않으면 옷감이 줄어들 수 있어요.

손님 드라이클리닝을 해야 한다고요? 그건 너무 번거롭네요. 드라이클리닝을 하지 않아도 되는 것은 없나요?

판매원 이렇게 사이즈를 조정할 수 있는 스타일은 이런 종류의 옷감만 있어요. 여기 세탁기로 세탁할 수 있는 게 있는데, 사이즈가 세 종류밖에 없어서 맞을지 안 맞을지 잘 모르겠네요. 강아지에게 한번 입혀 보셔도 돼요.

손님 딱 봐도 안 맞을 것 같은데요. 목둘레도 너무 작아요. 제 강아지는 목이 아주 두껍거든요.

판매원 사실 손님 강아지에 가장 잘 맞는 게 있어요. 재질도 견고하고, 방풍에 방수도 되고, 줄어들지도 않고, 세탁할 필요도 없죠.

손님 정말이요? 어디 있어요? 빨리 꺼내서 보여 주세요.

판매원 바로 강아지 자신의 털이죠! 죄송합니다. 농담이었어요. 손님이 꼭 필요하시다면 주문 제작해 드릴 수 있어요. 어떤 사이즈, 어떤 재료라도 모두 가능합니다.

손님 보아하니 맞출 수밖에 없겠군요.

❹ 당신은 중국 의학을 믿습니까?

중국 의학은 수천 년의 역사를 가지고 있으며, 중국의 중요한 전통문화 중 하나입니다. 비록 오늘날 대다수의 중국인이 현대 의학을 더 믿고 있지만, 많은 사람은 동시에 중국 의학을 믿고, 한약을 먹으며 전통적인 치료 방법도 사용하고 있습니다.

여러분은 다음 질문을 가지고 실제로 그런지 아닌지 한 가지 조사를 할 수 있습니다. 먼저 다음 질문을 충분히 숙지한 다음, 최소한 다섯 명의 중국인을 조사한 후에, 마지막으로 교실에서 자신이 조사한 결과를 발표해 봅시다.

1. 당신은 병이 났을 때, 중국 의학을 찾아갑니까, 서양 의학을 찾아갑니까?
2. 당신이 알고 있는 자주 쓰는 한약에는 어떠한 것이 있습니까?
3. 당신은 감기에 걸리거나 머리가 아플 때, 어떤 약을 먹습니까?
4. 당신은 한약으로 효과를 볼 수 있다고 생각합니까?
5. 한약에 부작용이 있습니까?
6. 당신은 병이 없을 때 보약을 먹습니까?
7. 당신은 인삼의 용도가 무엇인지 알고 있습니까? 그것을 믿습니까?

06 생활은 때로 자질구레하고 번거로워요.

❶ 두 달만 일찍 고장 났으면 좋았을걸

[김지원은 한국 학생이다. 그녀 방의 텔레비전이 고장 났다]

김지원 아저씨, 제 텔레비전이 고장 났어요. 좀 봐 주세요.

기사 무슨 고장이지요?

김지원 스위치를 눌러도 켜지지 않아요.

기사 플러그가 제대로 안 꽂힌 거 아니에요?

김지원 제가 살펴봤는데, 아니에요. 늘 이러는 건 아니고, 언제 또 잘 나올지 알 수 없지만, 됐다가 안 됐다가 그래요.

기사 스위치가 접촉 불량인 것 같네요.

김지원 스위치 문제는 아닌 것 같은데, 혹시 안에 무슨 부품이 고장 난 거 아닐까요?

기사 몇 년 본 거예요? 폐기 처분해야 하는 거 아니에요?

김지원 아니에요. 산 지 겨우 1년 조금 넘었어요.

기사 보증 기간이 지났나요? 안 지났으면 무료로 수리할 수 있는데.

김지원 지났어요. 막 한 달 넘었어요. 두 달만 일찍 고장 났으면 좋았을걸.

2 당신이 직접 해도 돼요

[샤오양(小杨)이 샤오쑤(小苏)의 방에 왔다]

샤오양 방을 아주 잘 꾸며 놓았네. 집이 좀 낡기는 했지만 인테리어를 좀 하면 좋아지겠어.

샤오쑤 나도 진작에 인테리어를 하고 싶었지만, 생각만 해도 골치가 아프더라고. 돈이 많이 들 뿐만 아니라, 믿을 만한 인테리어 업체를 찾을 수 있을지도 모르겠고.

샤오양 네가 직접 해도 돼! 우리 집도 내가 여가를 이용해 인테리어 한 거야.

샤오쑤 큰 공사잖아. 혼자서 어떻게 해내겠어?

샤오양 천천히 해. 계획을 잘 세우고, 시간을 쪼개서 일을 나누어서 해. 예를 들면 이번엔 벽을 칠하거나 도배를 하고, 다음에 바닥에 페인트를 칠하고, 그다음에 부엌이나 화장실을 개조하는 거지.

샤오쑤 말로는 쉽지만 하려면 어렵다니까!

샤오양 어렵지 않아. 책을 몇 권 사서 책에 나온 도면과 설명서대로 하면 돼.

3 내가 밥을 하면 당신은 설거지를 해요

결혼 전, 나는 집안일을 나 혼자 도맡아 할 수 없으니 두 사람이 분담하기로 남편과 약속했다. 그래서 결혼 후, 우리는 일을 이렇게 분담했다. 나는 장보기, 밥 짓기, 방 정리를 하고, 남편은 설거지, 빨래, 바닥 걸레질, 쓰레기 버리기를 한다. 듣기에는 남편의 일이 많은 것 같지만 모두 비교적 간단한 것이다. 빨래는 빨랫감을 세탁기에 넣고 스위치만 몇 번 누르면 된다. 빨래가 다 되면 다림질과 옷 개기는 모두 내 차지다. 하지만 남편이 나를 도와 집안일을 분담해 준 것만으로도 나는 이미 만족하고 있다.

07 우리 긴장을 좀 풀어 봅시다.

1 그거 좋은 생각이다!

[샤오천(小陈)과 샤오우(小吴)가 방 안에 있다]

샤오천 시간 진짜 빨리 가네. 또 주말인데, 어디 놀러 갈까?

샤오우 그래. 좋은 생각 있어?

샤오천 요즘 날씨 좋으니까 몇 명 불러서 함께 등산 가는 거 어때?

샤오우 등산 가는 것도 좋지만, 한번 다녀오면 며칠 동안 피로가 풀리지 않더라고. 내 생각에는 몇 명 불러서 우리 집에서 카드놀이하고, 밥 먹는 게 나을 것 같아.

샤오천 아니야, 별로야. 나는 카드놀이가 제일 싫어.

샤오우 그럼 우리 낮에는 미술관에 가서 전람회를 보고, 밤에는 음악회에 가는 게 어때?

샤오천 그거 좋은 생각이네. 그렇게 하자. 그런데 요즘 미술관에 뭐 괜찮은 전람회가 있나? 그리고, 음악회 티켓은 어떻게 하지?

샤오우 가 보고 다시 얘기하자.

샤오천 아니야. 만일을 대비해서 먼저 인터넷으로 검색해 보는 게 좋겠어. 헛걸음하지 않도록 말이야.

2 오늘 밤 어디로 놀러 갈까?

[다음 세 명의 젊은이는 각각 중국의 대도시 세 곳에서 왔다. 그들은 세 도시의 밤 유흥 생활의 특색에 관해 이야기하고 있다]

A (편집자, 광저우): 광저우는 밤 생활이 매우 활발한 도시라고 생각합니다. 보통 광저우의 밤은 온통 먹고 놀고, 돈을 쓰고 돈을 버는 것들이죠. 하지만 특별한 것이 하나 있는데 바로 야간 수업을 듣는 것입니다. 제 친구는 컴퓨터 아니면 회계를 배우러 갑니다. 그렇지 않으면 메이크업이나 꽃꽂이를 배우러 갑니다. 이것도 일종의 시간을 보내는 방법이죠.

B (미국대사관 직원, 베이징): 베이징에는 술집, 댄스홀, 음악회가 있어 밤 생활이 매우 풍성합니다. 하지만 가장 인상 깊었던 것은 여름밤 베이징 사람들이 큰 길가에서 노는 것을 즐기는 것인데, 노인도 있고 젊은이들과 아이들도 있습니다. 그들은 트럼프를 하기도 하고 수다를 떨기도 하는데, 사이가 좋은 것 같습니다.

C (기자, 상하이): 상하이의 젊은이들은 유행과 분위기를 좋아합니다. 그들은 먼저 가라오케에서 노래를 부르다가 밤이 되면 야식을 먹으러 가고, 또 이어서 볼링을 치러 갑니다. 대여섯 시가 되면 아침 차(早茶)를 마시러 가는데, 차를 마시면서 다음 모임 시간을 정하고 다시 이런 레파토리를 되풀이합니다. 오락거리는 점점 많아지는데 신선함은 점점 줄어들고 있습니다.

③ 무료한 휴일—먹고 자고, 자고 먹고

나라는 사람은 재미가 없어서 일 빼고는 별다른 취미가 없다. 내게 있어 휴가 기간은 아주 무료하다. 나는 어떻게 시간을 보내야 할지 모르겠다. 솔로인 내가 나가서 놀자니 같이 놀 사람을 찾기가 힘들고, 텔레비전을 보자니 채널이 많을수록 볼 만한 것이 없다. 책을 읽자니 꾸준히 볼 수가 없다. 나는 정말 뭘 해야 할지 몰라서 휴일이면 먹고 자고, 자고 먹는다.

08 계획은 변화를 따라잡을 수 없습니다.

① 나의 첫 번째 책

최근 나는 한 출판사와 계약을 했고, 책을 한 권 쓰려고 한다. 출판사가 내게 준 기한은 6개월인데, 내게는 너무 촉박한 시간이다. 왜냐하면 내게는 또 다른 일이 있는데 두 가지 일이 좀 겹치기 때문이다. 하지만 이번이 내 첫 번째 책이므로 나는 어떻게 해서라도 다 쓰려고 한다. 서두르기 위해 일정을 빡빡하게 짜서 여유 시간이 거의 없다. 나는 먼저 한 달 동안 개요를 쓰고, 그다음 4개월 동안 초고를 완성한 후, 마지막 한 달 동안 수정할 계획이다. 내 첫 번째 책이 순조롭게 출판되기를 바란다.

② 시간도 아끼고 돈도 절약하다

[안나(安娜)와 박영화(朴英花)는 학교 친구이다]

안나 주말에 어디 놀러 가고 싶어?

박영화 칭다오에 가고 싶은데, 어떻게 가지? 비행기를 타자니 너무 비싸고, 기차를 타자니 너무 느려서 길에서 시간을 다 보내게 될 것 같아.

안나 내게 시간도 아끼고 돈도 절약하는 최적의 방법이 있어. 칭다오뿐 아니라 취푸 쿵먀오에도 갈 수 있어.

박영화 어? 말해 봐.

안나 금요일 밤에 출발해서 Z7호 열차 침대칸을 타면 토요일 오전 6시 좀 넘어서 칭다오에 도착해. 그곳에서 하루 놀면서 바닷바람도 쐬고 일광욕도 하는 거야. 그날 밤 다시 장거리 침대 버스를 타고 취푸로 가면 일요일 오전에 도착하는데, 쿵푸와 쿵먀오를 구경하고 쿵푸의 가정식 요리도 맛볼 수 있어.

박영화 와, 너무 멋지다! 그럼 언제 돌아와? 월요일 아침 일찍 수업이 있잖아!

안나 걱정하지 마. 취푸에서 반나절만 놀고, 그날 밤 9시 G158호 열차를 타면 밤 11시 좀 넘어 베이징에 도착하니까 수업에는 전혀 지장을 주지 않아.

박영화 네 방법이 좋긴 한데, 일정이 너무 빡빡해서 틀림없이 피곤해 죽을 지경일 거야.

③ 나는 특별히 두 가지 경우를 다 준비했다

기말고사가 끝나자마자 나는 바로 도쿄에서 일하는 친구에게 전화를 걸어 이번 휴가에 그를 만나러 가고 싶다고 했다. 친구는 그 기간에 너무 바빠 일정이 꽉 차 있어서 나와 놀 여유 시간이 없으니 나더러 일주일 후에 출발하는 것이 좋겠다고 했다. 나는 만에 하나라도 계획이 허사가 될까 걱정되어 특별히 두 가지 경우를 다 준비했다. 나와 말레이시아에서 같이 일했던 친구에게도 전화를 걸어 안부를 묻고 그에게 어쩌면 그곳에서 휴가를 보낼 수도 있다고 말했다. 뜻밖에 내가 일정을 다 잡고 나니 갑자기 형에게서 전화가 왔다. 형의 회사에서 사업 때문에 베이징에 오는데, 통역할 사람이 한 명 필요하니 나더러 무조건 도와 달라는 것이었다. 나는 마지못해 승낙할 수밖에 없었다. 이렇게 해서 두 가지 계획 중 한 가지도 실현되지 못하고, 모두 물거품이 되었다.

09 돈을 헤프게 쓰세요, 아니면 알뜰하게 쓰세요?

① 나는 돈을 좀 더 모으고 싶어요

[샤오황(小黃)과 샤오마(小马)가 걸으면서 이야기하고 있다]

샤오황 넌 돈을 아껴 쓰는 것 같아.

샤오마 맞아, 나는 여태껏 사치품을 산 적이 없어. 아낄 수 있으면 아끼지.

샤오황 나는 좀 편하게 살고 싶어. 뭐 때문에 자신을 괴롭히겠어?

샤오마 나도 아주 편하게 살고 있어. 단지 마구 써 대지 않는 것뿐이야. 나는 돈을 좀 더 모아서 여행 가고 싶어.

샤오황 사실 나도 돈을 모으고 싶은데, 못 모으겠더라.

샤오마 먼저 매달 얼마를 저축하고 얼마를 쓸지 계획을 세워야 해. 그다음에 계획에 따라 돈을 써야지.

샤오황　나는 지출이 항상 많아서 늘 돈이 모자란 것 같아.
샤오마　매일 가계부를 쓰고 살펴본 후, 불필요한 지출을 줄이면 돼.

② 내 집이 있었으면 좋겠어요

[샤오쑨(小孙)과 샤오위(小于) 두 사람이 택시 안에서]

샤오쑨　나는 돈 모아서 집을 살 거야. 내 집이 있었으면 좋겠어.

샤오위　네 그 월급으로 돈을 다 모아봤자 집값도 진작 올라 있을 거야.

샤오쑨　네 말대로라면, 난 평생 내 집에서 살 희망이 없는 거네.

샤오위　그런 뜻이 아니라, 내 말은 집을 사는 데 저축만으로는 안 된다는 거지. 다른 방법을 생각해 봐야 해. 이를테면 분기 상환이나 대출 같은 거 말이야.

샤오쑨　빚을 지는 건 마음이 편하지 않아.

샤오위　생각을 바꿔야 해. 그렇지 않으면 영원히 자기 집에서 살 수 없어.

③ 소가족, 큰 계획 — 가계 재정 예산

우리 부부는 둘 다 대기업에 다녀서 수입이 꽤 많고, 고소득층에 속한다. 하지만 우리의 경제적 부담은 결코 적지 않다. 우리는 수입을 일상적인 지출에 쓰는 것 외에 많은 돈을 미래를 위해 준비하는 데 쓴다.

우리 아이가 막 초등학교에 입학했으니, 그 애가 대학에 들어갈 때쯤 우리는 이미 퇴직했을 것이다. 아이의 앞날을 위해 교육보험을 들어 주었고, 이렇게 해서 설령 우리가 나중에 수입이 줄어들거나 실직하거나 건강에 문제가 생겨도 우리 아이는 보험금으로 고등 교육을 마칠 수 있을 것이다.

이 외에 우리는 또 매달 주택마련대출금 상환에 수입의 일부를 쓰는데, 10년이 걸려야 겨우 다 상환할 수 있을 것이다. 미래를 위해 지금 지출을 줄일 수밖에 없다.

10 문의 좀 드릴게요.

① 특히 언급할 만한 것은……

우리 학교는 유명한 사립 대학이다. 학교 규모는 그다지 크지 않지만 모든 면에서 조건이 좋아 학습과 생활이 편리하다. 특히 스포츠·레저 시설이 잘 갖춰져 있고, 게다가 최신식이다. 다양한 운동 장소가 있는데, 예를 들면 농구장, 수영장, 헬스장 등이 두루 갖추어져 있다.

예술을 좋아하는 학생들도 활동 장소를 찾을 수 있다. 이 점에 대해서는 학생들 모두 매우 만족한다.

② 규모가 매우 큰 기업이에요

[회사에 다니는 두 친구가 전화 통화를 하고 있다]

직원 갑　너 회사 옮겼다던데, 무슨 회사야? 회사는 어때? 무슨 일을 해?

직원 을　규모가 매우 큰 기업인데, 주로 전자제품을 다뤄. 지점이 전국 각 대도시에 널리 퍼져 있고, 직원이 만 명 정도 돼.

직원 갑　그렇게 커? 대우도 좋겠네?

직원 을　대우는 상당히 좋아. 월급이 일반 회사보다 3분의 1이나 많거든. 일 잘하면 상여금도 있고, 승진 기회도 많은 편이야. 임원은 매년 2주의 장기 휴가도 있어.

직원 갑　그렇게 좋은 직장을 어떻게 찾은 거야?

직원 을　신문에서 구인공고를 보고 지원했는데, 뜻밖에 채용됐지 뭐야.

③ 5성급 호텔과 다름없다고 할 수 있어요

[판이핑(范一平)이 한 여행사에 전화를 건다]

판이핑　여보세요, 창장 유람선 관광회사죠? 싼샤를 여행하고 싶은데, 먼저 문의 좀 드릴게요.

종업원　알겠습니다. 먼저 우리 회사 상황을 소개해 드릴게요. 우리 회사는 중국에서 규모가 가장 큰 전문 여행사입니다.

판이핑　가격도 제일 비싸죠? 다른 여행사에 비해 두 배나 더 비싼데, 유람선의 환경은 대체 어떤가요?

종업원　저희는 총 14척의 호화 유람선을 보유하고 있는데, 유람선의 환경이 매우 좋습니다. 각종 시설이 모두 최고라서, 5성급 호텔과 다름없다고 할 수 있어요.

판이핑	그럼 어떤 방과 시설이 있나요?
종업원	스탠더드 2인실, 디럭스 1인실, 스위트룸이 있고, 로열 스위트룸도 있습니다. 유람선에는 위성 텔레비전, 국제직통 전화가 있고, 외화를 환전할 수도 있습니다. 없는 것 없이 다 갖추어져 있어요.
판이핑	들어 보니 아주 좋은 것 같군요. 아쉽게도 저는 그렇게 많은 돈이 없어요. 설명 감사합니다.

복습 2 나의 새집

❶ 나의 새집

[샤오황(小黃)이 집을 산 경험을 소개하다]

저번 주에 나는 새로 산 집으로 막 이사를 왔다. 새로 지은 집으로, 내부 공사도 막 마쳤는데, 크고, 예쁘다. 처음으로 이렇게 큰 새집에서 살 게 된 나는 기뻐서 잠도 못 이룰 지경이다. 이 집을 사기 위해 나는 오랫동안 돈을 모았다. 집을 사기로 결정하기 전까지 나는 줄곧 돈을 헤프게 썼다. 매달 내 월급을 다 썼을 뿐만 아니라, 부모님께 돈을 빌려 쓰기까지 해서, 일한 지 3년 동안 모은 돈이 없었다. 나중에 동료들이 새집에 사는 것을 보고, 나도 집을 장만하기로 마음먹었다. 그러나 내 월급과 돈 쓰는 습관으로 봤을 때, 하늘에서 돈다발이 떨어지지 않는 한, 한평생 희망이 없어 보였다. 부모님께서 내게 은행에서 매달 자동으로 월급의 일부분을 빼 저축하고, 남는 돈으로만 생활하는 게 어떻겠냐고 조언해 주셨다. 이렇게 집의 계약금을 모은 후, 나는 할부로 지금의 집을 샀다. 비록 주택 대출금은 20년 걸려야 다 갚을 수 있지만, 나도 마침내 내 집에 살게 되었다. 집을 사기로 결정한 후부터, 나는 다른 사람으로 변한 것 같았다. 절약하고, 엄격히 계획에 따라 돈을 썼으며, 불필요한 지출을 최대한 줄였다.

또한, 집의 내부 공사와 인테리어를 위해 나는 실내 디자인을 배웠고, 많은 일을 직접 시공했다. 집이 아직 다 지어지기 전에 내부 공사 방안을 작성하고, 3개월 이내에 모든 일을 나누어 완성하기로 계획했다. 시간이 촉박했지만, 나는 빨리 예쁜 새집에서 살고 싶었다. 시간을 아끼기 위해 일정을 빡빡하게 짜서, 모든 여가를 집에 썼다. 일요일에 다른 사람들은 모두 놀러 나가거나 쉬었지만, 나는 설계도를 그리거나 아니면 벽과 바닥에 페인트칠을 하며 보냈다. 피곤하긴 해도 기분은 아주 좋았다. 전에는 쉬면서 아무 일도 하지 않을 때 항상 지루했는데, 새집에서 일할 때는 아예 그런 느낌이 없었다. 지금은 온전히 내 힘으로 사고 설계한 집에서 살고 있어 마음이 뿌듯하다.

❷ 반품하고 싶어요

[샤오리(小李)는 이케아의 고객서비스부에 있다]

샤오리	죄송합니다만, 이거 제가 이틀 전에 산 책상인데요, 반품하고 싶은데 가능한가요?
점원	죄송합니다. 포장을 뜯으셔서 품질에 문제가 있는 게 아니라면 반품이 안 됩니다. 왜 반품하고 싶으신지 여쭤봐도 될까요? 앞으로 저희의 상품과 서비스를 더욱 개선하겠습니다.
샤오리	이 책상의 품질과 디자인은 다 좋아요. 제가 한참 동안 살펴보고 선택한 거예요. 하지만 조립하기가 너무 어렵네요. 대여섯 시간을 쓰고도 책상 다리를 조립하지 못했어요.
점원	저희 상품은 모두 엄격한 공학적 설계를 거칩니다. 만약 손님께서 도면에 따라 정확한 방법으로 조립하셨다면 전혀 문제가 없었을 겁니다.
샤오리	저도 철저히 당신들의 도면에 따라 조립했다고요! 제 생각에 책상 윗면과 책상 다리 접촉 부분이 설계가 잘못된 것 같아요.
점원	제가 도면을 좀 볼 수 있을까요?
샤오리	직접 해 보려면 해 보세요. 내가 볼 때, 십중팔구 당신도 안 될 거예요. 내가 그렇게 오랫동안 연구했는데도 조립을 못 했다고요. 아무렴 내가 그렇게까지 멍청할까 봐요?
점원	제가 한번 조립해 볼게요. 보세요, 여기 세 개의 부속품이 있는데, 부속품 1과 2를 먼저 연결하고, 다음에 부속품 3을 책상 다리에 함께 연결해야 합니다. 마지막으로 책상 윗면과 연결하여 나사를 꽉 조이면 됩니다.
샤오리	아, 그런 거였군요. 그럼 당신이 끝까지 도와줄 수 있나요? 요즘 가구를 사면 거의 모든 부속품을 자기 손으로 조립해야 하는데, 너무 번거로워요.
점원	손님이 저희 직원에게 방문 조립을 요청하실 수 있는데, 그러면 10%의 설치비를 추가로 받습니다.

❸ 이것은 저희의 신제품입니다

[샤오왕(小王)은 가전제품 판매원인데, 그가 회사의 신제품을 소개하고 있다]

현재 여러분들은 학업과 일이 바빠서 여유 시간이 얼마 없을 겁니다. 설령 시간이 있더라도 집안일에 모두 쓰길 원하지 않으시겠죠. 당신의 가사 노동을 덜어 드리기 위해 우리 회사에서는 자동 청소기를 만들었습니다. 일반 청소기와 다르게 이것은 손으로 조작할 필요가 없습니다. 여러분은 단지 그것을 방 한구석에 놓고 전원만 꽂아 주시면 됩니다. 그것은 매일 스스로 방안을 이동하며 바닥의 먼지를 빨아들일 것입니다. 먼지를 다 빨아들인 후에는 스스로 원래 있던 곳으로 돌아갑니다. 이 청소기는 스스로 먼지를 빨아들일 뿐만 아니라, 스스로 충전도 할 수 있습니다. 다만, 청소기가 계단 옆에 가지 않도록 주의해 주세요. 간혹 높은 곳에서 떨어질 수도 있습니다. 만일에 대비하여, 3년간의 보증 수리 기간이 있습니다. 어디라도 고장이 나면 무료로 수리해 드립니다.

❹ 어디에 놀러 가고 싶어요?

다음은 두 여행사 광고인데, 새 단어와 고유 명사가 비교적 많다. 선생님이나 중국 친구의 도움으로 그것들을 이해하고 숙지한다면 당신이 중국에서 여행하는 데 큰 도움이 될 것이다.

여정 1: 화동 5개 도시 엑기스 투어
　　　　(华东五市:上海、南京、杭州、苏州、无锡)

- 출발지: 난징
- 목적지: 상하이
- 체류 기간: 5일
- 가격: 성인—RMB 698위안, 아동— RMB 355위안
- 가격 설명: 이 가격은 2성급 호텔에 묵는 경우이고, 만약 3성급 호텔에 묵으면 성인 한 명당 788위안임.
- 시간: 2성급 호텔은 매일 출발, 3성급 호텔은 매주 화요일, 토요일 출발.
- 포함 내역: 2성 또는 3성 동급 호텔 2인 스탠더드룸, 현지 관광버스, 관광지 입장료, 8가지 요리와 1가지 탕/10인 테이블(조식 4끼, 정찬 8끼)/현지 가이드 서비스
- 불포함 내역: 왕복 교통비, 여행 상해 보험
- 여행 일정:
  첫째 날: 난징에서 여행단 미팅, 쉬안우후, 중산링, 세계문화 유산인 밍샤오링 유람. 저녁 식사 후 친화이허 유람, 푸쯔먀오에서 쇼핑. ※숙박: 난징
  둘째 날: 우시에 가서 타이후와 이씽 도예관 견학. ※숙박: 우시 또는 쑤저우
  셋째 날: 쑤저우에 가서 한산쓰와 리우위안(중국 4대 원림 중 하나, 세계문화유산) 등 여행. ※숙박: 항저우
  넷째 날: 아침 일찍 배를 타고 시후 유람. 룽징차를 맛보고, 장난 비단 공장 참관. 당일 오후 차를 타고 상하이로 감. ※숙박: 상하이
  다섯째 날: 상하이 일일 여행: 둥팡밍주, 청황먀오, 와이탄을 둘러본 뒤, 난징로에서 자유 활동 및 쇼핑. 여행 종료.

여정 2: 쿤밍, 따리, 리장 6일 여행
- 출발지: 쿤밍
- 목적지: 따리
- 체류 기간: 6일
- 가격: 성인—RMB 950위안, 아동—RMB 670위안
- 가격 설명: 2성급 호텔 1인당 1220위안, 3성급 호텔 1인당 1380위안
- 호텔 등급: 2성급 호텔
- 포함 내역: 왕복 비행기표, 현지 2성 또는 동급 호텔 2인 스탠더드룸, 관광버스, 현지 기차표, 관광지 입장료, 8가지 요리와 1가지 탕/10인 테이블(조식 5끼, 정찬 7끼)
- 불포함 내역: 공항 사용료, 항공 보험, 각 지역 승마료.
- 여행 일정:
  첫째 날: 여행단 미팅, 당일 저녁 호텔에 입실 후 저녁 식사. ※숙박: 쿤밍
  둘째 날: 아침 식사 후 스린 일일 여행. 윈난 다도 공연 감상. 당일 저녁 일반 침대 열차 타고 따리로 이동. ※숙박: 기차 안
  셋째 날: 아침에 따리 도착. 간퉁쓰, 충성쓰 삼탑, 따리고성, 양런제 여행. ※숙박: 따리
  넷째 날: 따리에서 차를 타고 리장으로 이동. 리장 고성 유람. 저녁에 자비로 나시족 식사. ※숙박: 리장
  다섯째 날: 위룽쉐산 여행. 따리로 돌아와 당일 저녁 열차로 쿤밍으로 돌아옴. ※숙박: 기차 안
  여섯째 날: 아침에 쿤밍 도착, 자유 활동, 여행단 해산.

11 좋게 이야기합시다.

1 한 번만 봐주시면 안 돼요?

[후펑(胡锋)은 대학생이고, 왕잉(王英)은 학교 교무처 직원이다]

후펑 선생님, 한 가지 상의 드려도 될까요?

왕잉 무슨 일인데요? 마음 놓고 말해 봐요.

후펑 저, 제가 이번 영어 분반 시험에서 59점을 맞아서 열반에 들어가게 됐는데, 수준이 조금 더 높은 우등 반에서 공부하고 싶어서요.

왕잉 안 돼요. 학교에는 엄격한 규정이 있고, 60점 이하는 모두 열반에 가야 해요.

후펑 저도 학교에 그런 규정이 있는 건 알고 있어요. 하지만 한 번만 봐주시면 안 될까요? 단지 1점 모자라는데요.

왕잉 1점이라도 안 돼요. 이건 학교의 규정이에요.

후펑 제 영어 실력이 괜찮은데, 이번에는 감기 때문에 시험을 잘 못 본 거예요. 한 번만 봐주세요. 우등반에서 열심히 할게요.

왕잉 그럼 이렇게 하죠. 학생의 이전 성적표를 가져오고, 영어 선생님께 추천서를 받아 오면 학생이 우등반에 갈지 말지를 결정하죠.

후펑 네, 좋아요. 감사합니다!

2 도와주세요!

[샤오장(小张)은 세입자이고, 왕(王) 선생은 집주인이다. 그들이 통화하고 있다]

샤오장 여보세요? 왕 선생님이세요? 저 샤오장인데요, 상의 드리고 싶은 일이 있어서요.

왕 선생 무슨 일인지 마음 놓고 말씀하세요.

샤오장 저, 다음 달에 계약 기간이 끝나는데, 제가 새로 산 집이 아직 수리가 끝나지 않아서요. 기한을 며칠만 연기할 수 있을까요?

왕 선생 어떻게 그래요? 댁들이 이전에 1년만 계약하자고 했잖아요. 그래서 벌써 새 세입자를 찾았고, 그 사람들은 서둘러 이사 오려고 하는걸요!

샤오장 정말 죄송합니다. 저희도 번거롭게 해 드리고 싶지 않아요. 하지만 잠시 지낼 다른 곳을 찾지 못한 데다가, 단지 1, 2주만 더 살면 되는데요.

왕 선생 하지만 벌써 새 세입자에게 승낙했는데, 날 양쪽으로 곤란하게 하는 거 아니에요?

샤오장 왕 선생님, 저희가 정말 곤란해서 그래요. 좀 도와주세요! 최대한 빨리 이사 갈게요.

왕 선생 정말 어쩔 수가 없군요. 이렇게 합시다. 날짜를 초과할 때마다 두 배로 그 날치 방세를 내세요.

샤오장 알겠습니다. 감사합니다, 왕 선생님!

3 좋게 이야기합시다

[길에서 한 운전자가 부주의해서 앞차의 미등을 박아서 깨뜨렸다]

기사 갑 운전을 어떻게 하는 겁니까? 내 차를 박았잖아요!

기사 을 정말 죄송합니다. 일부러 그런 게 아니에요.

기사 갑 죄송하다면 답니까? 미등이 깨졌는데 어떻게 할 거예요?

기사 을 이 일은 제 책임이니, 먼저 화 푸시고 좋게 이야기하시죠.

기사 갑 산 지도 얼마 안 된 차인데, 내가 성질 안 나게 생겼어요?

기사 을 정말 죄송합니다. 제가 반드시 비용대로 손실을 보상해 드리겠습니다.

기사 갑 좋습니다. 차를 옆으로 대고 이야기합시다.

4 바쁘신 와중에 시간을 내실 수 있을지 모르겠네요?

[김철일(金哲一)은 유학생인데, 만난 적도 없는 왕(王) 교수에게 전화를 건다]

김철일 여보세요? 안녕하세요! 왕 교수님이시죠?

왕 교수 네, 그런데요. 당신은?

김철일 왕 교수님, 안녕하세요! 저는 김철일이라고 하고, 한국 유학생입니다. 제 전공은 중국 고전문학인데, 현재 당대(唐代) 문학에 관한 졸업 논문을 쓰고 있습니다. 교수님께서 당대 문학을 깊이 연구하신 걸로 알고 있습니다. 교수님의 대작 「당대문학사」를 읽고 많이 깨우쳤습니다. 몇 가지 문제에 관해 교수님을 만나 뵙고 가르침을 청하고 싶어서 외람되게 전화를 드렸습니다. 바쁘신 와중에 시간을 내실 수 있을지 모르겠네요?

왕 교수 내 작품에 관심이 있다니 고맙군요. 하지만 내가 요즘 너무 바빠서 시간을 낼 수가 없네요.

김철일 왕 교수님, 저도 교수님의 귀한 시간을 뺏는 것이 송구스럽지만, 정말 교수님의 가르침이 필요합니다. 어떻게 해서든 시간을 내셔서 저를 도와주십시오. 늦게라도 상관없습니다.

왕 교수 아, 너무 예의 차리지 말아요. 문제가 있으면 토론하면 되죠. 하지만 요즘 일정이 너무 빡빡해서 조금도 시간을 낼 수가 없네요. 이렇게 하죠. 다음 주 수요일에 전화를 주면, 그때 다시 약속을 잡는 게 어때요?

김철일 좋습니다! 감사합니다, 왕 교수님!

12 우리는 사람들 속에서 생활합니다.

1 그에게 직접 말해도 괜찮아요

[장칭(张清)과 리우쑹(刘松)은 대학생이고, 그들은 친한 친구이다]

장 너 안색이 왜 이렇게 안 좋아?

리우 말도 마! 며칠째 잠을 잘 못 잤어.

장 무슨 일이 너를 잠 못 들게 하는 거야?

리우 내 문제가 아니고, 내 룸메이트 때문이야. 사람은 정말 좋은데, 나와 생활 습관이 달라서 말이야. 나는 일찍 자고 일찍 일어나는데, 그는 '올빼미형'이라서 매일 두세 시나 돼야 자는 데다 특히 조심성 없이 서랍을 열거나 가방을 뒤지니 시끄러워서 잠을 잘 수가 없어.

장 정말 말도 안 돼! 두 사람이 함께 사는데 서로 배려해야지. 그 애한테 주의 좀 하라고 직접 말해도 괜찮을 것 같아.

리우 하지만 말했다가 그 애가 기분 상해서 이후에 잘 지내기 어려울까 봐 걱정이야.

장 네 룸메이트가 그렇게 속 좁은 사람은 아닌 것 같아. 너무 많이 생각하지 마. 아마 그 애는 널 불편하게 하고 있는지 전혀 모르고 있을 거야.

리우 알았어. 해 볼게.

2 얘기 좀 할까요?

[차오밍밍(曹明明)과 리샤오(李晓)는 동료이다]

차오 지금 시간 있어요?

리 왜요?

차오 우리 얘기 좀 할까요?

리 무슨 얘기요? 얘기할 게 뭐 있나요?

차오 내 생각엔 우리 사이에 무슨 오해가 있는 것 같아요. 요 며칠 절 대하는 태도가 곱지 않은 것 같은데요.

리 오해라고요? 당신이 잘 알 텐데요.

차오 아니요, 난 모르겠어요. 그렇지 않으면 당신에게 얘기 좀 하자고 안 했을 거예요. 우리 정말 속을 터놓고 솔직히 대화할 필요가 있는 것 같아요. 저에게 불만 있으면 솔직히 말씀하셔도 돼요.

리 퇴근 후에 다시 얘기해요.

3 우리는 사이좋게 지내요

대학 다닐 때, 나는 학교 기숙사에서 살았다. 우리 네 명은 같은 방을 썼는데 조금 비좁았다. 사실 갈등이 없을 수는 없었다. 하지만 우리는 4년을 함께 살면서 사이좋게 지냈고, 좀처럼 다툰 적이 없었다. 서로 불편을 주지 않으려고 가능한 생활 규율을 지켰다. 졸업 후 각자 흩어졌고, 지금 이미 3년이 지났다. 비록 한자리에 모일 기회가 줄곧 없었지만, 우리 모두 그때를 그리워한다.

4 처세술

나는 성격이 유약한 편인 데다가 어릴 때부터 부모님께서 다른 사람과 함께 지낼 때는 너그러워야 하고, 참고 양보해야 한다고 가르치셔서 어릴 때 종종 괴롭힘을 당했다. 학교에 들어간 후, 학습 성적이 좋아서 선생님께서 나를 좋아하셨기 때문에, 친구들 사이에서 서서히 위신과 지위가 생겼고 괴롭힘도 덜 받게 되었다. 하지만 대학에 온 후, 이 처세 원칙 때문에 여전히 몇 번 상처를 입었다. 지금은 당연히 자신을 보호하는 법을 배웠다.

비록 어릴 때부터 길러진 이런 처세술 때문에 적잖은 고생을 겪었지만 나는 항상 남을 돕고 최대한 주위 사람들과 사이좋게 지냈기에 대인 관계가 줄곧 좋았으며, 진실하고 착한 친구들을 많이 얻었다.

13 특별한 경험

1 오늘은 정말 재수가 없다

금요일에는 원래 수업을 들어야 하지만, 몇몇 친구

들이 나에게 소풍을 가자고 하는데 자꾸 거절하기 미안해서 할 수 없이 승낙하고는 수업에 가지 않았다. 우리는 차를 몰고 아침 일찍 출발했다. 날씨가 좋아서 바람도 솔솔 불고 기분이 무척 좋았다. 그런데 차가 가다가 갑자기 고장 나서 멈춰버렸다. 차는 친구의 것이었는데, 이전에 한 번도 고장 난 적이 없었던 차가 공교롭게도 오늘 고장이 나다니 재수가 없지 않은가? 어떤 사람이 앞쪽에 있는 정비소에서 차를 수리할 수 있다고 알려 주었다. 젖 먹던 힘까지 내서 차를 밀고 갔더니 정비소 기사님이 오후나 돼야 차를 고칠 수 있을 거라고 했다. 만약 우리가 거기서 오전 내내 기다린다면 우리의 계획이 모두 수포로 돌아가지 않겠는가?

우리는 의논한 끝에 택시를 타고 출발하기로 했다. 하지만 그곳은 교외 도로여서 차를 잡기가 쉽지 않았다. 우리는 기다리고 또 기다렸는데, 마침내 친절한 기사님이 우리를 목적지까지 태워주었다. 그곳에 도착해서 우리는 각자 말을 빌려 탔는데, 내가 탄 말이 말을 듣지 않아 내가 올라타자마자 떨어뜨려서 손을 다친 것은 물론이고 카메라까지 망가뜨렸다. 오늘은 정말 엎친 데 덮친 격이었다. 내 생각엔 아마도 내가 수업을 빼먹어서 하느님이 벌을 주시는 게 아닌가 싶다. 앞으로 다시는 수업을 빼먹지 않을 것이다.

❷ 직장을 구하는 심정은 정말 괴로워요

[톰(汤姆)은 베이징에서 공부하는 유학생이고, 빌(比尔)은 같은 학교 친구이다]

빌 야, 톰, 오랜만이다. 어디 갔었어?

톰 직장을 구하러 홍콩에 갔었어.

빌 어때? 수확은 좀 있었어?

톰 수확이 있다고 할 수 있지. 하지만 직장을 구하는 심정은 정말 괴로워.

빌 직장을 구하러 일부러 홍콩에 간 거야?

톰 아니, 친구 만나러 간 김에 좀 알아본 거야.

빌 어떻게 정보를 얻은 거야? 친구가 추천해 준 거야, 아니면 신문에서 구인 광고를 본 거야?

톰 구인광고를 봤는데 적당한 게 있어서 지원한 거야. 지원할 때 먼저 이력서를 제출하고, 만약 회사에서 관심이 있으면 면접 보라고 통지를 해 줘. 면접 때 채용 여부를 결정하는 거야.

빌 난 면접이 제일 싫어.

톰 나도 그래. 면접 때 항상 긴장해서 온몸이 불편해.

빌 하지만 첫인상이 아주 중요하잖아. 구직뿐만 아니라 많은 일이 다 그래.

톰 맞아. 그래서 시작하자마자 항상 난관에 부딪히게 되니까 속상해서 직장을 구하러 다니기 싫었어. 나중에 내 친구가 나더러 몇 군데 더 가보라고 했는데, 뜻밖에 진짜로 좋은 회사가 나를 채용한 거야.

빌 모든 회사가 첫인상으로 사람을 판단하는 건 아니잖아. 정말 안목이 있는 사람이면 네가 인재라는 걸 알 수 있을 거야.

❸ 한번은 어찌 된 일인지……

사람들은 종종 자기도 모르게 어떤 잘못을 해서 오해를 불러일으킨다. 한번은 졸업 논문을 준비하기 위해 자료를 찾으러 도서관에 갔다. 내가 간 곳은 정기 간행물 열람실로, 잡지는 빌려 갈 수 없고 안에서 열람만 할 수 있었다. 나는 잡지를 여러 권 가져와 다 보고는 도로 갖다 두었다. 하지만 어찌 된 일인지 얇은 잡지 한 권이 내 노트에 끼워진 채 반납이 되지 않아서, 내가 출구를 지날 때 갑자기 경보기가 울렸다. 모든 사람이 나를 쳐다봤고 관리자도 뛰어왔다. 사람들이 내가 잡지를 훔치려고 한다고 여겨서 너무 민망했다. 나는 사람들에게 여러 번 설명했고, 그들은 그제야 나를 믿었다.

❹ 하마터면 오지 못할 뻔했다

[샤오장(小张)과 샤오리(小李)는 친구인데, 샤오장이 공항에 샤오리를 마중 나갔다]

샤오장 오는 동안 별일 없었지? 피곤하니?

샤오리 안 피곤해. 너 모르지, 나 오늘 하마터면 오지 못할 뻔했어.

샤오장 무슨 일인데?

샤오리 공항에 막 도착해서 신분증이 없는 걸 알았지 뭐야. 호주머니랑 짐을 다 뒤졌는데도 찾을 수가 없었어. 마음이 얼마나 초조했는지 몰라.

샤오장 어떻게 된 거야? 넌 맨날 그렇게 덜렁대더라.

샤오리 나도 모르겠어. 분명히 신분증을 외투 주머니에 넣어뒀거든. 나올 때 여러 번 확인했었다고.

샤오장 그래서 결과는? 임시 신분증을 발급받았니?

샤오리 나중에 차로 날 공항에 데려다준 샤오왕(小王)이 나에게 차 안에서 외투를 벗었을 때 혹시 차에다 떨어뜨린 거 아니냐고 하더라고. 서둘러 차에 가보니 정말 차 좌석 밑에 떨어져 있는 거야. 알고 보니 내가 외투를 벗을 때 실수로 신분증이 빠져나왔던 모양이야.

샤오장 너 정말 앞으로는 그렇게 덜렁거리지 좀 마!

14 여행 가고 싶어요.

1 어디로 여행 가는 게 좋을까?

[천밍(陈明)과 쑨량(孙亮)은 학교 친구이다]

천밍 너 여름방학에 여행 갈 거라며, 어디 갈지 정했어?

쑨량 가긴 갈 건데, 어디로 갈지는 아직 결정을 못 했어. 추천할 만한 곳 있어?

천밍 쓰촨에 가.

쑨량 쓰촨 어디? 구체적으로 말해 봐.

천밍 쓰촨에 가면 청두와 어메이산 이 두 곳은 꼭 가야 해. 작년에 가 봤는데 청두가 정말 멋지더라. 경치가 아름다울 뿐만 아니라 풍습도 참 독특해. 그리고 강가에 작은 음식점들이 줄지어 있는데, 맛있는 음식들이 셀 수 없이 많아.

쑨량 어메이산은?

천밍 어메이산은 더 재미있어. 산에 원숭이가 많은데 전혀 사람을 두려워하지 않아서 종종 사람을 둘러싸고 먹을 것을 달라고 해.

쑨량 정말 재미있다. 네 조언을 고려해 볼게.

2 8월은 신장의 황금기다

당신은 신장에 가 봤나요? 신장은 정말 좋은 곳입니다. 재미있는 곳이 아주 많은데, 투루판, 하미, 커선, 톈산과 같은 곳은 꼭 한번 가 보도록 하십시오. 8월에 가는 것이 제일 좋은데, 그때가 바로 신장의 황금기입니다. 첫째, 날씨가 춥지도 덥지도 않고 쾌적합니다. 둘째, 수확기라서 먹을거리가 풍부합니다. 알고 있나요? 신장은 과일이 많이 생산되는 지역이라서 포도, 수박, 하미과, 사과 등이 모두 정말 맛있습니다. 셋째, 이때의 경치가 제일 아름답습니다. 제가 보장하는데 당신은 평생 그 여행을 잊지 못할 것입니다.

3 내게 가장 기억에 남는 여행

예전부터 백두산 천지의 풍경이 아름답고 독특하다고 들어서, 중국에 온 이후 나는 줄곧 백두산에 올라 아름다운 천지를 보고 싶다는 소망이 있었다. 올해 5월, 나의 소망이 마침내 실현되었다. 나와 친구는 잡지에서 한 여행사가 주말 단기 여행 상품을 준비한 것을 보게 되었는데, 그중 백두산이 있었다. 우리는 곧장 여행사에 연락했고, 여행사에서 빠르게 이번 여행을 잡아주고 가이드도 한 명 보내주었다.

5월이었지만, 산에는 눈이 많이 내렸다. 차가 목적지까지 갈 수 없어서 가이드가 우리에게 등반을 포기하자고 권유했다. 그러나 나는 정상까지 갈 것을 고집했다. 정상에 오르고 나서야 눈보라가 너무 심해 천지가 온통 흰색이라 아무것도 보이지 않는다는 것을 알았다. 하지만 어쨌든 나는 내 소망을 이루었고, 천지의 독특한 설경을 감상했다. 이것이 내게 가장 기억에 남는 여행이다.

4 혼자 하는 여행? 아니면 동반 여행?

안나 너는 자주 혼자 여행을 가더라.

폴 맞아, 나는 혼자 여행하는 게 제일 좋은 것 같아. 가고 싶은 곳에 가고, 가고 싶은 시간에 가고, 다른 사람과 상의할 필요도 없으니 자유롭잖아!

안나 괜찮지. 하지만 불편한 점도 많을 거야, 그렇지? 예를 들어, 혼자 기차를 타면 그렇게 오랜 시간 동안 얼마나 갑갑하겠어.

폴 수다 떨 사람 찾는 게 뭐 어렵니? 옆에 여행객들도 많은데. 혼자 여행하면 새 친구 사귀기가 더 쉬워.

안나 그건 그래. 하지만 만일 병이 나거나 지갑이라도 잃어버리면 어떻게 하니?

폴 당연히 혼자 집 떠나 외지에 있으면 사람도 땅도 낯설고, 어려움도 피할 수 없지. 하지만 이런 것 역시 사람을 단련시키는 좋은 기회 아니겠어?

안나 맞아, 하지만 어쨌든 혼자 여행하면 확실히 좀 외롭긴 해.

15 누가 예술을 좋아하지 않는다고 말할 수 있을까요?

① 나는 대중음악을 좋아해요

　　나는 고전음악에 비해서 대중음악을 더 좋아한다. 왜냐하면?
　　첫째, 대중음악은 통속적이어서 이해하기 쉽고, 멜로디가 간단해서 쉽게 기억할 수 있다. 내 생각에는 이것이 대중음악이 유행하는 원인인 것 같다.
　　둘째, 대중음악은 우리의 생활과 가장 밀접하고, 그 시대 사람들의 생각과 감정을 표현하므로 쉽게 이해할 수 있다.
　　셋째, 대다수 대중음악은 사랑을 노래하고 있어서 우리는 대중음악에서 자신과 비슷한 감정 경험, 예를 들면 사랑받는 행복, 사랑받지 못하는 고통 등을 쉽게 찾을 수 있다.
　　요컨대 나는 대중음악을 좋아한다. 물론 어떤 것은 많이 들어서 좀 질리기도 했지만, 대부분 여전히 아무리 들어도 싫증이 나지 않는다.

② 아주 재미있는 영화래요

샤오톈 오늘 영화관에서 아주 재미있는 신작 영화를 상영하는데, 보러 갈래?
샤오팡 무슨 영화? 또 액션 영화지? 난 그런 영화가 제일 싫어.
샤오톈 아니야. 아주 재미있는 영화래. 제목이 《패딩턴(Paddington Bear, 帕丁顿熊)》인데, 영국 작가가 극본을 쓴 거래.
샤오팡 그래? 그럼 볼만하겠는걸. 무슨 내용이야?
샤오톈 줄거리가 매우 흡입력 있는데, 영화는 과일잼을 좋아하는 아기 곰이 페루에서 런던에 도착해 길을 잃고, 사람들과 겪는 특별한 경험을 이야기하고 있어.

③ 우리 같은 생각을 했네요

샤오톈 오늘 주말인데, 영화관에 심야 영화가 있으니 영화 보러 가자.
샤오팡 좋아, 우리 같은 생각을 했네. 무슨 영화가 있어?
샤오톈 두 개의 패키지가 있는데, 하나는 다 공포 영화야. 스릴 있고, 자극적이지! 우리 이거 보는 게 어때?
샤오팡 저번에 공포 영화 보고, 무서워서 며칠 동안 잠도 잘 못 잤어. 다른 패키지에는 무슨 영화가 있어?
샤오톈 다 로맨틱 멜로 영화야. 애니메이션도 한 편 있고. 로맨틱하긴 하지만 너무 유치해!
샤오팡 나는 가벼운 거 보고 싶어. 우리 멜로 영화 보자.
샤오톈 너랑 같이 멜로 영화를 본다고? 재미없어. 우리는 같은 생각을 할 수는 있지만, 같은 것을 보지는 못하는군.

④ 모르면서 아는 척하고 싶지 않아요

샤오톈 나 어제 회화전을 보러 갔었는데, 프랑스 여류 화가의 개인전이었어.
샤오팡 프랑스의 회화 수준은 틀림없이 훌륭할 거야.
샤오톈 비교적 성공한 젊은 여류 화가였는데, 그녀의 사진을 제외하고, 그림은 하나도 모르겠더라.
샤오팡 모르겠더라고?
샤오톈 그 화가의 작품은 매우 추상적이어서, 온통 해괴한 부호와 도안뿐이고 색채도 아주 특이했어. 그 화가가 무엇을 표현하려고 한 건지 모르겠더라고.
샤오팡 아마도 그 화가는 사람들이 보고 이해하길 바라지 않았을 거야.
샤오톈 재미있는 건, 한 방송국 기자가 인터뷰했는데, 나더러 감상을 말해보라는 거야.
샤오팡 정말 재미있네. 뭐라고 말했어?
샤오톈 너무 고상해서 난 이해를 못 하겠다고 말했어.
샤오팡 뭐? 그럼 네가 너무 수준 낮아 보이는 거 아니야?
샤오톈 하지만 모르면서 아는 척하고 싶지 않아.

복습 3 어제 나는 데이트를 했어요.

① 왕 선생님, 이야기 좀 나눌 수 있을까요?

마딩 안녕하세요, 왕 선생님! 이야기 좀 나눌 수 있을까요?
왕 선생님 당연하지. 앉으렴.
마딩 저기, 저희 어머니께서 다음 금요일에 결혼하세요. 결혼식에 참석하러 스웨덴에 가 봐야 할 것 같습니다.
왕 선생님 너희 어머니가 결혼하신다고?
마딩 네. 어머니와 아버지는 이혼하신 지 10년 되셨어요. 저는 어머니가 새로운 행복을 찾으셔서 정말 기쁩니다.

왕 선생님 축하드려야겠네. 그런데, 다음 주는 기말고사잖니!

마딩 그래서 선생님께 이 일을 상의 드리고 싶어요. 저 이틀 전에 미리 시험을 볼 수 없을까요?

왕 선생님 그건 아마 어려울 것 같구나. 시험 시간과 장소는 학교에서 엄격하게 규정하고 있어. 학생들은 반드시 정해진 시간에 시험을 치러야 해. 아프거나 긴급한 상황이 발생하지 않는 한 말이야.

마딩 제 상황이 긴급한 건 아니지만, 저에게는 매우 중요한 일이에요. 한번 봐주시면 안 될까요? 어머니가 실망하시게 하고 싶지 않아요. 시험을 놓치고 싶지도 않고요. 두 가지 일 모두 저에게는 아주 중요하거든요.

왕 선생님 이렇게 하자. 시험에 통과하지 못하거나 특수한 상황이 있는 학생은 재시험을 볼 수 있는 규정이 학교에 있거든. 우선 결혼식에 참석하고, 이후에 돌아와서 재시험을 치르는 게 어떻겠니?

마딩 그렇게 할 수밖에 없겠네요. 감사합니다, 왕 선생님. 번거롭게 해 드렸네요.

❷ 누구나 왕샤오밍을 무서워해요

[둥둥(东东)은 초등학생이다. 학교가 끝나고 집으로 돌아와 엄마를 만났다]

엄마 둥둥, 무슨 일이니? 안색이 왜 이렇게 안 좋아? 얼굴에 웬 상처니?

둥둥 아무것도 아니에요. 실수로 넘어졌어요.

엄마 아니지? 이건 분명히 긁힌 상처야. 누구랑 싸웠지? 빨리 엄마한테 사실대로 말함렴.

둥둥 왕샤오밍(王小明)이요. 제게 돈을 빌려 달라고 했는데 빌려주지 않았더니, 저를 때리고 얼굴을 할퀴었어요.

엄마 정말 말도 안 되는구나! 선생님께 말씀 드렸니?

둥둥 말씀 드리지 못했어요. 만약 그 애가 알면 저를 더 세게 때릴 거에요. 우리 반에선 누구도 그 애를 건들지 못해요.

엄마 너희들이 그렇게 만만하게 있으면 안 돼. 친구들끼리는 서로 도와야 하지만, 괴롭힘을 당하는 것도 안 된단다. 내일 엄마가 너희 선생님을 찾아뵙고, 왕샤오밍을 혼내 주라고 해야겠구나.

둥둥 소용없어요. 그 애는 선생님 말씀도 안 듣는걸요.

엄마 그럼 엄마가 가서 그 애와 얘기할게. 엄마는 어떻게 교육해야 그 애가 친구들과 사이좋게 잘 지낼지 알고 있단다.

❸ 어제 나는 데이트를 했어요

[다음은 샤오장(小张)이 처음 여자친구와 만난 경험을 이야기한 것이다]

어제 친구의 소개로 나는 천위(陈雨)라는 여자를 알게 되었다. 우리는 한 커피숍에서 만나기로 약속했다. 여자와의 만남에서는 첫인상이 매우 중요하기 때문에 나는 특별히 한껏 멋을 냈다. 나는 20분 정도 일찍 도착했는데, 첫째는 예의를 표한 것이고, 둘째는 나 스스로에게 약간의 시간을 주어, 만났을 때 너무 긴장하지 않도록 여유를 좀 가지기 위해서였다. 내가 창밖을 보고 있을 때 천위가 왔다. 그녀는 아주 예뻤고, 옷차림도 품위가 있었다. 나는 원래 편안한 마음이었는데, 어찌 된 일인지 갑자기 긴장됐다. 일어나서 그녀와 악수할 때, 실수로 의자에 부딪혔는데 너무 민망했다. 우리는 앉은 뒤, 음료수 두 잔을 주문하고 대화를 나누기 시작했다. 우리는 먼저 자기소개를 하고, 이어서 우리 두 사람이 흥미로워하는 주제에 관해 이야기를 하기 시작했는데, 의외로 공통된 대화거리가 아주 많았다. 이야기를 하다 보니, 날이 어두워졌다. 천위가 집에 가야 한다고 말했다. 나는 종업원에게 계산하겠다고 하며, 천위에게 내가 사겠다고 말했다. 그러나 돈을 지불할 때, 주머니를 다 뒤져봐도 지갑을 찾을 수가 없었다. 집에서 나올 때 분명히 지갑을 윗옷 주머니에 넣었는데, 왜 보이지 않는 걸까? 천위는 내가 조급해하는 모습을 보고는 얼굴에 미소를 띤 채 자신의 지갑에서 돈을 꺼내 계산했다. 나는 너무 부끄러워서 몇 번이고 그녀에게 미안함과 고마움을 표시했다. 첫 번째 데이트를 망쳐서 그녀가 다시는 나를 상대하지 않을 거라고 생각했지만, 뜻밖에 그녀는 막 헤어지려 할 때 자신의 전화번호를 주면서 나에게 전화하라고 했다.

❹ 당신은 피카소를 좋아하나요?

어떤 사람은 피카소의 그림을 이해하지 못하겠다고 말한다. 왜냐하면 그림들이 너무 추상적이어서, 모두 괴상한 부호와 도안들이기 때문이다. 그러나 나는 피카소의 예술적 매력이 바로 여기에 있다고 생각한다. 그것은 당신에게 완전히 새로운 예술 형식을 소개해 주기 때문이다. 이런 새로운 예술 형식은 당신이 다른 각도로 사람과 사물을 보도록 일깨운다. 피카소는 서로 다른 각도에서 본 사람과 사물을 하나의 평면 위에 두었는데, 이것은 진정 고전 회화에 대한 혁명이자, 사람들의 전통적 심미 습관을 바꾸어 놓은 것이었다.

16 손쉽게 큰돈을 법니다.

❶ 좋은 직장을 구했다고 들었어요

[쑤리(苏立)와 저우다(周达)는 친한 친구이다]

쑤리 너 좋은 직장을 구했다며. 대우는 어때?

저우다 그런대로 괜찮아. 하지만 그런 건 그다지 중요하게 생각하지 않아. 중요한 건 자기가 좋아하는 일을 할 수 있느냐, 자신의 능력을 발휘할 수 있느냐 하는 거지.

쑤리 물론 자기가 하고 싶은 일을 할 수 있으면 더할 나위 없지. 하지만 두 가지 다 이루긴 정말 어렵잖아. 만약 두 가지 중에 선택해야 한다면 나는 차라리 대우가 좋은 쪽을 택하겠어. 직장은 생계를 유지하는 수단이잖아?

저우다 하지만 직장은 삶의 아주 중요한 부분이잖아. 좋아하지도 않는 일을 하는 건 힘들지 않겠어? 요즘 사람들은 갈수록 생활을 즐기는 경향이 강해서 많은 사람이 쉽고, 좋아하는 일, 돈은 많지 않아도 스트레스가 별로 크지 않은 일을 선택해.

쑤리 사실, 나도 돈만 바라고 죽자고 일하고 싶진 않아. 사람은 항상 적당히 쉬고, 여유가 있어야 해. 하지만 난 젊었을 때 열심히 일해야 한다고 생각해. 기반을 닦고 퇴직 후에 즐겨도 늦지 않아.

저우다 그럼 너무 늦지 않니?

❷ 만약 당신이 매일 억지로 출근한다면……

사람이 스무 살 남짓 됐을 때는 어떤 직업이 자신에게 적합한지 판단이 서질 않는다. 그러나 서두를 필요가 없다. 당신의 능력 내에서 당신이 지금 좋아하는 일을 선택하면 된다. 서른 살 이전의 직장은 돈 문제를 생각해서는 안 되며, 좋고 나쁨을 판단하는 기준은 단 하나, 많은 것을 배울 수 있느냐 하는 것이다. 이상적인 직업은 수입이 얼마인가, 업무 환경이 어떠한가가 아니라, 당신에게 적합한가, 당신이 이 일을 할 때 즐거운가가 중요하다. 만약 매일 억지로 출근한다면 대우가 아무리 좋아도 아무런 재미가 없다.

❸ 록(rock) 청년

칭화대학에 입학한 조카가 록 음악을 좋아해서 낮에는 수업을 듣고, 밤에는 기타를 친다. 칭화대학의 수업은 정말 장난이 아니어서 매번 시험 기간이 가까워지면 조카는 밤을 새워 공부했는데, 몇 학기 지나자 바람 불면 날아갈 듯이 야위었다. 조카는 졸업 후 록 음악을 하며 살 생각이었다.

그 애의 부모가 절망한 것은 말할 것도 없고, 작가이자 외삼촌인 나까지도 록 음악으로는 생계를 꾸리기 어렵다고 생각했다. 나는 외삼촌으로서 조카에게 졸업 후 전기 기술자가 되라고 설득했다. 그러나 조카는 음악이 좋다고 했다. 나는 "먼저 돈을 벌어서 생계를 꾸리고 나중에 취미를 살려도 늦지 않아. 나는 록 음악을 이해하지 못하지만, 즐거운 생활이 아닐 것 같다."라고 말했다. 내 조카는 곧바로 "왜 꼭 즐거워야 하죠? 고통은 예술의 원천이에요."라고 말했다. 나는 "맞아, 고통은 예술의 원천이야. 하지만 너 자신이 고통스러울 필요는 없는 거야. 다른 사람의 고통도 네 예술의 원천일 수 있어. 만약 네가 괴롭다면 넌 다른 사람의 예술의 원천이 될 수도 있어."라고 말했다.

비록 나 자신은 그렇게 생각하지 않았지만, 뜻밖에 조카를 설득시켰고, 조카는 열심히 공부해서 졸업 후에 록 음악을 하지 않고 회사에 들어가 돈을 벌기로 했다.

❹ 남의 떡이 더 커 보인다

나는 5년간 세 번이나 직장을 옮겼으니, 한 가지 일을 평생토록 하는 사람의 입장에서 보면 아마 도무지 이해하기 힘들 것이다. 그러나 나는 일단 직장을 한 번 옮기고 나면 두 번째, 세 번째는 대수롭지 않게 된다는 것을 알게 되었다. 어떤 사람은 내게 남의 떡이 더 커 보이는 법이라고 하지만, 어느 누가 자신의 생활이 더 나아지길 원하지 않겠는가? 어떤 사람은 안정적인 것을 좋아하고 동요되는 것을 두려워하지만, 나는 변화 속에서 발전을 추구하는 것을 즐긴다. 만약 더 좋은 기회가 있다면 나는 또 직장을 옮길 것이다.

17 영원한 사랑 영원한 가정

① 결혼하는 것을 가정을 이룬다고도 한다

내게는 동료가 하나 있다. 그는 이혼한 지 이미 몇 년이 되었고, 오랫동안 혼자 살고 있다. 그가 매번 나에게 "집에 돌아가야겠어." 혹은 "우리 집에 에어컨을 새로 달았어." 등등 '우리 집이 어떠하다' 식의 말을 할 때면 나는 알 수 없는 어색함을 느꼈다. 나중에 곰곰이 생각해 보니, 그가 이혼남이고 혼자 살고 있으니 가정이라는 것이 없기 때문이라는 것을 알게 되었다.

중국인은 일반적으로 한 사람이 부모를 떠나 혼자 생활하면 반드시 결혼을 해야 가정이 있는 것으로 여긴다. 그래서 결혼하는 것을 가정을 이룬다고도 하는 것이다. 전통 사상 속에서 독신으로 사는 것은 받아들여지지 않는다. 만약 한 사람이 혼기가 되었는데도 결혼하지 않았다면 친척이나 친구, 동료들이 오히려 더 적극적으로 열심히 그를 위해 배우자를 찾아 주려고 할 것이다. 그들은 독신 생활이 결혼 전의 과도기적 상태이며 누구든지 조만간 결혼을 해야 한다고 생각한다.

물론 사회가 발전함에 따라 독신이냐, 결혼이냐에 대해 사람들의 선택은 점점 더 개방화되고 있다.

② 당신은 아내에게 거짓말을 하십니까?

[장(张) 여사는 TV 프로그램의 사회자이고, 펑(冯) 선생은 영화감독이다. 다음 대화는 TV 인터뷰이다]

장　감독님은 아내에게 거짓말을 하십니까?

펑　물론입니다. 아내에게뿐만 아니라 누구에게든 할 수 있죠.

장　어렸을 때부터 선생님은 우리에게 성실한 어린이가 되라고 가르치셨는데, 거짓말하는 것이 설마 나쁜 짓이 아니라는 것은 아니겠죠?

펑　이 문제에 관한 한 융통성이 좀 있어야 합니다. 예를 들면, 제가 제 아내와 알기 전에 여자친구와 밥을 한 끼 먹은 것은 단지 옛날 일이지 가정을 깰 만한 어떤 일도 아닌 거죠. 그러나 제 아내는 받아들일 수 없을 것이고, 언쟁을 피하고자 여자와 같이 밥을 먹으러 갔었다고 얘기하지 않고 남자와 술을 마시러 갔었다고 얘기해야 하지 않겠습니까? 이런 거짓말은 가정의 안정에 도움이 되기 때문에 할 만하다고 저는 생각합니다.

장　그렇지만 부인께서 선생님이 거짓말한 것을 알게 된다면 그게 오히려 부인께 상처가 되지 않을까요?

펑　맞습니다. 그 문제는 피할 수가 없습니다. 그렇지만 저는 사람들에게 긍정적으로 생각하라고 권합니다. 만약 당신의 배우자가 당신에게 거짓말을 한다면 그가 그래도 당신을 중시하며 둘의 관계를 깰 생각이 없는 것이라 보면 되고, 만약 당신의 배우자가 거짓말조차 하지 않는다면 그가 당신을 사랑하지 않는 것이라 보면 됩니다. 이것이 훨씬 두렵지 않습니까?

장　솔직한 답변에 감사드립니다.

③ 아내가 있다면 아마도 곧 이혼할 것이다

나는 한 무역 회사에 다니고 있다. 아직 결혼하지 않았고, 결혼 얘기가 오가는 남자 친구도 없다. 사실 나는 내가 미래에 아름답고 원만한 결혼 생활을 할 수 있을지 별로 자신이 없다. 나는 이렇게 경쟁적이고 스트레스가 많은 시대에 행복하고 안정적인 결혼과 가정은 지나친 바람이라고 생각한다.

서른이 넘은 나이의 남성인 우리 사장님은 일이 너무 바쁘고, 접대가 너무 많아 거의 매일 밤 11~12시에 귀가하시고, 어떤 때는 더 늦기도 하신다. 게다가 사흘에 두 번은 출장이시다. 나는 그의 가정생활이 어떤 모습일지 상상하고 싶지도 않다. 아내가 있다면 아마도 곧 이혼하리라 생각한다. 나는 또 동료들과 친구들이 있다. 그들은 남편이 외지에 파견 근무를 나갔거나 아내가 외국 유학 중이다. 나는 이렇게 오랫동안 떨어져 지내는 생활이 어떤 결과를 가져올지 모르겠다. 이런 시간이 길어지면 배우자가 바람을 피울 수도 있을 것이고, 감정의 교류와 소통이 부족해질 수도 있다. 나는 사회가 발전함에 따라 결혼과 가정은 더욱더 많은 어려움에 직면하리라 생각한다.

18 지구촌

① 나는 지금까지 나 자신을 좁은 울타리에 가둔 적이 없어요

[메이구이(玫瑰)와 기무라(木村)는 중국에서 공부하고 있는 외국인 유학생이다]

기무라　메이구이, 너 내게 중국 친구 한 명 소개해 줄 수 있니?

메이구이　회화 연습할 중국 친구를 찾고 싶은 거야?

본문 해석

기무라 회화 연습도 하고 싶고, 친구도 사귀고 싶어. 중국에 오면 중국인과 왕래할 기회가 많을 줄 알았는데, 실제로는 접촉할 기회가 매우 적어. 캠퍼스 안에서만 생활하고 왕래하는 사람들도 유학생뿐이잖아. 또 대부분 자기 나라 사람들끼리 좁은 울타리 안에서 교제하고 말이야. 나는 늘 외국에 오지 않은 것과 같다는 생각을 해.

메이구이 내 생각에 이건 자연스러운 일인 것 같아. 언어와 문화의 장벽은 한 사람이 다른 사회로 융합되기 힘들게 하거든. 그렇지만 관건은 개인의 노력이야. 만약 네가 노력한다면 상황은 훨씬 좋아질 거야.

기무라 너처럼?

메이구이 난 내가 아주 잘하고 있다고 말하진 못 해. 그렇지만 난 노력했어. 나는 지금까지 나 자신을 좁은 울타리에 가둔 적이 없거든. 적극적으로 밖으로 나가 살고 중국인과 친구가 되었어. 그들은 내게 매우 친절하고 따뜻했어.

❷ 그들은 왜 그렇게 다정하지 않은 걸까?

[톰(汤姆), 기무라(木村), 폴(保罗) 이 세 명은 중국에 와서 공부하는 외국인 유학생이다]

톰 내게는 중국 친구가 한 명 있는데, 그는 미국에서 공부하고 있어. 한 번은 그의 아내가 중국에서 그를 만나러 와서 나는 그와 같이 공항으로 마중 나갔지. 그들은 떨어져 지낸 지 2년 가까이 되었는데, 만났을 때 매우 담담하고 키스도 포옹도 하지 않는 거야. 또 '사랑해', '보고 싶었어' 같은 말도 하지 않더라고. 나는 속으로 무척 답답했어. 그들 부부 사이가 매우 좋다고 알고 있었는데, 그들은 왜 그렇게 다정하지 않은 거지? 나중에 나는 그들이 아마도 오랜 시간 못 만나서 서로 조금 낯설었을 거라고 생각했어.

기무라 약간 그런 것도 있겠지. 그런데 핵심은 중국인이 애정을 표현하는 방식이 너희 서양인과 다르기 때문일 거야. 중국인들은 감정을 쉽게 드러내지 않고, 공공장소에서 사적인 감정을 드러내는 걸 좋아하지 않아. 특히나 부부 사이에는 말이야. 너희 미국인이 'Baby, I love you' 같은 말을 입에 달고 살고 수시로 말하며 옆에 누가 있든지 상관하지 않는 것과는 달라.

폴 나도 이미 그런 점에 주목한 적 있어. 중국인들이 감정을 쉽게 드러내지 않는 것은 때로 장소의 문제가 아니야. 내 아내는 중국인인데 그녀는 부모님과 사이가 좋고 부모님들도 매우 그녀를 사랑하지만, 부모님은 여태껏 직접 딸에게 사랑한다는 말을 해 본 적이 없어. 나 역시 그들이 끌어안거나 키스를 하며 애정을 표현하는 것을 본 적이 없고. 내 아내가 말하길, 사랑은 말로 표현할 필요 없이 서로 느끼는 거래.

❸ 사실 우리는 모두 편견이 있다

[이덕호(李德浩)와 브라운(布郎)도 외국 유학생이다. 그들은 톰(汤姆)과 기무라(木村)의 토론에 동참하게 되었다]

톰 나는 중국인과 접하면서 알게 되었는데, 가끔 그들은 말을 약간 모호하게 얼버무리더라고. 그들의 솔직한 견해가 도대체 무엇인지 너는 알 수 없을 거야. 그들은 왜 좀 더 솔직하지 못한 거지?

이덕호 대다수 중국인은 솔직한 견해를 말하는 것을 꺼려. 누군가를 불쾌하게 만들고 싶지 않은 거지. 너도 알다시피 때로 진실한 말이 남의 미움을 사기 쉽잖아. 중국인들은 화목을 중시하거든.

톰 그것이 고대 중국인의 처세술이지? 나는 어제 길에서 두 명의 중국인이 사소한 일로 매우 심하게 다투는 것을 봤어.

브라운 네가 본 것은 단지 개별적인 현상에 불과해. 우리는 다른 나라 사람들을 볼 때 약간의 편견이 있어. 예를 들어 사람들은 종종 미국인은 모두 개방적이고, 영국인은 모두 보수적이고, 일본인은 모두 예의를 중시한다고 생각하지. 사실 각 나라 안의 사람들은 모두 천차만별이야.

기무라 나도 동감이야. 한 나라를 알면 알수록 이런 점을 볼 수 있을 거야. 비록 나라마다 문화와 관습은 다르지만, 사람의 감정은 본질적으로 통하게 되어 있거든. 다른 것은 성격뿐이지.

❹ 맥도날드를 먹고 자란 아이들

천신 이 아이들이 왜 이렇게 외국 물건을 좋아하는지 알고 있니? 맥도날드와 피자를 먹고, 외국 유행가를 듣고, 미국 영화를 보고. 무엇이 그들을 끌어당기는지 난 정말 모르겠어.

마웨 그건 매우 자연스러운 일인 것 같아. 젊은 사람들은 늘 신기한 것에 흥미를 느끼잖아.

천신 그렇지만 나는 맥도날드를 먹고 자란 아이들이 중국의 전통을 잃어버릴까 봐 정말 걱정돼.

마웨 그런 걱정은 할 필요가 없어. 우리는 지금 서로 다른 문화가 영향을 주고 융합하는 시대에 살고 있어. 외국의 것을 받아들이면서 자신의 것도 잃어버리지 않을 수 있어. 오히려 자신이 더욱 발전할 수 있지.

천신　이 문제에 있어서 나는 너처럼 그렇게 낙관적이지 않아.

19 우리의 생활

① 오늘 또 차가 막혔어요!

[이른 아침, 루어제(罗杰)는 숨을 헐떡이며 뛰어서 출근하던 길에 동료 장리통(张立同)을 만난다]

루어　오늘 또 차가 막혔어! 다행히 내가 일찍 나왔기에 망정이지, 그렇지 않았다면 분명 지각했을 거야.

장　요즘 교통 체증 정말 문제야. 특히 러시아워에는 정말 물샐 틈 없이 붐벼. 차는 너무 많고 길은 너무 적어.

루어　내가 볼 때 교통 혼잡이 교통 체증을 초래하는 것 같아. 길에 자전거 타는 사람, 걷는 사람, 운전하는 사람들이 다 있고, 게다가 어떤 사람은 빨리 가려고만 하고 교통 법규를 지키지 않으니 교통사고가 나기 쉽지. 일단 사고가 나면 교통이 엄청나게 막히게 되는 거고.

장　그렇지만 사고가 나는 경우는 드물어. 나는 교통 체증을 해결하려면 차량 증가 속도를 늦춰야 한다고 생각해. 중국의 경제 발전 속도가 이렇게 빠르니, 문제는 점점 더 심각해질 거야. 하루빨리 방법을 강구해야 해. 문제를 더 이상 해결할 방법이 없을 때까지 두면 너무 늦어.

루어　한 나라가 발전기에 있을 때는 문제가 많기 마련이지.

장　사실 교통 체증은 매우 보편적인 문제야. 미국은 교통이 매우 발달했다고 할 수 있지만, 어떤 지역에서는 여전히 이러한 문제가 존재해. 얼마 전에 방송에서 들었는데, 시애틀 시 정부가 차량 증가를 효과적으로 통제하는 방법을 생각해 냈는데, 그것은 바로 더 이상 도로를 확장하지 않는 것이라고 하더라.

루어　무슨 뜻이야?

장　그들의 경험에 따르면, 길을 낼수록 차를 사는 사람도 점점 많아지기 때문에 아예 길을 내지 않겠다는 거야. 어쨌든 길을 아무리 새로 내도 소용이 없으니까.

루어　이건 정말이지 불변의 대책으로 모든 변화에 대응하는 격이로군.

② 인터넷으로 사랑을 나누다

내 남편은 캐나다에서 유학 중이고, 나는 베이징에서 학생들을 가르치고 있다. 각자의 일이 있기에 우리는 어쩔 수 없이 서로 멀리 떨어져 살고 있다. 거리가 아름다움을 만들고, 사랑을 크게 만든다고 했던가, 우리는 서로가 너무 그립다. 다행히 현재는 인터넷이 연결되어 있다. 비록 서로 멀리 떨어져 있고, 낮과 밤이 반대라 할지라도 매일 아침(캐나다는 저녁) 나는 일어나자마자 가장 먼저 핸드폰의 위챗 앱을 열어 남편과 화상 통화를 한다. 주말이면 우리는 늘 한두 시간씩 대화하고, 함께 나눌 수 있는 모든 느낌을 함께 나눈다. 그는 여행을 좋아해서 가는 곳마다 많은 사진을 찍어 위챗 모멘트(朋友圈)에 올린다. 그 이국적인 분위기의 사진들을 감상하고 있을 때면, 마치 나 자신도 그와 함께 여행을 간 듯하다.

비록 우리는 거의 매일 온라인에서 만나지만, 가상의 인터넷 세상은 실제 사람을 대신할 수 없고, 나는 진실한 포옹이 필요하다. 겨울 방학이 다가온다. 나는 이미 비행기표를 샀고, 캐나다로 가서 그와 함께 여행을 가서 휴가를 보낼 계획이다. 떠나는 그 날을 간절히 기다리고 있다.

③ 당신은 환경 보호 의식이 강하군요!

[리(李) 씨와 한(韩) 씨는 학교 청소부이다]

리　정말 싫어. 또 쓰레기가 한 무더기야. 매일 쏟아버려도 다 쏟지 못한다니까.

한　쓰레기 안에 알록달록한 것 좀 봐. 대부분이 포장지야. 요즘 사회가 너무 포장에만 신경 쓴다고 생각하지 않아?

리　너무들 신경 쓰지. 그런데 포장에 신경 쓰는 것은 사회 발전의 표현인 것 같아. 포장이 있으면 예쁘고 편리하잖아. 얼마나 좋아. 가끔 나는 심지어 포장이 예뻐야만 산다니까.

한　예쁘긴 예쁘지. 그런데 너 알아? 플라스틱으로 만들어진 물건은 500년이 지나야 비로소 자연으로 돌아갈 수 있다. 만약 제대로 규제하지 않으면 환경은 엄청나게 오염될 거야!

리 현재 정부에서 종이 제품 사용을 장려하지 않나?
한 제지 공장이 환경 오염에 더 나빠. 대량의 삼림 자원도 소모하고 말이지.
리 네 말대로라면 인간은 살 수가 없어. 생존과 환경은 영원한 모순이야.
한 나도 이런 모순이 영원히 존재한다는 것을 인정해. 그렇지만 인류는 대자연에 대한 파괴를 최대한 줄여야 해.
리 네 말 일리가 있어. 그렇지만 사람들이 모두 너처럼 환경 보호 의식이 강할 수는 없지.

20 오늘은 무슨 뉴스가 있나요?

① 네이멍구에 큰 산불이 나다

장리 너 네이멍구에 여행 간다면서, 언제 떠나?
저우다 못 가게 됐어. 너 뉴스 못 봤어? 네이멍구에 큰 산불이 났대.
장리 산불? 심각한 거야?
저우다 불길이 세서 아직도 계속 번지고 있대. 온통 연기가 자욱하고 공항도 벌써 폐쇄되었어. 길에 오가는 사람들은 모두 마스크를 써야 해. 주변 국가들도 심각한 영향을 받았나 봐.
장리 그렇게 심각하다니! 불이 난 원인이 뭐야?
저우다 전문가들은 엘리뇨 현상 때문이라고 말하더라. 태평양 상공의 강력한 난류가 기후를 비정상적으로 따뜻하게 해서 가뭄과 화재 등을 초래한대. 올해 많은 나라에서 발생한 재해가 모두 이런 현상과 관련 있나 봐. 벌써 13억 달러의 손실을 초래했대.
장리 정말 무섭다. 올해 베이징 여름이 이렇게 더운 것도 이것과 관련이 있는 건 아닌지 모르겠어.

② 금융 위기

황잉 어제 뉴스 봤어? A 나라에 금융 위기가 닥쳤대. 국제통화기금(IMF)에 긴급 지원을 요청했다는군.
캉밍량 요즘 왜 그러지? B 나라의 큰 증권회사도 얼마 전 도산했다고 발표했잖아.
황잉 맞아. 최근 아시아 몇 개 국가가 잇달아 금융 위기를 맞았어. 연쇄 반응처럼 말이야.
캉밍량 얼마 전 뉴스에서는 줄곧 아시아 경제가 매우 호황이라고 보도하지 않았었어?
황잉 번영 뒤에는 항상 위기가 숨어 있기 마련이지. 동남아 금융 위기는 주로 인위적 요인 때문에 발생했대. 들리는 바에 의하면 누군가가 투기를 했다는 것이지. A 나라는 파산을 선포한 대기업들이 이미 투자를 과도하게 했고, 그 규모도 너무 커서 결국 은행 대출을 상환할 방법이 없다더라.
캉밍량 그럼 이 위기가 중국에까지 미치지는 않을까?
황잉 홍콩 주식시장은 이미 약간의 영향을 받았대. 그렇지만 전문가들은 그 영향이 대륙에까지 미치지는 않으리라고 분석하고 있어.

③ 부패와 발전

[샤오장(小张)과 샤오리(小李)는 신문을 보고 있다]

샤오장 현재 중국 일부 지역의 부패 현상은 정말 심각해. 어제 본 신문에서는 산시의 한 관리가 2000여만 위안의 공금을 유용했다더군.
샤오리 사실 부패는 중국에만 있는 게 아냐. 이 뉴스를 봐 봐. 방금 끝난 '제8회 세계 반부패 수뇌 회의'에서는 특별히 경제 세계화와 제3세계의 발전과 부패 관계에 관해 토론했대. 그들은 부패가 종종 발전과 함께한다는 것을 확인했어.
샤오장 이 사실 정말 흥미롭다.
샤오리 읽어 줄 테니 들어 봐. '세계은행이 69개 국가 3,600개 기업에 대한 조사에서 밝혔듯이 종종 계약이나 무역을 전제로 뇌물을 받으며, 40%의 제3세계 국가 기업들이 항상 뇌물을 준다고 인정했고, 라틴 아메리카 기업의 뇌물 수수율은 80%에 달한다.'

④ 달을 경매하다

세상에는 가지각색의 기묘한 일들이 있다. 여기 한 미국인은 뜻밖에도 달을 경매에 부쳤다! 호프(霍普)라는 이름의 이 미국인은 실패한 사업가였는데, 어느 날 그는 '왜 달을 사업에 쓸 수 없는 것일까?'라는 기발한 아이디어를 생각해 냈다. 그는 달과 관련된 모든 법률 조항을 찾아보고, 어떤 조항에도 '개인이 천체를 가질 수 없다'라는 말은 없음을 발견하였다. 그래서 그는 이 빈틈을 파고들어 공증기관에 자신이 쓴 '천체 매매 계약서'를 제출하고 달이 자신의 소유라고 선포했다. 그는 달을 113 등분하여 경매를 진행했다. 더욱더 놀라운 것은 이걸 사는 사람이 있었다는 것이다!

일반인에서 정부 관리까지 모든 사람이 다 있었으니, 정말 불가사의한 일이 아닐 수 없다!

복습 4 국제 결혼

❶ 전업주부 남성

최근 몇 년간 전 세계적인 경기 침체에 따라, 남성 실업률이 점점 높아지고 있다. 여성은 대부분 의료 건강과 교육업에 종사하기 때문에, 타격이 그렇게 심각하지는 않다. 이 외에, 여성의 돈 버는 능력은 점점 강해지고 있다. 작년 미국의 맞벌이 가정을 예로 들자면, 30.7%가 아내의 수입이 남편의 수입을 초과했다. 이러한 여성들은 대부분 어려서부터 우수한 교육을 받아, 가정주부가 되기를 바라지 않는다. 이에, 많은 실직 남성들이 전업주부가 되었다. 또 어떤 남편들은 가정과 아이를 돌보기 위하여, 본인 스스로 일을 줄이거나, 사업을 포기하기도 한다.

그러나, 이러한 부부 역할의 변화는 결코 간단한 일이 아니다. 어떤 가정은 모순과 스트레스로 가득 차 있다. 이전에 가정을 중심으로 여겼던 아내들은 가정의 무거운 짐이 모두 자신의 어깨에 달려 있다고 생각한다. 그녀들의 스트레스는 주위에서 온다. 친한 친구나 회사 동료의 의견이 분분해져, 그녀들의 기둥서방 같은 남편은 필요 없다고 말할 것이다. 남자들은 항상 일이 중심이라고 교육 받아 왔는데, 일단 실직하면 매우 고민되고 마치 사회에서 버려진 것 같이 생각한다. 그들은 집안일 하는 것을 남자의 체면이 안 선다고 생각해서, 어떤 부부들은 언쟁을 피할 수 없다.

현재, 여성이 밖을, 남성이 안을 책임지는 가정이 그다지 많지는 않다. 그러나, 앞으로 만약 남성이 일자리를 얻지 못한다면, 집으로 돌아가야 하는 것도 어쩌면 필연적일 것이다. 비록 지금은 많은 여성이 여전히 남자가 돈을 벌 능력이 있느냐 없느냐를 배우자를 선택하는 조건으로 삼고 있지만, 수입이 높은 직장 여성들은 갈수록 전업주부가 될 남자들을 찾는 경향이 생길 것이다.

❷ 국제 결혼

[기무라(木村)가 친구의 결혼식에 다녀온 후 폴(保罗)과 이야기를 나눈다]

기무라 내 친구가 결혼했어. 그는 일본인인데, 아내는 프랑스인이야. 그들이 사귄 지는 꽤 됐는데, 어렵게 결혼했기 때문에 정말 기뻐.

폴 그래, 두 사람의 사랑이 결실을 이루어 기쁘다. 그들은 중국에서 서로 알게 된 거야?

기무라 응. 5년 전에 중국어를 배우러 중국에 왔을 때 같은 반 친구였어. 그들은 처음에 한눈에 반했지. 두 사람의 유일한 공통 언어는 갓 배운 서툰 중국어였어.

폴 그거 사랑은 표현할 필요 없이, 서로 마음으로 느끼는 거라는 내 아내의 말과 같네.

기무라 그런데 언어와 문화의 장벽 때문에 그들의 관계가 후엔 조금 순탄치 못했어.

폴 그건 지극히 자연스러운 일이야. 설령 같은 민족에 같은 문화를 가진 사람이었다 한들, 그런 문제는 피할 수 없어. 중요한 건 두 사람이 진심으로 사랑하느냐이지. 사랑만 있다면 문제는 결국 해결할 수 있거든.

기무라 하지만 문화가 다른 사람들이 결혼할 때 직면하게 되는 어려움은 비교적 많아. 서로 사랑하기는 쉬울지 몰라도, 결혼은 그렇게 간단하지 않다고. 내 친구에 대해 말해 보자면, 그 애의 부모님은 보수적이셔서 처음에 그가 프랑스 여자 친구와 결혼하는 걸 원치 않으셨어. 이 일로 그들은 심하게 다퉜지. 그의 아버지는 심지어 아들과 인연을 끊을지언정 그들이 결혼하는 것은 반대한다고까지 하셨거든.

폴 이해할 수 있어. 나와 내 중국인 아내도 처음엔 순탄치 않았거든. 그런데 비록 각국의 문화 풍속이 다르더라도, 사람의 마음은 본질적으로 통한다는 걸 알게 되었어. 함께 오래 살다 보면, 점점 이런 점도 발견하게 되지. 노력만 한다면 결국 좋은 결과가 있을 거야.

기무라 네 말도 일리가 있어. 내 친구는 끝까지 부모님을 설득했고, 그분들도 지금은 그의 아내를 매우 좋아하셔. 어제 결혼식에 오셨는데, 기뻐서 눈물까지 흘리시더라고.

❸ 조사 보고서: 도시 교통

교통은 모든 도시가 직면하고 있는 문제이며, 우리 모두의 생활과도 관계가 깊습니다. 다음 몇 개의 문제를 최소한 다섯 사람에게 조사하고, 그들이 대답한 상황을 보고서로 정리하여 조사 결과를 교실에서 발표해 봅시다.

1. 당신이 살고 있는 도시의 러시아워 교통 상황은 어떻습니까?
2. 당신이 살고 있는 도시의 시 정부는 교통 체증을 어떻게 통제합니까? 효과가 있습니까?
3. 어떤 원인으로 교통 체증이 생긴다고 생각합니까?
4. 교통 체증을 개선하기 위해서 개인이 해야 일은 무엇이라고 생각합니까?

❹ 당신의 환경 보호 지식을 측정해 봅시다

인류 사회의 쓰레기는 자연환경에 심각한 오염을 초래합니다. 자연 자원을 절약하고 환경을 보호하기 위해서 우리는 쓰레기 분리수거와 재활용을 해야 합니다. 다음은 쓰레기 처리와 재활용에 관한 문제입니다. 얼마나 맞힐 수 있을지 확인해 봅시다.

1. 다음 중 재활용이 가능한 것은?
   a. 신문   b. 비닐 포장지
   c. 도자기 파편 d. 깨진 유리 조각

2. 다음 중 함부로 쓰레기통에 버리면 안 되는 것은?
   a. 바나나 껍질 b. 전구
   c. 건전지   d. 음식 찌꺼기

3. 다음 물품 중 재활용이 안 되는 것은?
   a. 스티로폼   b. 캔
   c. 책   d. 도자기 파편

모범 답안

01

단어 연습

1. ① 我并不喜欢跑步，是医生叫我这么做的。
   ② 你算猜对了！这张照片真的是在桂林拍的。
   ③ 有事尽管来找我。
   ④ 刚才你说什么来着？我没听清楚。

2. ① 我会尽快给你回信的。
   ② 很快你就会适应这里的生活。
   ③ 他一下子就明白了老师的意思。
   ④ 我觉得你很面熟。

3. ① 如果你有什么困难的话，尽管告诉我，我会尽力帮助你的。
   ② 你刚刚来到中国，所以很多地方感到不习惯，慢慢就会适应了，以后你会认识更多的朋友，就不会这么想家了。
   ③ 你的记性可真好，这么长的号码，一下子就记住了。
   ④ 我们昨天晚上看的那场电影叫什么名字来着？

4. ① A 你住校内还是校外？
     B 我住校内16楼207，欢迎有空儿来玩儿。
   ② A 请问产品出了质量问题怎么办？
     B 这是我的名片，有什么问题尽管找我好了/有事请跟我联系。
   ③ A 我叫章力，"文章"的"章"，"力气"的"力"。
     B 我叫白马克，你叫我马克好了。
   ④ A 我叫章力，认识你很高兴。
     B 我叫白马克，我们这就算认识了，希望以后我们能成为朋友。

02

단어 연습

1. ① 上次比赛她因为体力不足没有坚持下来。
   ② 我实在坚持不下去了，我想休息一会儿。
   ③ 一定要坚持下去！坚持到底就是胜利。
   ④ 我以为我肯定不行，没想到还真坚持下来了。

2. ① A 昨天的考试难不难？
     B 昨天的考试别提多难了，我觉得这次肯定没考好。
   ② A 你们昨天玩儿得高兴吗？
     B 昨天来了很多朋友，我们又是唱歌又是做游戏，别提多高兴了。
   ③ A 我们喜欢的球队输了，你难过不难过？
     B 当然！别提多难过了！有的朋友甚至都哭起来了。
   ④ A 你见过她的孩子吗？她孩子什么样？
     B 见过，她的孩子又聪明又懂事，别提多讨人喜欢了！

3. ① 酒后开车非出事故不可。
   ② 要想学好汉语，非努力学习不可。
   ③ 这个孩子非要吃巧克力不可。
   ④ 她非要我陪她去不可。
   ⑤ 你这样下去非出事不可。

4. ① A 这个孩子气死我了，我非打他一顿不可。
     B 他就是个小孩子，你至于跟孩子生那么大的气吗？
   ② A 小王感冒住院了。
     B 感冒还至于住院啊/感冒至于住院吗？
   ③ A 我们俩为这件事还吵了一架。
     B 这么点儿小事，不至于吵架吧。

03

단어 연습

1. ① 今天的菜很合我的口味。
   ② 我感冒了，没胃口。

③ A 可以借我一点儿钱吗？
B 钱好说，你要多少？
④ 他把事情搞砸了。
⑤ 他打篮球有两下子。

2 ① A 我们去吃涮羊肉怎么样？
B 我吃不惯羊肉的味道。
② A 这酒你喝得惯吗？
B 还可以，这酒味道还不错。
③ A 这双高跟鞋多漂亮啊！买一双吧！
B 跟儿太高，我穿不惯(这么高的跟儿)。

3 ① 我一看菜单就头疼，还是你来点菜吧。
② 我是南方人，吃惯了清淡的菜，吃不惯这么辣的菜。
③ 今天感冒了，没胃口。
④ 我今天很累，实在懒得动，还是你做吧。
⑤ 今天我来下厨房，让你尝尝我的手艺，准让你大饱口福。

04

단어 연습

1 ① 你穿这件衣服真合适！
② 这件衣服很适合你。
③ 我不适合穿这种衣服。
④ 你穿这件衣服再合适不过了！

2 ① 中国人口最多的城市，不是上海就是重庆。
② 小王不是去拜访客户，就是去开会了。
③ 家庭主妇每天在家，不是做家务，就是照顾孩子。
④ 周末不是加班，就是陪爱人逛街。
⑤ 我猜你买的礼物，不是书就是练习题。
⑥ 那里的衣服不是太贵，就是不好看。

3 ① 我看了一下手表，4点整。
② 我们一起看过一次电影。
③ 他看了一番，也没发现这两个东西有什么不同。
④ 我吃过一次烤鸭。
⑤ 他尝了一下，说不好吃。
⑥ 我们商量了一下，决定去上海。

4

05

단어 연습

1 ① 带上吃的吧，饿的时候好吃。
② 请你留下电话号码，有消息我们好通知你。
③ 今天好好儿休息，明天好参加考试。
④ 老师把字写得很大，好让后面的学生也看清楚。
⑤ 我们事先别告诉他，给他准备一个生日晚会，好给他一个惊喜。

2 ① 天气不好的话不去长城。
a. 除非天气好，才能去长城。
b. 我们不能去长城，除非明天天气好。
② 来客人时，他家才用这套餐具。
他家从来不用这套餐具，除非家里来了客人。
③ 有特别紧急的工作才加班。
a. 除非有特别紧急的工作，否则我们不加班。
b. 我们不加班，除非有特别紧急的工作。
④ 去上海的话我去，别的地方我不去。
除非去上海，我才去，否则我不去。

3 ① 我饿了，冰箱里有什么可吃的没有？
② 这儿附近的餐厅他都吃遍了。
③ 我拿不定主意买红的，还是买白的。
④ 昨天我在商店看中了一件白毛衣。

4 ① A 我不知道该买哪一件，请你给我参谋参谋，好吗？
B 我看那件白的好。
② A 我想买最上边的那幅画。
B 你真有眼光！那是一位大画家的作品。
③ A 你的字写得真漂亮！
B 其实不太好，说得过去吧。
④ A 昨晚玩儿得好吗？
B 别提了，我们刚玩儿一会儿就停电了。

복습 1

❶

요점 체크

1 来，我来介绍一下，这位是我的中国朋友小马，北京大学的学生。这位是——
2 你好！很高兴认识你。你也姓马吗？
当然欢迎！我们这就算认识了，希望我们能成为朋友。
3 别客气，还是叫我小马好了。有什么问题尽管说，我会尽力帮助你们的。

❷

요점 체크

1 你点的这个菜很好，清淡可口，很合我的口味。
2 真的？听起来都是地道的四川菜啊！真看不出，你还有两下子。
3 "清炒"的意思就是不加调料，只用油和盐炒一炒就行了。

麻婆豆腐，按照说明做就行，特别容易。把油放锅里热一热，然后把切好的豆腐放进去炒一炒，最后再把买来的调料放进去炖一炖就好了。

❸

요점 체크

1 这位顾客想给她的狗买一件外套，可是差不多跑遍了所有的宠物用品商店，也没买到。商店里有是有，可是尺寸都不合适。不是太大，就是太小。她的狗身材很特别，肩膀很宽，可是腿很短，肚子离地面很近。
2 售货员推荐了可以调大小的款式。是地道的名牌儿货。花色也很多。但这是一种很高级的面料，非常暖和，不过要干洗，否则会缩水的。顾客觉得要干洗太麻烦了。
3 售货员推荐的第二种结实耐穿，又防风又防雨，不缩水，还不用洗。
4 最后他们决定定做。什么尺寸，什么材料都可以。

06

단어 연습

1 ① 我的录音机出毛病了。
② 最近天气真奇怪，时冷时热。
③ 你的冰箱用了多少年了？该报废了吧？
④ A 昨天跟你一起吃饭的，是不是你男朋友？
B 哪儿啊，那是我同事。
⑤ 车费我们俩分担，怎么样？

2 ① A 你觉得他会不会去那儿呢？
B 我看他十有八九会去那儿。
② A 都走了大半天了，怎么还没到？
B 我看咱们十有八九是走错路了。
③ A 我看今天十有八九会下雨。
B 不会吧，天气预报说今天没雨。
④ A 我看这个人十有八九不可信。

B 我也觉得这个人不太可信。

3 ① 有了自己的汽车，上下班方便不说，节假日还可以开车去玩。
② 在北京能学到标准的汉语不说，还能游览各种名胜古迹。
③ 他偷了我的东西不说，还偷了我同屋的东西。
④ 他上课常常迟到不说，有时还旷课。

4 ① A 你不买是不是没那么多钱？
B 我有钱，只不过是不想买罢了。
② A 你病了，我们去医院吧。
B 只不过是感冒罢了，不用去医院。
③ A 我看他的样子不太伤心。
B 其实他心里很难过，只不过不显露在脸上罢了。
④ A 你歌儿唱得真好。
B 哪里，只不过是随便唱唱罢了。

5 ① 师傅，您帮我看看，我的自行车出毛病了。
② 做事的时候别着急，慢慢来。
③ 要是今天不下雨就好了，那我就能和朋友出去玩了。
④ 这么多工作，我一个人干不过来。

07

단어 연습

1 ① 你最好把这个电话号码记在本子上，省得打错电话/省得以后忘了。
② 我们今天晚上早点儿睡，省得明天早上起不来。
③ 多带点儿钱，省得不够花。
④ 去海边游泳的时候要抹上一层防晒霜，省得皮肤被晒黑/省得被紫外线过度照射。

2 ① 明天又到周末了，想不想出去玩？
② 看电影好是好，可是依我看，咱们不如去听音乐会。
③ 这里常常堵车，为了保险起见，我们最好早点儿出发。
④ 我饿了，你那儿有什么可吃的没有？

3 ① 北京给我印象最深的是北京人都特别热情好客。
② 这个学校给我印象最深的是，学校现代化的教学设施如此完善。
③ 我还记得小学时的同学，给我印象最深的是一个女生，高高的个子，大大的眼睛，长得可漂亮了。
④ 学过的课文中给我印象最深的是第四课《到底是哪儿不对劲儿？》。

4 ① 穿白色的这件吧，会显得很胖；蓝色的这套吧，裙子太短了；红色的这套吧，我又觉得太鲜艳了。
② 去吧，觉得那个大学没有什么名气；不去吧，我又怕失去一个机会。
③ 跟小李结婚吧，他虽然很浪漫，但是没有稳定的工作，我怕以后会过穷日子。跟小夏结婚吧，他工作好，收入高，可我又担心他工作太忙，没有时间陪着家人。跟小马结婚吧，他诚实可靠，工作也很稳定，可他是回族，我是汉族，我担心我们生活习惯相差太大，天长日久会产生很多矛盾。

08

단어 연습

1 ① 他制定了一个工作计划。
② 他的计划落空了。
③ 你一定要严格执行这个计划。
④ 他的计划还没实现。

2 ① 他不光会唱中文歌，还会唱法文歌。

② 他星期天晨去的，当晚就回来了。
③ A 他这会儿不在家，会去哪儿呢？
　 B 准是去跳舞了。
④ 你不该不跟我打声招呼就把我的东西拿走了。

3 ① 万一我得不到父母的经济援助，我就不能参加比赛了。
② 万一天气不好，飞机就不能按时起飞了。
③ 我们最好给汽车多买点儿保险，万一发生车祸好有个保障。
④ 我们最好多准备点儿吃的，万一路上饿了好吃。

4 ① 很忙，从周一到周五，林凡的日程排得非常满。
② 林凡不能接受，因为工作和课程发生冲突了。
③ 林凡可以利用周六和周日的空闲时间打工挣钱。

09

단어 연습

1 ① 你说得太快，我记不下来。
② 他弟弟去年考上了大学。
③ 这么多事儿，你一个人怎么忙得过来？
④ 我们一定得把产品的质量搞上去。

2 ① A 你来我这儿一下。
　 B 干吗？
② A 我们明天早晨6点就出发。
　 B 会议8点才开始，干吗那么早就走？
③ A 这个孩子真把我气死了。
　 B 你干吗跟一个小孩子生气？
④ A 我给他打了十几次电话都占线，怎么办？
　 B 你干吗不自己去看看？

3 ① 因为上海是中国发展最快的城市之一，此外上海的工作机会也相对多一些。
② 我们这学期有汉语口语课，汉语精读课，此外还有商务汉语课。
③ 这次我们要参观故宫，颐和园，此外还有长城。

4 ① 我发现你花钱太随便，你应该节省一点儿。
② 我喜欢让自己过得舒服一点儿，干吗跟自己过不去呢？
③ 我过得也挺舒服的，只不过不大手大脚罢了。
④ 你们的观念应该变一变了，要不永远跟不上时代的步伐。
⑤ 我不是这个意思，我不是说父母不重要，我的意思是你也应该多为你的将来打算一下。

10

단어 연습

1 ① 这个学校学习条件很好，特别值得一提的是，学校的图书馆藏书很多，借阅方便。
② 那个地方很不错，特别值得一提的是，那儿的人相当热情。
③ 我们公司的新产品非常好，特别值得一提的是它能省电。

2 ① A 你觉得是住在大城市方便呢，还是小城市方便？
　 B 要说方便，当然还是大城市更方便一些。
② A 你的爱好是什么？
　 B 要说爱好，读书算是我最大的爱好吧。
③ A 你是不是不想家？
　 B 要说不想家那是假的。

3 ① 这个菜真好吃，可以说是我吃过的最好吃的菜。

❷ 他的汉语非常好，可以说跟中国人没什么两样。

복습 2

요점 체크

1 在决定买房子以前，花钱一直大手大脚。每个月把自己的工资花完了不说，还要向父母借钱，所以工作了三年都没攒下钱来。

2 让银行每月自动从小黄的工资里扣除一部分存下来，小黄只能用剩下的钱。这样在攒够了房子的首付后，小黄就用分期付款的方式买了现在的房子。

3 为了装修和布置房子，小黄学会了室内设计，并自己动手完成了很多工作。房子还没建好之前小黄就制订了一个装修方案，打算在三个月内把所有的工作分期分批干完。

요점 체크

1 因为小李花了五六个小时，也没把桌子安装好。

2 店员看了图纸后告诉小李，应该看着零件的号码，依照说明书上的顺序安装。
还有一个办法是请工作人员上门组装，不过要加收10%的安装费。

3 有三个零件，要把零件1和2先连起来，再和零件3一起装在桌子腿儿上，最后再和桌面连接，把螺丝拧紧就行了。

요점 체크

1 自动吸尘器

2 用途：它会每天自己在房间里移动，给地板吸尘。

好处：这种吸尘器不光会自动吸尘，还会自己充电。

使用方法：把它放在房间的角落里，插上电源就行了。

3 请注意不要让它走到楼梯旁边，或从高处摔下来。

4 为了保险起见，吸尘器公司有三年的保修期。万一什么地方出了毛病，可以免费维修。

11

단어 연습

1 ❶ A 他叫什么名字？
B 我一时想不起来了。
❷ A 你决定哪天走了吗？
B 我(现在)一时还决定不下来。
❸ A 你给孩子起了什么名字？
B 一时还没想好。
❹ A 我借走你的字典你会不会不方便？
B 我(最近)一时用不着，你先用吧。

2 ❶ 昨天我们两家公司签了一份合同，正式开始合作。
❷ 对不起，给您添麻烦了。
❸ 我不知道到时候能不能抽出时间来。
❹ 我的日程已经排满了。
❺ 明天我们再打电话约下次见面的时间吧。

3 ❶ 您能不能通融一下？
❷ 请您再宽限几天可以吗？
❸ 您就帮帮忙吧。
❹ 您先消消气，咱们有话好商量。

4 ❶ 我已经拜读过了您的文章。
❷ 这本书我有些地方看不懂，想当面向您请教。
❸ 可不可以冒昧地问您一个私人问题？

12

단어 연습

1. ① 他刚到国外，人生地不熟，免不了会想家。
   ② 他刚开始干这个工作，一点儿经验也没有，免不了会出错。
   ③ 在人的一生中，谁也免不了跟其他人打交道/免不了遇到困难。
   ④ 结婚后和父母生活在一起，免不了会闹矛盾/免不了会有一些摩擦。

2. ① A 我不知道为什么，经理最近对我的态度突然变得特别冷淡。
      B 你不妨当面问问他，可能有什么误会。
   ② A 你说我能干好这个工作吗？我有点儿担心。
      B 这是个好机会，你不妨先试一试。
   ③ A 我们到底买不买呢？不过他们说如果不满意可以在十天内退货。
      B 既然可以退货，我们不妨先买来试试看。
   ④ A 我真的不想和他一起去，可又不好意思对他说。
      B 你不妨直接跟他说，或许他根本不在意。

3. ① 你竟然连结婚这么大的事儿都不告诉我。
   ② 这个孩子才六岁，个子竟然这么高！
   ③ 你竟然连这么简单的问题都不知道？
   ④ 你竟然一下子吃了八个面包！

4. ① 气候越来越反常，有的地方闹水灾，有的地方闹旱灾。
   ② 他这会儿心情不好，你别去惹他。
   ③ 我的朋友还没毕业，正在读博士学位。
   ④ 什么时候我们几个老同学聚一次吧？

13

단어 연습

1. ① 我们本来打算今天去野餐，可是偏偏下起了大雨。
   ② 我想他今天没来上课可能是生病了，果然我打电话一问，他说自己发烧了。
   ③ 你明明知道这件事，为什么不直接告诉我？
   ④ 按理说他应该买一件礼物送给她，可是他什么也没买，空着手就去给她过生日了。

2. ① 他问的问题弄得我很尴尬。
   ② 他突然说不去了弄得我们都很不高兴。
   ③ 我来时发现他和几个朋友在这儿玩了一个晚上就把房间弄得乱糟糟的。
   ④ 我觉得他这么做把事情弄得很难办。

3. ① 他吃着吃着饭，突然觉得肚子疼。
   ② 我们聊着聊着，不知不觉天都黑了。
   ③ 他上着上着课，突然昏倒了。
   ④ 我躺在床上看书，后来看着看着就睡着了。

14

단어 연습

1. ① A 你希望你的妻子生男孩儿还是生女孩儿？
      B 只要母子平安就可以，至于生男生女无所谓。
   ② A 你知道她住哪个房间吗？
      B 我只知道她住八楼，至于住哪个房间，我就不知道了。
   ③ A 经理，我们怎么办？上海和广州的公司都等着要我们的货，可是货又不够。
      B 先给上海的公司吧，至于广州那边，等来了新的货再说。
   ④ A 代表们希望在会议结束后在这儿多逗留几天，游览一下名胜古迹。
      B 没问题，可是我们只负责会议期间的食

宿费用，至于游览时的一切费用，由他们自己负责。

2 ① 一来是因为冬天海边空气更新鲜，二来是因为冬天海边人比较少。
② 一来是孩子马上要考期末考试了，二来是因为这次还有一些事要处理。
③ 我喜欢住在校外，一来可以培养自己独立生活的能力，二来可以拥有更多属于自己的空间。

3 ① 他虽然没考好，可他毕竟是努力了。
② 他们虽然已经分手了，可毕竟相爱过，彼此还是很关心。
③ 儿子恨了爸爸很多年，但最后毕竟还是原谅了他。
④ 他再聪明毕竟也只是个孩子，不能胜任这个工作。
⑤ 他虽然在中国住了很多年，汉语也相当流利，但毕竟是外国人，还是有很多情况不了解。

4 ① 我建议你去广西的桂林，那儿的风景很美。
② 去北京的时候，长城和故宫这两个地方非去不可。
③ 你们放心，我保证注意安全。
④ 山上种满了树，夏天时山上一片绿色，美极了。

15

단어 연습

1 ① 优美的旋律
鲜艳的色彩
稀奇古怪的图案
浪漫的故事
② 惊险、刺激、浪漫、轻松

2 ① 去吃印度菜？太好了，我们想到一块儿去了，我也想去吃印度菜。
② 那本小说很有意思，值得一看。
③ 我非常喜欢《卡萨布兰卡》里的音乐，听了多少遍都不腻，真是百听不厌。
④ 我没有时间，也没有钱，而且对这个地方也没兴趣，总之我不想去。

복습 3

요점 체크

1 马丁希望提前考试。
他说他的妈妈结婚，他得回瑞典去参加婚礼，想提前两天考试。
王老师拒绝后，他说这件事对他很重要，恳请老师通融一下。

2 因为考试的时间和地点学校都有严格的规定。学生必须在规定的时间内考试，除非生病或紧急情况。可以先去参加婚礼，然后回来补考。

3

요점 체크

1 昨天朋友给小张介绍了一个女孩儿，叫陈雨。他们约好在一家咖啡馆见面。
小张出门前特别打扮了一番，还早到了二十分钟。

2 小张很紧张，还弄倒了椅子。

3 小张没找到钱包，陈雨付了钱。

16

단어 연습

1 ① 我不喜欢吃这个菜，我宁可饿着，也不吃。

② 他不喜欢自己的儿女，宁可把遗产留给外人，也不给他们。
③ 为了供孩子上大学，这位母亲宁可一个人做两份工作，非常辛苦。
④ 他不喜欢那条路，每次去学校，他宁可绕远路，也不走那条路。
⑤ 为了方便大家，我宁可自己辛苦一点儿也没关系。

2 ① 妈妈趁孩子睡着的时候干了一些家务。
② 趁老板不在，我们休息一会儿吧。
③ 你最好趁我在这儿的时候办这些事，有什么困难我还可以帮你。
④ 趁现在天还没黑，我们赶紧把最后几棵树种上吧。

3 ① A 我给你一个月的时间，你能完成吗?
   B 不要说一个月，就是两个月也完不成。
② 别说小孩子，就是成年人也受不了。
③ A 他出过国吗?
   B 他连山东省也没出去过，不要说出国了。
④ 别说小孩子，就是成年人也搬不动这块石头。

4 ① A 这个孩子真是气死我了!
   B 何必跟小孩子生气呢?
② A 我想去中国学做中国菜。
   B 我可以教你，何必去中国学呢?
③ A 我得去学校看看什么时候开学。
   B 打个电话不就行了，何必亲自去一趟呢?
④ A 我想去昆仑饭店吃韩国菜。
   B 附近这么多韩国餐厅，何必去那么远的饭店呢?

5 ① 一旦养成喝酒的习惯，就很难戒掉。
② 一旦爱上一个人，就很难忘记。
③ 一旦发现错误，就要马上纠正。

④ 企业偷税一旦被发现，就要面临巨额罚款。
⑤ 一旦得了胃病，就很难治好。

17

단어 연습

1 ① 我是好心帮助他，没想到他没有感谢我，反而怨我多管闲事。
② 他想劝她别伤心了，可是没想到她反而更伤心了。
③ 真奇怪，我的病吃了那么多药也不好，不吃药了反而好了。
④ 没得到的时候很喜欢，得到了反而觉得厌烦。
⑤ 他原来水平还可以，怎么学了一段时间以后反而不如以前了。

2 ① 那一段时间他很穷，有时甚至一天连一顿饭也吃不上。
② 最近工作太忙，有时忙得甚至连周末都得加班。
③ 那个班的学生汉字水平很差，有的人甚至连"你好，再见"都不会写。
④ 这本书里的文章太难了，有的甚至连我们的老师都看不懂。
⑤ 他最近头疼越来越厉害，有时疼得甚至睡不了觉。

3 ① 随着中国经济的快速发展，很多外国人开始学汉语。
② 随着社会的发展，人们的道德观也发生了变化。
③ 随着两国交往的增多，两国人民之间的相互了解也不断增进。
④ 随着环保意识增强，人们越来越重视保护环境。

모범 답안

4 ① 人们觉得结了婚才算成了家。
　② 锻炼有利于身体健康。
　③ 想开点儿，钱没了还可以再挣，你千万别想不开。
　④ 最近这个孩子常常撒谎。
　⑤ 我们生活在一个充满竞争和压力的时代。
　⑥ 随着经济的发展，社会将面临越来越多的问题。

5 ① 中国传统思想认为独身生活只是结婚前的过渡状态，每个人迟早都要结婚的。所以直到现在，单位只给结了婚的人分配住房，单身的人只能住在宿舍里。
　② 冯先生认为对待这个问题不能太死板，有利于家庭稳定的撒谎是值得的。
　③ 因为"我"觉得在充满竞争，压力，动荡的时代，夫妻之间缺乏感情上的交流和沟通。随着社会的发展，婚姻和家庭将面临越来越多的困难。

18

단어 연습

1 ① 一方面想了解中国的传统文化，一方面想结交一些中国朋友。
　② 一方面要把好质量关，一方面要做好产品宣传。
　③ 一方面想培养自己的能力，一方面想扩大自己的人际关系网。
　④ 一方面要学好语法和词汇，一方面要多听多说。
　⑤ 一方面要提高服务质量，一方面要把好卫生关。

2 ① 学习汉语最关键的是学好汉字。
　② 现在最关键的问题是我们没有钱。
　③ 我们的产品能不能卖出去关键是靠质量，光靠作广告不行。
　④ 我看问题的关键在于我们不了解市场。
　⑤ 你知道这个问题的关键在哪儿吗?

3 ① 越吃越喜欢吃这个菜了。
　② 天气越冷越容易感冒。
　③ 接触得越多，了解得也越多。
　④ 越锻炼，身体越健康。

4 ① 我想这是很自然的事情，没什么好奇怪的。
　② 我也有同感。
　③ 你这种担心大可不必。
　④ 我原以为大学生的素质都会很高，但实际上相当一部分人的素质真的很低。

5 ① 木村想找一个中国朋友练习口语。木村能够和中国人接触的机会很少。玫瑰认为木村应该主动去外面走走，看看，和中国人交朋友。
　② 外国留学生发现中国人表达感情的方式比较含蓄，不愿意在公共场合表露私人间的感情。另外，他们还发现中国人说话含含糊糊，不坦率，让人无法了解他们的真实想法。

19

단어 연습

1 ① 下雨了，幸亏我今天带伞了。
　② 我把钥匙锁在屋里了，幸亏今天我爱人下班早。
　③ 幸亏今天出门早，不然我就迟到了。
　④ 幸亏他反应快，要不非出事故不可。
　⑤ 最近股票大跌，幸亏我提前把手上的股票都抛了，不然就把钱都赔了。

2 ① 他生病了还照样来上班。

② 很多事情，男人能做到，女人照样能做到。

③ 没有你的帮助，我照样能完成这个工作。

④ 有钱的时候他很高兴，没钱的时候他照样很快活。

3 ① A 要考试了，你为什么不复习？
B 反正我再怎么复习也得不了第一，干脆不复习了。

② 今天就干到这儿吧，反正时间来得及。

③ A 明天天气不错，你不去吗？
B 管它天气好不好，反正我不想去。

④ 我们再玩儿一会儿吧，反正明天是周末，不用上班。

⑤ 反正我也不想升职，我不想那么努力地工作。

4 ① A 你想不想跟我一起去？
B 我不想去，干脆你也别去了。

② A 我的手表又坏了，已经修了好几次了。
B 我看你别修了，干脆买块新的吧。

③ A 你问他了吗？他怎么说？同意不同意？
B 咱们干脆别问他了。

④ A 我还是拿不定主意买不买。
B 别考虑了，干脆点儿！买一个吧。

5 ① 现在环境污染真成问题。

② 他图便宜，结果买了假货。

③ 人人都应该遵守法律。

④ 厂里的机器又出故障了。

20

단어 연습

1 ① 他把护照放在外衣口袋里，结果坐出租车的时候落在车上了。

② 我们出去找了很多次，结果还是没找到。

③ 我们出发得晚了一点儿，结果没赶上火车。

④ 他出去的时候忘了锁门，结果家里值钱的东西都被小偷偷走了。

2 ① 他们去银行贷款，结果没贷成。

② 一些有钱人为学校捐款，从而为学校的发展提供了资金。

③ 他结婚后还是常常喝酒，不回家，结果妻子跟他离了婚。

3 ① 这个孩子都这么大了，居然还不会自己穿衣服！

② 没想到学校里居然有这么多珍贵的古书！

③ 我的同屋居然会说好几门外语！

④ 那个商店的东西太贵了，一双袜子居然要一百块！

4 ① 据同事们说，小王已经三天没来上班了。

② 你看他高兴得像个孩子似的。

③ 他们欠银行的贷款达3.5亿美元。

5 ① 因为厄尔尼诺现象导致内蒙古发生森林火灾。

② 有人作投机生意，导致"金融危机"发生。

③ 主题是讨论经济全球化，第三世界发展与腐败的关系。

복습 4

요점 체크

1 随着最近几年全球性的经济衰退，男性失业率越来越高。女性因为大部分从是医疗健康和教育行业的工作，受到的冲击反而没有那么严重。另外，女性挣钱的能力越来越强。这些女性有许多自小受到良好的教育，不愿意做家庭主妇。这样，很多失业的男性就成了顾家男人，也有一些丈夫为了照顾家庭和孩子，自愿减少工作或放弃事业。

2 曾经以家庭为中心的妻子觉得家庭的重担都压在了自己的肩上。她们的压力还来自周围。亲友同事会议论纷纷，说她们的丈夫没用，是吃软饭的。男人一直被教育以事业为中心，一旦失去了工作也很苦闷，觉得像是被社会抛弃了。做家务更让他们觉得男人的脸面无处放。因此，有的夫妻之间难免发生争吵。

요점 체크

1 他们五年前来中国学习汉语的时候是同班同学。他们最后可真是意见钟情。因应为语言和文化的障碍，他们的关系后来还是有点儿不太顺利。他的父母就比较保守，当初不太愿意他和法国女友结婚，为这事他们吵得不可开交。他的父母甚至说宁可不要这个儿子，也不愿意他们结婚。我的朋友最终还是说服了父母，他们现在很喜欢他的妻子。他们昨天参加了婚礼，高兴得都流出了眼泪。

2 木村觉得：不同文化的人结合面临的困难总是比较多。也许相爱容易，但是婚姻就没那么简单了。

保罗认为：虽然各个国家文化习俗不同，人的感情在本质上是相通的。相处越久，越能发现这一点。只要努力，总会有好结果的。

다락원 홈페이지에서 MP3 파일
다운로드 및 실시간 재생 서비스

최신개정 신공략 중국어 6

저자 马箭飞(主编)
　　　李小荣(编著)
편역 박균우
펴낸이 정규도
펴낸곳 (주)다락원

제1판 1쇄 발행 2002년 3월 2일
제2판 1쇄 발행 2007년 3월 27일
제3판 1쇄 발행 2019년 11월 4일
제3판 4쇄 발행 2025년 7월 1일

기획·편집 이원정, 이상윤
디자인 박나래
조판 최영란
일러스트 이신혜
녹음 朴龙君, 권영지

다락원 경기도 파주시 문발로 211
전화 (02)736-2031(내선 250~252/내선 430, 439)
팩스 (02)732-2037
출판등록 1977년 9월 16일 제406-2008-000007호

Copyright © 2015, 北京大学出版社
원제: 《汉语口语速成》_提高篇(第三版)
The Chinese edition is originally published by Peking University Press. This translation is published by arrangement with Peking University Press, Beijing, China. All rights reserved. No reproduction and distribution without permission.

한국 내 Copyright © 2019, (주)다락원
이 책의 한국 내 저작권은 北京大学出版社와의 독점 계약으로 ㈜다락원이 소유합니다.

저자 및 출판사의 허락 없이 이 책의 일부 또는 전부를 무단 복제·전재·발췌할 수 없습니다. 구입 후 철회는 회사 내규에 부합하는 경우에 가능하므로 구입처에 문의하시기 바랍니다. 분실·파손 등에 따른 소비자 피해에 대해서는 공정거래위원회에서 고시한 소비자 분쟁 해결 기준에 따라 보상 가능합니다. 잘못된 책은 바꿔 드립니다.

ISBN 978-89-277-2266-3　18720
　　　　978-89-277-2241-0　(set)

www.darakwon.co.kr
다락원 홈페이지를 방문하시면 상세한 출판 정보와 함께 동영상 강좌, MP3 자료 등 다양한 어학 정보를 얻으실 수 있습니다.